Rainer Ribing / Anton Zimmermann (Hrsg.)



# Einführung in die Tourismus- & Freizeitwirtschaft

## in Österreich

# Impressum

Herausgeber:
Mag. Rainer Ribing
Mag. Anton Zimmermann

Autoren:
Mag. Maria Aigner, Assoz. Prof. DI Dr. Arne Arnberger, Univ. Lektorin DI Renate Eder, Mag. (FH) Kerstin Freudenthaler, MA, Mag. Tobias Gamper, MAS, Mag. Bernhard Gerstberger, Mag. Alfred Grieshofer, Mag. Dr. Franz Hartl, Mag. Andreas Hüttner, Mag. Wolfgang Kleemann, Mag. Monika Klinger, Mag. Matthias Koch, Dr. Peter Laimer, FH-Prof. Mag. Günther Lehar, Ao. Prof. DI Dr. Andreas Muhar, Mag. Ulrike Reisner BA, Mag. Rainer Ribing, Univ. Prof. Dr. Egon Smeral, MMag. Dr. Petra Stolba, Mag. Gerlinde Titelbach, Mag. Dominik Walch, MA, Mag. Maria Walcher, Mag. Anton Zimmermann



1. Auflage 2012

ÖGAF – Österreichische Gesellschaft für Angewandte Forschung in der Tourismus- und Freizeitwirtschaft, Augasse 2–6, A-1090 Wien
Gestaltung: communico Advertising GmbH, Gölsdorfgasse 2, A-1010 Wien
Redaktion: Mag. Ulrike Reisner, Kärntner Straße 10/5, A-1010 Wien
Druck: TRAUNER Druck GmbH & Co KG, Köglstraße 14, A-4020 Linz
Sonderedition by TRAUNER
ISBN 978-3-85499-990-4

# Inhalt

# Inhalt

# Abbildungs- & Tabellenverzeichnis

### Die Geschichte des Tourismus



### Tourismuspolitik



### Tourismus und Freizeitwirtschaft in Österreich



### Österreich im internationalen Vergleich

# Abbildungs- & Tabellenverzeichnis

## Tourismus- und Reisestatistik in Österreich



## Die volkswirtschaftliche Bedeutung des Tourismus



## Betriebswirtschaft und Betriebsmanagement

### Finanzierung und Förderungen



### Der touristische Arbeitsmarkt



### (Aus-)Bildung und Forschung im Tourismus

# Abbildungs- & Tabellenverzeichnis

Quelle: Österreich Werbung, © Daniel Zupanc, Tiergarten Schönbrunn.

# Vorwort

Mit dem vorliegenden Buch legt die Österreichische Gesellschaft für Angewandte Tourismusforschung (ÖGAF) ein umfassendes Kompendium über die österreichische Tourismus- und Freizeitwirtschaft vor. Im Fokus steht dabei der Anspruch, allen am Tourismus Interessierten einen Überblick über diesen Wirtschaftszweig zu geben. Da sich dieses Buch auch an Schülerinnen und Schüler sowie Studierende richtet, wurde ganz bewusst der Titel „Einführung in die österreichische Tourismus- & Freizeitwirtschaft" gewählt. In den einzelnen Kapiteln wird die Tourismus- und Freizeitwirtschaft aus unterschiedlichen Blickwinkeln beleuchtet, um die Bedeutung, die Vielfältigkeit und die Komplexität näher zu bringen, aber auch um die Herausforderungen für den Tourismus darzustellen.

Besonderer Dank soll an dieser Stelle jenen ausgesprochen werden, die maßgeblich am Zustandekommen dieses Buchprojektes beteiligt waren. Zu nennen sind Rainer Ribing und Anton Zimmermann, die auf der einen Seite als Herausgeber fungieren, aber auch selbst Beiträge beigesteuert haben, sowie die zahlreichen Autorinnen und Autoren, die in den Fachbeiträgen ihre Expertise eingebracht haben.

Besonders hervorzuheben ist, dass sowohl die Herausgeber als auch die Autorinnen und Autoren unentgeltlich an diesem Projekt mitgewirkt haben.

Dennoch wäre dieses Buch ohne Unterstützung durch

- das Bundesministerium für Wirtschaft, Familie und Jugend (BMWFJ),
- die Wirtschaftskammer Österreich (WKÖ),
- den Veranstalterverband Österreich (VVAT) sowie
- die Österreichische Hotel- und Tourismusbank (ÖHT)

in dieser Form nicht möglich gewesen.

Außerordentlicher Dank gebührt Frau Ulrike Reisner, die dieses Projekt redaktionell betreut hat.

Ziel der ÖGAF ist der Wissenstransfer zwischen Tourismus- und Freizeitforschung und der Praxis – dieses Buch soll einen Beitrag dazu leisten. Anregungen und Kritik richten Sie bitte an tourismusbuch@gmail.com.

Mag. (FH) Kerstin Freudenthaler, MA
Generalsekretärin der ÖGAF

# Vorwort der Herausgeber

Österreich zählt heute im internationalen Vergleich zu den tourismusintensivsten Ländern. In ihrem Beitrag „Die Geschichte des Tourismus" zeichnen Anton Zimmermann und Tobias Gamper die wohl einzigartige Erfolgsgeschichte des österreichischen Tourismus nach und arbeiten heraus, dass gerade die langsam gewachsenen und gepflegten Strukturen, verbunden mit hoher Service- und Angebotsqualität, einen entscheidenden Wettbewerbsvorteil im globalen Reiseverkehr darstellen. Im Artikel „Tourismuspolitik" zeigen die beiden Autoren auf, dass die Tourismus- und Freizeitwirtschaft nunmehr eine Dimension erreicht hat, die eine intensive Befassung der Politik mit der Materie nicht nur erlaubt, sondern sogar notwendig macht. Die Politik ist für den Rahmen unternehmerischen Handelns im Tourismus verantwortlich, was angesichts der zersplitterten Zuständigkeiten von Bund, Ländern und Gemeinden (aber auch von europäischen Institutionen) immer herausfordernder wird. Mit der „Tourismusorganisation in den Bundesländern" setzen sich Ulrike Reisner und Günther Lehar näher auseinander. Ausgehend von einer Analyse des ältesten Organisationsmodells, des „Tiroler Modells", werden die wesentlichen Charakteristika der strukturellen und finanziellen Basis von Tourismusorganisationen in Österreich skizziert. Die beiden Beiträge von Maria Aigner und Monika Klinger „Tourismus in der Europäischen Union" und „Tourismus auf internationaler Ebene" runden das Bild der politisch-strukturellen Einbettung der Tourismus- und Freizeitwirtschaft ab.

Einen umfassenden Überblick über die Strukturen des Tourismus und seiner Gäste bietet der Beitrag von Rainer Ribing „Tourismus und Freizeitwirtschaft in Österreich". Vor allem das über Jahrzehnte behutsame, aber kontinuierliche Wachstum der Strukturen sowie eine laufende Professionalisierung und Erweiterung des Angebots sichern unserem Land, siehe dazu auch Ribings Artikel „Österreich im internationalen Vergleich", eine hervorragende Position im internationalen Länderranking. Unterfüttert wird die Analyse durch den Beitrag von Peter Laimer, der sich als fundierter Kenner der „Tourismus- und Reisestatistik in Österreich" mit den jüngeren Entwicklungen in der Beherbergungs- und Gästestruktur, aber auch mit den Reisegewohnheiten auseinandersetzt. Egon Smeral erläutert in seinem Artikel „Die volkswirtschaftliche Bedeutung des Tourismus" die Ergebnisse des Tourismus-Satellitenkontos. Smerals Beitrag zeigt unter anderem auf, dass der österreichische Tourismus auch weiterhin einen Wachstumskurs anvisieren muss. Die damit verbundenen Herausforderungen an die Unternehmen sind Gegenstand der Beiträge der beiden Direktoren der Österreichischen Hotel- und Tourismusbank: Franz Hartl widmet sich den Chancen und Herausforderungen bei „Finanzierung und Förderungen", skizziert die massiven Veränderungen in der Finanzierungslandschaft und zeigt mögliche Alternativen zum klassischen Finanzierungsinstrumentarium auf. Wolfgang Kleemanns Artikel „Betriebswirtschaft und Betriebsmanagement" behandelt vor allem die Bedeutung des Benchmarkings für die Messung des Unternehmenserfolgs und den Vergleich mit Mitbewerbern. Matthias Kochs Beitrag zur „Hotelklassifizierung“ vervollständigt die Einführung in betriebliche Fragen der Tourismus- und Freizeitwirtschaft.

Das Thema Mitarbeiter wird in diesem Buch mit zwei Aufsätzen gewürdigt: „Der touristische Arbeitsmarkt“ von Bernhard Gerstberger, Gerlinde Titelbach und Dominik Walch beleuchtet die Struktur der Branche und geht detailliert auf die spezifischen Charakteristika der Beschäftigung in der österreichischen Tourismus- und Freizeitwirtschaft ein. Kerstin Freudenthaler präsentiert im Beitrag „(Aus-)Bildung und Forschung im Tourismus“ die zahlreichen Aus- und Weiterbildungsangebote mit ihren unterschiedlichen Schwerpunktsetzungen und zeigt die Notwendigkeit einer gegenseitigen Stärkung von Forschung und Lehre auf. Weitere vertiefende Einblicke in die Praxis bietet Petra Stolba mit ihrem Beitrag über die „Österreich Werbung“, der die zentralen Aufgaben und neuen Herausforderungen des Tourismusmarketing beleuchtet und dabei den Blick auch auf internationale Märkte richtet. Die Schnittstellen der Tourismus- und Freizeitwirtschaft zu anderen Branchen werden zur Abrundung des Buches anhand von drei Aufsätzen untersucht: Maria Walcher widmet sich der Bedeutung immaterieller Kulturgüter für den Tourismus und richtet ihr Augenmerk dabei auch auf Traditionen und Lebenswelten. Arne Arnberger, Renate Eder, Alfred Grieshofer und Andreas Muhar schildern die Wechselbeziehungen zwischen „Tourismus und Forst“ und das damit verbundene Potenzial für eine nachhaltige Entwicklung auf beiden Seiten. Andreas Hüttner schließlich greift mit seinem Artikel „Veranstaltungen im Tourismus“ ein Thema mit starkem Wachstumspotenzial auf, das mit einem Ausblick auf die Events der Zukunft schließt.

Das Buch ist als Einführung in die österreichische Tourismus- und Freizeitwirtschaft zu verstehen. Der Anspruch, alle Facetten dieser dynamischen Branche gebührend behandeln zu wollen, würde allerdings jeden Rahmen sprengen. Mit Ausführungen zu Gesundheit und Wellness, Städte- und Kongresstourismus oder Wintersport könnten weitere Kompendien gefüllt werden. Themen wie Nachhaltigkeit oder Ethik haben ebenso ihren Stellenwert wie Qualifizierung oder Professionalisierung. Wenn dieses Buch dazu beiträgt, das Interesse für eine weitere, vertiefende Befassung mit dem einen oder anderen Aspekt der Tourismus- und Freizeitwirtschaft zu wecken, dann ist aus Sicht der Herausgeber und Autoren ein wichtiges Ziel erreicht. Der guten Ordnung halber sei noch darauf hingewiesen, dass im Buch aus Gründen der besseren Lesbarkeit das generische Maskulinum verwendet wird. Dass damit Frauen und Männer gleichermaßen angesprochen sind, soll vor allem für die Tourismus- und Freizeitwirtschaft, die traditionell einen sehr hohen Frauenanteil aufweist, hier ausdrücklich erwähnt sein.

Mag. Rainer Ribing, Mag. Anton Zimmermann

Quelle: Österreich Werbung, ©Trumler, Musikvereinssaal in Wien 1, Publikum bei Neujahrskonzert, Goldener Saal.

*Mag. Anton Zimmermann*

*Mag. Tobias Gamper, MAS*

# Autoren

Ministerialrat Mag. Anton Zimmermann
Mag. Tobias Gamper, MAS

# Kurz-Curriculum

### Mag. Anton Zimmermann

Nach Beendigung des Jusstudiums an der Universität Wien und Absolvierung des Gerichtsjahrs trat Anton Zimmermann 1993 in das Bundesministerium für Wirtschaft, Familie und Jugend ein. Nach einigen Jahren in der Rechtsabteilung für Außenwirtschaft vertrat er 1996–2000 das Wirtschaftsministerium in Brüssel und 2000–2004 bei der WTO in Genf. Seit 2004 leitet er eine Tourismusabteilung mit den Schwerpunkten Tourismuspolitik, Tourismusstrategie, Tourismusstatistik und Österreich Werbung.

### Mag. Tobias Gamper, MAS

Tobias Gamper studierte Deutsche Philologie, Anglistik und Kommunikationswissenschaften sowie Kulturmanagement an den Universitäten Salzburg, Ottawa, Paris und Wien. Nach Volontariaten bei den Salzburger Festspielen, beim World Economic Forum, beim ORF und beim Europarat in Straßburg trat er in den österreichischen Bundesdienst ein. 2004–2006 war er Referent in der kulturpolitischen Sektion des Bundesministeriums für europäische und internationale Angelegenheiten. Seit April 2007 ist Tobias Gamper in der Abteilung Tourismuspolitik im Bundesministerium für Wirtschaft, Familie und Jugend tätig.

# Die Geschichte des Tourismus

## Zusammenfassung

Der vorliegende Beitrag gibt einen geschichtlichen Überblick über den Tourismus. Von den Anfängen des Reisens aus religiösen, wirtschaftlichen, erzieherischen, gesundheitlichen oder militärischen Gründen bis zum Tourismus in unserem heutigen Verständnis. Es werden zunächst die Voraussetzungen aufgezeigt, die den modernen Tourismus erst möglich machten: Das Entstehen einer aufgeklärten Bildungsgesellschaft, die Entstehung und ständige Verbesserung der modernen Verkehrsmittel und Tourismusinfrastruktur, das Wachstum der Bevölkerung, die Hebung des allgemeinen Lebensstandards sowie die gesetzliche Einrichtung des bezahlten Urlaubs waren für die historische Entwicklung des Tourismus ausschlaggebend.

Der zweite Teil dieses Beitrags zeichnet die Entwicklung des österreichischen Tourismus nach. Österreich wusste schon ab dem 19. Jahrhundert die aufkommende Reiselust in Europa zu nutzen und sich als beliebtes Urlaubsziel von Gästen aus der ganzen Welt zu etablieren. Der Bäder- und Kurtourismus, die Sommerfrische oder der Alpintourismus entwickelten sich in dieser Zeit bis zum Ersten Weltkrieg. Nach dem Krieg und seinen Folgen zog der Tourismus in Österreich nur langsam wieder an. Mit dem Zweiten Weltkrieg kollabierte der Tourismus fast völlig und wurde zunehmend zum Spielball der Politik. Die Tourismusentwicklung nach 1945 war von starken Steigerungsraten gekennzeichnet; erstmals in der Geschichte war das Reisen auch für nicht privilegierte Gesellschaftsschichten möglich. Die gute Wirtschaftsentwicklung, der zunehmende Wohlstand, die steigende Mobilität, der Ausbau der touristischen Infrastruktur oder die Industrialisierung der Reisebranche sind einige Gründe für diesen Aufschwung. Heute zählt Österreich im internationalen Reiseverkehr zu den tourismusintensivsten Ländern der Welt.

> **Seit ewig lang lebten die Menschen ähnlich wie heute: die einen blieben lieber zu Hause oder konnten schon deshalb nicht auf Reisen gehen, weil sie kein Geld hatten. Die anderen waren voller Tatendrang. Neugierde und Fernweh trieb sie in die weite Welt hinaus. Über die Meere wollten sie segeln und andere Länder erkunden, fremde Sitten und Gebräuche kennen lernen.**
>
> Sindbad der Seefahrer, Märchen aus 1001 Nacht

# Die Geschichte des Tourismus

## „Wenn jemand eine Reise tut, so kann er was verzählen“

Tourismus ist ein sehr junges Phänomen, Reisen hingegen wohl so alt wie die Menschheit. Die Menschen waren immer mobil, die Motive für das Reisen allerdings höchst unterschiedlich: Waren es am Anfang ganz praktische Gründe wie Nahrungsbeschaffung und Jagd, so änderten sich die Reisemotive mit zunehmender Sesshaftigkeit der Menschen. Man reiste fortan, um Handel zu treiben, aus religiösen, wirtschaftlichen, machtpolitischen und militärischen oder gesundheitlichen Gründen. Später verreiste man, um sich fortzubilden. Oder einfach zum Vergnügen – ab diesem Zeitpunkt sprechen wir von „Tourismus“.

Das Wort „Tourismus“ kommt aus dem Französischen: „tour“ stand ursprünglich für Rundgang oder Spaziergang und hat sich allmählich zum Synonym für Reise entwickelt. Im Bewusstsein, dass der Urlauber in erster Linie Gast und nicht Fremder ist, hat sich im 20. Jahrhundert immer stärker der Begriff Tourismus gegen jenen des „Fremdenverkehrs“ durchgesetzt und ihn mittlerweile vollständig ersetzt.

Das moderne Reisen, wie wir es seit dem 20. Jahrhundert kennen, wurde erst durch die technischen Entwicklungen und die industrielle Revolution vergangener Jahrhunderte möglich.

Voraussetzungen für die Entwicklung eines modernen Tourismus:
- Bildung
- leistungsfähige Verkehrsmittel
- aufgeklärtes Weltbild
- Entfaltung einer bürgerlichen Gesellschaft
- Industrialisierung, Trennung von Arbeits- und Freizeit, bezahlter Urlaub
- Bevölkerungswachstum
- touristische Infrastruktur

Das Entstehen einer Bildungsgesellschaft hatte Einfluss auf die Entwicklung des Tourismus. Nicht zu Unrecht heißt es, jemand ist „erfahren“, „weltgewandt“, „herumgekommen“, „bewandert“ oder hat „seinen Horizont erweitert“. Ab dem 16. Jahrhundert wurde etwa beim englischen Adel die so genannte „Grand Tour“ modern: Man schickte den Nachwuchs auf eine mehrjährige Reise – besonders beliebt war Italien – wo er Bildung und Sprachkenntnisse erweitern, Kontakte knüpfen sowie Prestige und Weltläufigkeit erwerben sollte: „Man unternimmt eine Reise nicht, um die Moden, sondern um die Staaten zu begutachten, bemerkt der Graf von Cork und Orrey, nicht um von Weinen, sondern um von verschiedenen Regierungsformen zu kosten, nicht um Samtstoffe und Spitzen, sondern um Gesetze und politische Systeme zu vergleichen“ (Lauterbach, 2008). Junge Adelige sollten auf den „Grand Tours“ auch das Leben an den europäischen Kaiserhöfen kennen lernen. So wurde Wien neben Paris immer mehr zum Ziel von Bildungsreisen. Auch für Handwerksgesellen sahen die Handwerksordnungen zu Ausbildungszwecken Auslandsreisen vor, die so genannte „Walz“, die zur Erlangung des Meisterbriefes erforderlich war.

Allerdings war nach wie vor das Reisen bis zu diesem Zeitpunkt einer ganz kleinen, privilegierten Schicht vorbehalten und blieb bis zum 19. Jahrhundert für die meisten Menschen unerschwinglich und beschwerlich. Frauen waren lange vom Reisen gänzlich ausgeschlossen, es galt als nicht schicklich für Damen, zu gefährlich und war – wenn überhaupt – nur in Begleitung möglich. Der Engländer Arthur Young (1741–1820) schreibt in seinem Reisebericht „Travels in France“ (erschienen 1792) über jene Zeiten: „Auf einer Strecke von 250 Meilen traf ich auf der Straße nur fünf Fahrzeuge, keinen einzigen vornehmen Reisenden, nur viele Kaufleute ... erstaunlich wenig Reisende!“ oder: „Heute bin ich auf einer der großen Straßen, 30 Meilen von Paris entfernt, und habe keinen einzigen Eilwagen gesehen, nur das Fahrzeug eines einzigen vornehmen Reisenden“ (Würzl, 1992).

Geistesgeschichtlicher Hintergrund für das verstärkte Interesse an Reisen war, beginnend mit dem 18. Jahrhundert, die Aufklärung. Die Natur wurde durch Beobachtung und Experimentieren erforscht, die „gottgewollte“ Gesellschaftsordnung angezweifelt. Der Mensch begann, seinen Verstand zu nutzen, und bildete sich sein eigenes Urteil. Aufgeklärt war, wer bereit war, durch den Erwerb neuen Wissens Gewohntes in Frage zu stellen. Immanuel Kant beschrieb 1784 diesen Wandel mit „Aufklärung ist der Ausgang des Menschen aus seiner selbstverschuldeten Unmündigkeit“. Diese Neugier und die Hinwendung zu den Naturwissenschaften, zu Literatur und Kunst waren und sind bis heute starke Reisemotive.

Die Entwicklung des Bürgertums, auch eine Folgewirkung der Aufklärung, war eine weitere Triebfeder für das Erstarken der Reiseströme. Eine breite, wirtschaftlich selbstständige, wohlhabende und gut ausgebildete Mittelschicht war in ihrer persönlichen Lebensführung freier als Arbeiter und Bauern. Die Beschäftigung mit Kunst und Wissenschaft weckte bei diesen freien und selbstbewussten Bürgern auch zunehmend das Interesse für Reisen, allerdings nicht mehr zur Erforschung der Vergangenheit, sondern als Reise in die Zukunft. Neugier, Abenteuer, Lust an Veränderung und auch Vergnügen waren wesentliche Reisemotive. Matthias Claudius etwa formulierte diesen neuen Wissensdurst in „Urians Reise um die Welt“: „Wenn jemand eine Reise tut, so kann er was verzählen“.

Die Industrielle Revolution und die Industrialisierung sind ebenso zu erwähnen, wenn man die Geschichte des Reisens erzählen will. Ausgangspunkt war England, wo ab dem 18. Jahrhundert revolutionäre technische Erfindungen ihren Ausgang nahmen. Neuartige Maschinen, wie etwa die Dampfmaschine, steigerten die Produktivität und veränderten die Arbeitsprozesse. In Österreich setzte diese Entwicklung zeitverzögert ein, letztlich veränderte die Industrialisierung aber auch hier die Arbeitswelt – nicht nur zum Besseren. Erst nach und nach wurden unmenschliche Arbeitszeiten in Fabriken – bis zu 16 Stunden am Tag – verkürzt. Es dauerte zwar noch lange, bis geregelte Tagesarbeitszeiten, arbeitsfreie Wochenenden und ein gesetzlicher Urlaubsanspruch durchgesetzt wurden, der Grundstein für die Trennung von Arbeit und frei verfügbarer Freizeit, eine weitere Voraussetzung für Reisen und Tourismus, war aber gelegt. Karl Marx erkannte den Wert von Freizeit: „Eine Gesellschaft, die es schafft, disponible Zeiten hervorzubringen, schafft auch Reichtum und zeigt unverkennbar die dialektischen Zusammenhänge von Arbeit und Freizeit. Freie Zeit ist von der Arbeit befreite Zeit, in der sich jedes Individuum besonders gut entfalten kann.“ Die strikte Trennung von Arbeit und Freizeit führte zu einem vollkommen neuen Zeitverständnis. In gleichem Maße, wie die Arbeitsbelastung stieg, wuchs das Bedürfnis nach Erholung, Regeneration und Reisen.

Ab dem 19. Jahrhundert eröffnete sich schließlich für breitere Bevölkerungsschichten die Möglichkeit zu verreisen und der Reiseradius wuchs. Entscheidenden Einfluss darauf hatte die Entwicklung moderner Verkehrsmittel. Über viele Jahrtausende hinweg reisten Menschen zu Fuß, mit Pferd und Kutsche oder mit dem Schiff. Meist waren nur Trampelpfade und kaum Straßen vorhanden, abgesehen von den alten Römerstraßen, und Flüsse waren nur sehr bedingt schiffbar. Der Natur war man gänzlich ausgesetzt: Regen, Kälte, Hitze oder Überschwemmungen erschwerten das Vorankommen. Gasthäuser und Herbergen waren nur spärlich vorhanden und wenn, dann äußerst primitiv ausgestattet. Mühsame Grenzkontrollen, hohe Mautabgaben, zahllose, ständig wechselnde Währungen, völlig unzureichende Landkarten und Räuberbanden hielten jeden, der nicht unbedingt reisen musste, davon ab. Nicht einmal ein einheitliches Zeitsystem gab es damals in Europa.

Der technische Fortschritt veränderte die Art zu reisen grundlegend: 1807 lief in New York das erste Dampfschiff aus. 1825 wurde die erste Eisenbahnlinie der Welt in Großbritannien eröffnet. Ihr folgten recht schnell Bahnlinien in Frankreich und 1835 auch in Deutschland. 1838 wurde in Österreich die Kaiser Ferdinands-Nordbahn – die zweite reine Dampfeisenbahn des Kontinents – die von Wien über Brünn nach Oderberg führte, eröffnet. Und schließlich revolutionierte die Erfindung des Automobils das Reisen. Der deutsche Ingenieur Nikolaus August Otto entwickelte 1876 den ersten Viertaktmotor.

Mit diesen modernen Transportmitteln wurde Reisen zunehmend schneller, bequemer, sicherer und billiger und somit für eine breite Masse attraktiv. Die steigende Nachfrage ließ erste Reisebüros entstehen. Thomas Cook organisierte 1841 in England seine erste Gruppenreise mit der Bahn; in Deutschland und in Österreich entstanden in der zweiten Hälfte des 19. Jahrhunderts erste Reisebüros. Entlang der Bahnstrecken verwandelten sich Herbergen und Wirtshäuser immer mehr zu Hotels, die Reisenden entsprechenden Komfort und Qualität boten. Oft waren es die Bahnverwaltungen selbst, die Hotels bauten, um attraktive Ziele für Bahnreisende zu schaffen. Das Südbahnhotel am Semmering ist ein typisches Beispiel dafür. Seine heutige Bedeutung bekam das Hotel freilich erst in der „Belle Époque", in der in ganz Europa sowohl in den Städten als auch in den Kurorten repräsentative Hotelbauten entstanden: 1873 eröffnete in Wien das Hotel Metropol, 1876 das Hotel Sacher. Es ist auch kein Zufall, dass just in diese Zeit die Gründung des ersten deutschen Verlages für Reisehandbücher (1827 von Karl Baedeker) fällt. Auch Reiseberichte und Abenteuerromane erlebten einen ungeahnten Aufschwung.

## Die Entwicklung des Tourismus in Österreich

Die Entwicklung des Tourismus in Europa und die Abhängigkeit des Tourismus von Gesellschaftsentwicklung, Fortschritt und Technologie können auch in Österreich nachvollzogen werden. Historisch nachgewiesen ist der Tourismus in Österreich ab dem Mittelalter: Aus dem 14. Jahrhundert sind Aufzeichnungen über Wallfahrten zu österreichischen Orten überliefert; Kuraufenthalte etwa in Baden (Wappen mit Badenden, 1480) oder in Bad Gastein sind seit dem 15. Jahrhundert dokumentiert. Besichtigungsreisen zum Salzbergwerk Dürrnberg und zur Festung Hohensalzburg sind seit Mitte des 17. Jahrhunderts registriert, bereits Ende des 18. Jahrhunderts besuchten an schönen Tagen mehrere tausend Menschen die Festung. Bildungsreisen in der Zeit der Aufklärung führten bedeutende Persönlichkeiten des europäischen Geisteslebens nach Österreich: Wilhelm und Alexander von Humboldt kamen schon 1790 bis ins Salzkammergut.

Bäder und Kurorte in Österreich, die wie erwähnt bereits im Mittelalter genutzt wurden, kamen zu Beginn des 19. Jahrhunderts zu neuer Blüte. Die böhmischen Bäder Karlsbad, Franzensbad, Marienbad und Teplitz-Schönau waren international bekannt und Treffpunkte der europäischen Elite. Es war Josef von Löschner, Mediziner, Rektor der Prager Karlsuniversität und kaiserlicher Leibarzt, der mit seinen Publikationen über die böhmischen Bäder und die Wirkung der Heilwässer entscheidend zum Aufkommen des Bädertourismus beitrug. Auch die Kurorte in der Nähe von Wien erfreuten sich großer Beliebtheit. Neben der kaiserlichen Familie waren etwa Mozart, Schubert oder Beethoven zur Kur in Baden. „Alles was vornehm und berühmt war in Österreich, war bei den Schwefelquellen zu finden. (...) Jede Saison weist eine Reihe von Berühmtheiten auf." (Brusatti, 1984)

Als „Erholungsaufenthalt der Städter auf dem Lande zur Sommerzeit" oder als „Landlust der Städter im Sommer" definiert das Grimmsche Wörterbuch die Sommerfrische, die im 19. Jahrhundert immer beliebter wurde. Waren es anfangs noch primär wirtschaftliche Gründe, zur Betreuung des landwirtschaftlichen Adelsbetriebs über die Sommermonate aufs Land zu ziehen, so waren es ab dieser Zeit vor allem Erholung und Regeneration. Auch der Ausbau des Eisenbahnnetzes hatte maßgeblichen Anteil am steigenden Ausflugstourismus. Die Gäste quartierten sich im eigenen Sommersitz oder in Gasthäusern und Privatquartieren ein. Es wurde gebadet, gewandert und berggestiegen.

Wien als kaiserliche Reichshaupt- und Residenzstadt der Habsburger war sowohl ein kulturelles und politisches Zentrum Europas als auch schon damals beliebtes Reiseziel. Der Wiener Kongress von 1814/15 begründete Österreichs Ruf als „Kongressdestination"; anlässlich der Weltausstellung 1873 schaute die ganze Welt nach Wien. Diese Veranstaltung der Superlative – 194 Ausstellungspavillons, 35 teilnehmende Nationen und 53.000 teilnehmende Unternehmer – war auch für die Tourismusbranche eine große Herausforderung, gab es seinerzeit doch ein klares Missverhältnis zwischen touristischer Nachfrage und touristischem Angebot in Wien. Es wurden Hotels und Gasthöfe gebaut, Restaurationen und Speisesalons eröffnet und wichtige Investitionen in die Stadtentwicklung getätigt (Ausbau des Schienen- und Straßennetzes, Donauregulierung, erste Wiener Hochquellwasserleitung). Schlussendlich besuchten in den sechs Monaten der Weltausstellung 7,25 Millionen Gäste Wien.

Die Romantik mit ihrer Hinwendung zur Natur löste am Beginn des 19. Jahrhunderts den Alpinismus und Alpintourismus aus, der mit der Gründung der alpinen Vereine in den 50er- und 60er-Jahren des 19. Jahrhunderts (Alpenverein 1862) organisierte Formen annahm. Als markantes Datum für den Beginn der lokalen und regionalen Organisation des österreichischen Tourismus muss hier der „Delegiertentag zur Förderung des Fremdenverkehrs in den österreichischen Alpenländern" am 14. und 15.4.1884 in Graz erwähnt werden. Der aufkommende Skitourismus führte 1893 zur Gründung des ersten „mährisch-schlesischen Schneeschuhlauf-Vereines" in Olmütz, 1896 erschien das erste Skilehrbuch mit dem Titel „Alpine Lilienfelder Skifahrtechnik", der erste Skikurs fand 1905 in Stuben am Arlberg statt und 1908 ging am Bödele ob Dornbirn bei der Lankschanze der erste Lift für Skifahrer in Mitteleuropa in Betrieb.

*Abbildung 1: Historisches Wintersportplakat*

*Quelle: Österreich Werbung.*

Insgesamt entwickelte sich der Tourismus bereits vor 1914 zu einem bedeutenden Wirtschaftsfaktor. Aus einem Vortrag des kaiserlichen Rates Lehr vom 28.02.1913 geht hervor, dass 1911 in Österreich insgesamt 4.987.433 Personen eingereist waren, darunter 3.277.645 Österreicher, 304.141 Ungarn, 27.821 Bosnier und 1.353.701 Ausländer. Die Gäste verteilten sich auf 2.336 Fremdenorte in den österreichischen Kronländern und 14.879 Hotels, Gasthäuser, Pensionen und Privathäuser, die insgesamt 496.239 Betten zur Verfügung hatten. Die Verpflegstage betrugen rund 32 Millionen, wobei Niederösterreich mit neun Millionen an der Spitze stand (zwei Drittel davon gingen alleine auf das Konto der Wiener Sommerfrischler). Bei einer durchschnittlichen Aufenthaltsdauer der Ausländer von vier bis fünf Tagen betrugen die Einnahmen aus dem Ausländerfremdenverkehr 1911 rund 100 Millionen Kronen. Inklusive Reisespesen und Einkäufen betrugen die Einnahmen 1911 rund 150 Millionen Kronen (Brusatti, 1984). Dieses zahlenmäßige Wachstum des Tourismus in Österreich war aber nicht nur auf eine verstärkte Reiselust zurückzuführen, sondern auf ein deutliches Bevölkerungswachstum, das vor allem durch die zunehmende Urbanisierung bedingt war. Wien beispielsweise wuchs von 250.000 Einwohnern im Jahr 1810 auf über 2,2 Millionen Einwohner zu Beginn des Ersten Weltkrieges. Mit der Bevölkerungszahl stieg das Potenzial an Reisenden.

*Tabelle 1: Daten über den Fremdenverkehr in Österreich, 1894–1915*
*(von 1894–1915 Gebietsstand nach dem 1. Weltkrieg, jedoch einschließlich Südtirol)*

| Kalenderjahr bzw. Berichtsjahr | Fremdenunterkünfte | | | | Betten in 1.000 | | | | |
|---|---|---|---|---|---|---|---|---|---|
| | Fremden-orte | Hotels, Gast-höfe, Pensio-nen | Privat-quar-tiere | Andere Betriebe | Hotels, Gasthöfe, Pensio-nen | Privat-quar-tiere | Andere Betriebe | Gemel-dete Fremde bzw. Frem-den-ankünfte | Über-nach-tungen |
| **1894** | 1.124 | 4.728 | – | – | 75,4 | 65,4 | – | 954,3 | – |
| **1895** | 1.100 | 4.657 | – | – | 76,2 | 66,7 | – | 985,0 | – |
| **1896** | 1.118 | 5.002 | – | – | 79,6 | 69,6 | – | 986,3 | – |
| **1897** | 1.132 | 5.248 | – | – | 91,6 | 72,2 | – | 1.052,6 | – |
| **1898** | 1.170 | 5.554 | – | – | 89,1 | 80,3 | – | 1.141,3 | – |
| **1899** | 1.275 | 5.764 | – | – | 92,6 | 84,4 | – | 1.203,9 | – |
| **1900** | 1.366 | 6.179 | – | – | 99,1 | 89,4 | – | 1.335,0 | – |
| **1901** | – | – | – | – | – | – | – | – | – |
| **1902** | 1.495 | 6.631 | – | – | 105,8 | 94,7 | – | 1.472,8 | – |
| **1903** | 1.520 | 7.554 | – | – | 115,6 | 102,5 | – | 1.558,4 | – |
| **1904** | 1.532 | 7.878 | – | – | 123,7 | 108,5 | – | 1.664,9 | – |
| **1905** | 1.722 | 8.966 | – | – | 135,1 | 116,0 | – | 1.816,6 | – |
| **1906** | 1.672 | 8.276 | – | – | 132,0 | 114,4 | – | 1.882,3 | – |
| **1907** | 1.717 | 8.574 | – | – | 137,7 | 119,7 | – | 2.118,7 | – |
| **1908** | 1.812 | 8.825 | – | – | 146,4 | 123,6 | – | 2.140,2 | – |
| **1909** | 1.603 | 8.978 | – | – | 156,6 | 141,6 | – | 2.253,4 | – |
| **1910** | 1.616 | 8.905 | – | – | 161,8 | 147,3 | – | 2.353,2 | – |
| **1911** | 1.542 | 8.902 | – | – | 167,2 | 153,0 | – | 2.500,7 | – |
| **1912** | 1.560 | 9.044 | – | – | 172,5 | 160,9 | – | 2.439,0 | – |
| **1913** | 1.562 | 9.362 | – | – | 174,1 | 161,7 | – | 3.122,5 | – |
| **1914** | 1.071 | 6.716 | – | – | 137,9 | 77,5 | – | – | – |
| **1915** | 365 | 2.396 | – | – | 45,1 | 38,0 | – | – | – |

*Quelle: Biffl, 1987.*

Der Erste Weltkrieg brachte den österreichischen Tourismus dann zum Erliegen. Nicht nur verloren während der Kriegsjahre viele Tourismusdestinationen ihre Gäste – die nicht reisen konnten und wollten – sondern es waren auch nach Kriegsende die Auswirkungen des Krieges noch spürbar. Österreich, vom Großstaat zur Kleinrepublik geschrumpft, musste durch den Vertrag von St. Germain im September 1919 viele seiner wichtigen Fremdenverkehrsgebiete abtreten, wie zum Beispiel Südtirol mit dem Luftkurort Meran, die böhmischen Kurbäder sowie Tourismusgebiete entlang der Adria, in Dalmatien und Istrien. Einhelliges Verständnis herrschte grundsätzlich darüber, welch wichtigen Anteil eine günstige Entwicklung der Tourismuswirtschaft am Wiederaufbau der Gesamtwirtschaft hatte. In den Nachkriegsjahren ging man daher zügig daran, wichtige Investitionen in die Verkehrsinfrastruktur zu tätigen: Das Schienen- und Straßennetz wurde massiv ausgebaut, 1923 wurde die Österreichische Luftverkehrsaktiengesellschaft ÖLAG (danach AUA) gegründet, in den späten 1920er-Jahren Seilbahnanlagen gebaut (etwa auf die Rax, den Patscherkofel oder die Nordkette) und 1931 der Wiener Flughafen feierlich eröffnet. Um wieder mehr Gäste nach Österreich zu bringen, wurde 1923 auch die „Österreichische Verkehrswerbung Ges.m.b.H." gegründet, deren vorrangige Aufgabe die „gesamtösterreichische Verkehrspropaganda" war.

*Abbildung 2: Plakat der Raxbahn*

*Quelle: Joseph Binder, 1929, © designaustria.*

Der Tourismus zog wieder an: Wurden im Jahr 1925 noch 13,8 Millionen Nächtigungen gezählt (davon 37,5% Ausländer), so waren es 1929 bereits 19,9 Millionen (42,9% Ausländeranteil). Auch auf der Angebotsseite gab es in den 1920er-Jahren erwähnenswerte Zuwächse: Die Anzahl der Betten in statistisch erfassten gewerblichen Betrieben stieg von 119.311 im Jahr 1925 auf 168.598 im Jahr 1929. Österreich versuchte auch durch internationale Veranstaltungen bei seinen Gästen zu punkten. Die Gründung der Wiener Messe (1921), die Erstsaison der Salzburger Festspiele (1921) oder die Gründung der Wiener Festwochen (1928) fielen in diese Zeit.

Den ersten Dämpfer erhielt der wieder erblühende Tourismussektor aber schon im Jahr 1929: Die Weltwirtschaftskrise und in der Folge der Rückgang bei Produktion und Handel sowie die damit einhergehenden Einkommenseinbußen und höhere Arbeitslosigkeit führten zu einer Abnahme des Reiseverkehrs bzw. zu mehr Sparsamkeit bei den wenigen Reisenden. Auch führten Devisenabwertungen in der Schweiz, in Italien und in der Tschechoslowakei zur „Abwanderung" von Touristen in diese Länder und der Sturz des britischen Pfunds im Jahr 1931 brachte einen Rückgang englischer Gäste in Österreich.

Mit der Machtergreifung Adolf Hitlers 1933 in Deutschland wurde der Tourismus zunehmend politisch instrumentalisiert: Deutsche konnten nur mehr mit einem obligatorischen Sichtvermerk ins Ausland reisen und die so genannte „1.000-Mark-Sperre" wurde eingeführt, derzufolge deutsche Reisende beim Grenzübertritt nach Österreich eine Gebühr von 1.000 Reichsmark (nach heutiger Kaufkraft etwa 3.900 Euro) zahlen mussten. Diese Aktionen hatten natürlich empfindliche Einbußen im heimischen Tourismus zur Folge. Die österreichische Regierung reagierte prompt und entwickelte eine Reihe von Maßnahmen, um diesem Gästeeinbruch aus Deutschland entgegenzuwirken. Acht Millionen Schilling wurden für die Hotellerie zur Verfügung gestellt, die Tourismuswerbung in anderen Quellmärkten intensiviert, Ferienaktionen gestartet oder Fahrpreisermäßigungen für Reisen mit der Österreichischen Bahn angeboten. Auch entstanden in dieser Zeit zahlreiche Filme, um Touristen aus dem angloamerikanischen und frankophonen Raum Urlaub in Österreich schmackhaft zu machen, so etwa „Rendezvous in Wien" (1936), „Wie ein Franzose Wien sieht" (1937) oder „Singende Jugend" (1936), in dem die Wiener Sängerknaben auf der neu eröffneten Großglockner Hochalpenstraße singen. Durch diese Diversifizierung der Herkunftsländer konnten Zuwächse bei Inlandsgästen und bei Gästen aus angloamerikanischen und frankophonen Ländern verzeichnet werden. Durch die „1.000-Mark-Sperre" wurde eine erste – zwar erzwungene, aber nichtsdestotrotz sehr erfolgreiche – Internationalisierung des Gästeaufkommens erreicht.

Das Juli-Abkommen 1936 hob die deutschen Beschränkungen im Reiseverkehr wieder auf, mit dem Anschluss Österreichs im März 1938 konnten Deutsche wieder ohne Beschränkungen in die „Ostmark" einreisen. Am 1.6.1938 erließ Reichskommissar Josef Bürckel den Aufruf an alle Deutschen, am Aufbau des ehemaligen Österreich mitzuarbeiten und dort ihren Urlaub zu verbringen. Der politische Anschluss führte zur Eingliederung der österreichischen Fremdenverkehrswirtschaft ins deutsche System: Mit Ende Juni 1938 wurden alle Verbände, Interessenvereinigungen und Arbeitsgemeinschaften aufgelöst, die Preisgestaltung und Ausstattung der Gastgewerbebetriebe wurde strengen gesamtdeutschen Richtlinien unterworfen und touristische Werbemaßnahmen mussten von den zentralen Stellen genehmigt werden.

Nach dem Zweiten Weltkrieg war ein Großteil der – auch touristischen – Infrastruktur zerstört und die Wirtschaft lag darnieder. Österreich und seine Bewohner machten sich an den Wiederaufbau. Der wichtigen Rolle des Fremdenverkehrs war man sich dabei sehr wohl bewusst. Auf die Frage, welchen Weg Österreichs Volkswirtschaft einschlagen werde, antwortete Bundespräsident Karl Renner am 23.9.1945 in der Wiener Zeitung: „Wir lieben unsere Heimat, aber wir brauchen die Fremden! Wir brauchen den Fremdenverkehr und laden alle Welt zu uns zu Gaste. Wien und Salzburg werden als

Stätten der Kunst, unsere Alpen als touristische Ziele ersten Ranges die Fremden mit Freude begrüßen ..." (Brusatti, 1984). Dieser Ankündigung folgten Taten. 1946 wurde im Bundesministerium für Handel und Wiederaufbau die „Stelle für den Wiederaufbau des österreichischen Fremdenverkehrs" eingerichtet. Zwei Jahre später wurde die so genannte „Touristenkarte" eingeführt, um dem Auslandstourismus wieder auf die Beine zu helfen. Die Karte war eine Art Gutschein für ein bestimmtes oder ein beliebiges Hotel in Österreich, musste im Vorfeld in harter Währung bezahlt werden und war für die Dauer von einem Tag bis zu einer Woche gültig. Für jene Österreicher, die sich mehrheitlich aufgrund der wirtschaftlichen Situation keinen Urlaub leisten konnten, wurde die „Österreichische Reisekasse" gegründet, welche die Gelegenheit bot, das Urlaubs- oder Reisegeld in kleinen Beiträgen während des Jahres anzusparen. Auf internationaler Ebene wurde mit dem Marshall-Plan-Abkommen vom 2.7.1948 zwischen den USA und Österreich ein wichtiger Wirtschaftsimpuls gesetzt. Österreich erhielt dadurch in den Jahren bis 1953 Waren im Wert von ungefähr einer Milliarde Dollar. Die Waren mussten zum Inlandspreis verkauft und die erzielten Geldmittel auf ein Counterpart-Konto einbezahlt werden. Aus diesen Mitteln wurden dann in weiterer Folge für Industrie, Gewerbe, Verkehr und auch für den Tourismus niedrig verzinste Investitionskredite bewilligt.

Vor dem Hintergrund dieser (währungs-)politischen Maßnahmen begann ab den 1950er-Jahren der wirtschaftliche Aufschwung im österreichischen Tourismus, der, mit kleineren Unterbrechungen, bis heute anhält. Österreich hat dafür ideale Voraussetzungen. Neben Besonderheiten wie den Alpen, Flüssen und Seen, dem reichen kulturellen Erbe, der zentralen Lage im Herzen Europas, der Gastfreundschaft und dem stabilen politischen Klima waren folgende, allgemeinere Faktoren für die erfolgreiche Entwicklung des heimischen Tourismus entscheidend:

Voraussetzungen für die Erfolgsgeschichte des österreichischen Tourismus:

- zunehmender Wohlstand
- steigende Mobilität
- Ausbau der touristischen Infrastruktur
- Globalisierung
- Industrialisierung der Reisebranche
- demografischer Wandel und Reiseintensität

Die Erfolgsentwicklung des österreichischen Tourismus ging eng einher mit dem zunehmenden Wirtschaftsaufschwung seit der Nachkriegszeit. Anhaltendes Wirtschaftswachstum führte sowohl in Österreich als auch in ganz Europa zu flächendeckendem Wohlstand breiter Bevölkerungsschichten. Das Bruttoinlandsprodukt (BIP) je Einwohner stieg innerhalb der vergangenen 60 Jahre um ein Vielfaches: Belief es sich nach dem

Ende des Zweiten Weltkrieges auf 237 Euro, so beträgt es heute über 34.000 Euro. Österreich zählt damit zu den zehn reichsten Ländern der Welt.

Der in den letzten 60 Jahren gestiegene Wohlstand in Österreich zeigt sich auch am Motorisierungsgrad der Bevölkerung und an der Bereitschaft, in der Freizeit mobil zu sein. Der Anteil der Freizeitmobilität ist von rund 30% in den 1960er-Jahren auf rund 60% um die Jahrtausendwende gewachsen (Müller, 2011). Die KFZ- und PKW-Zahlen belegen diese Entwicklung: Im Jahre 1950 hatten von 1.000 Einwohnern nur sieben Personen einen eigenen PKW, heute fährt jeder Zweite in Österreich ein Auto. Somit stieg die PKW-Dichte (PKW je tausend Einwohner) von damals sieben auf rund 500 heute. Analog zum Verkehr auf der Straße wuchs natürlich auch der Verkehr in der Luft und zu Wasser. 1955 flogen etwa 65.000 Menschen aus Österreich mit dem Flugzeug weg, 2010 waren es laut Verkehrszahlen des Flughafens Wien knapp 19,7 Millionen, das sind mehr als 300 mal so viel. Die Entwicklung dieser zunehmenden Mobilität lässt sich auch mit touristischen Kennziffern unterlegen. Die Zahl der Beherbergungsbetriebe etwa stieg von knapp 10.000 im Jahr 1950 auf über 66.000 im Jahr 2010, die Gästebetten von knapp über 222.000 im Jahr 1950 auf fast 1,1 Millionen sechzig Jahre später. Auch die Nächtigungszahlen entwickelten sich rasant: von 16.715 im Jahre 1950 auf fast 126 Millionen Nächtigungen im Jahr 2011.

*Abbildung 3: Entwicklung der Ankünfte und Übernachtungen 1959–2011*

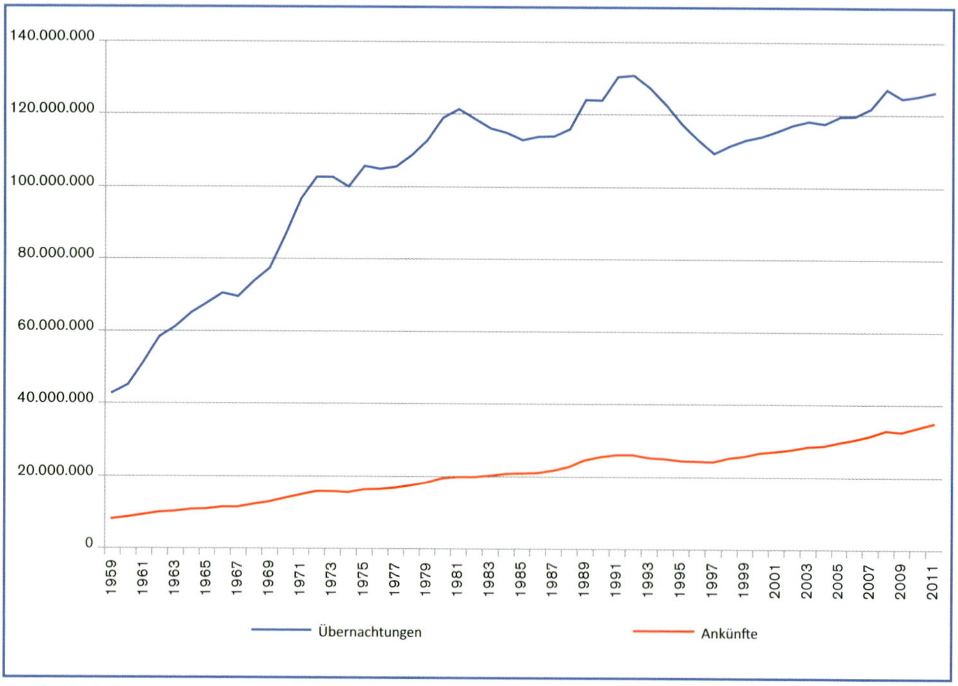


*Quelle: Statistik Austria.*

Seit den 1960er-Jahren ist Österreich ein bekanntes Outdoor-Eldorado. Die Alpenrepublik mit ihren optimalen Voraussetzungen für einen erlebnisreichen Urlaub und so unterschiedlichen Landschaftsformen wie Gebirgen und Hochplateaus, Wäldern und Seen mit Trinkwasserqualität zieht viele Gäste an. Wandern und Baden wurden in jenen Jahren zu zentralen Wirtschaftsfaktoren des Sommertourismus. Ganz in diesem Sinne warb eine Kampagne der Österreich Werbung für das Urlaubsland Österreich mit dem Slogan „Los geht's! Wanderbares Österreich."

*Abbildung 4: „Wanderbares Österreich"*

*Quelle: Österreich Werbung.*

Aber auch der Skisport wurde immer populärer, wovon natürlich sowohl Wintertourismus als auch der Handel profitierten. Ein Ereignis, welches in diesem Zusammenhang für die heimische Tourismuswirtschaft sehr große Bedeutung hatte, waren die IX. Olympischen Winterspiele 1964 in Innsbruck mit insgesamt knapp einer Million Zuschauern. War Österreich ursprünglich eine Sommerdestination (das Nächtigungsverhältnis war in den 1970er-Jahren 70% zu 30%), so glich sich das Verhältnis im Laufe der Jahre an. Heute ist das Nächtigungsverhältnis zwischen Sommer- und Wintersaison ausgeglichen und Österreich in Europa der Marktführer bei Wintersporturlaub. Mit großem Abstand zu Frankreich, Italien und der Schweiz verzeichnet Österreich einen Marktanteil von 57%.

Das Umfeld von Freizeit und Reisen hat sich seit dem Ende des Zweiten Weltkriegs nachhaltig verändert. Politische Grenzen wurden aufgelöst (und andere neu festgelegt), Europa und die ganze Welt wuchsen im Zuge der Globalisierung von Wirtschaft und Gesellschaft immer enger zusammen. Diese Entwicklung hat natürlich Auswirkungen auf den Tourismus. Betrachtet man etwa die weltweite Nachfrage, so zeigt sich, dass die Zahl der Auslands- und Fernreisen stark zugenommen hat (wobei die Reiseströme innerhalb der Großregionen stärker gewachsen sind als zwischen den Regionen). Angebotsseitig lässt sich feststellen, dass die gesamte touristische Wertschöpfungskette durch die Globalisierung zunehmendem Konkurrenzdruck unterliegt. Eine Folge davon sind internationale Fusionen und Kooperationen etwa auf dem Reiseveranstaltermarkt, im Luftverkehr oder in der Hotel- und Gastronomiebranche.

Diese zunehmende Globalisierung lässt sich auch unmittelbar an der touristischen Entwicklung ablesen: Österreich hat in den letzten Jahren in hohem Maße von der Ostöffnung profitiert. Die Zahl der Nächtigungen aus den neuen EU-Mitgliedsländern ist seit dem Jahr 2000 um jährlich 10% angestiegen (während die Nachfrage der Gäste aus dem übrigen Ausland im gleichen Zeitraum nur um etwa 0,5% jährlich gewachsen ist). Auch das Schengen-Abkommen mit der Abschaffung der Grenzkontrollen an den Binnengrenzen, der Euro als Einheitswährung oder Visa-Erleichterungsabkommen haben die Mobilität nachhaltig gefördert und den Tourismus globalisiert. Auf der anderen Seite führt Globalisierung im Tourismus auch zur Globalisierung von Krisen: 9/11, die Schweinegrippe H1N1, der Vulkanausbruch in Island oder der Arabische Frühling sind nur einige Beispiele dafür, wie verletzlich der globalisierte Tourismus durch externe Faktoren geworden ist. Es ist aber auch bemerkenswert, wie schnell sich letztlich der weltweite Tourismus nach Krisen immer wieder erholt.

Durch den demografischen Wandel – konkret durch den zunehmenden Anteil älterer Menschen an der Gesamtbevölkerung – ändert sich die Nachfrage im Tourismus entscheidend. Ältere Mitmenschen sind heutzutage bis ins hohe Alter fitter und agiler als noch vor einigen Jahrzehnten. Auch zeigen sie deutlich andere Reisemuster als jüngere Menschen: Sie reisen häufiger, geben im Urlaub mehr Geld aus, bleiben länger und reisen auch außerhalb der Saisonen. Auf diese neue Nachfrage muss die Tourismuswirtschaft eingehen, um dieser wichtigen Gästegruppe Urlaub in Österreich schmackhaft zu machen. Bedeutend ist auch der Trend zu Kurzreisen in den letzten Jahren. Die durchschnittliche Aufenthaltsdauer in Österreich beträgt heute nur noch 3,7 Nächte, im Jahr 1980 lag sie noch bei über sechs Nächten. Auch haben Tagesreisen überproportional zugenommen. Dies alles wird begünstigt durch eine höhere Mobilität der Gäste aufgrund besserer und billigerer Verkehrsanbindungen und besserer Informations- und Kommunikationstechnologien, welche Preisvergleiche für den Konsumenten erleichtern und den Preiswettbewerb erhöhen.

### Ausblick

Diese allgemeinen und besonderen Faktoren haben Österreich touristisch zu dem gemacht, was es heute ist: Das Urlaubsland glänzt durch sein weltweit einzigartiges und vielfältiges Tourismusangebot und zählt im internationalen Reiseverkehr zu den tourismusintensivsten Ländern der Welt. Das 21. Jahrhundert ist das Zeitalter des Reisens. Die UNWTO-Prognose von Oktober 2011 sieht bis 2030 von derzeit 940 Millionen eine Verdoppelung der internationalen Gästezahlen vorher. Europa wächst zwar langsamer, der weltweite Tourismuskuchen wird aber deutlich größer. Ziel ist es, ein größeres Stück von diesem größeren Kuchen zu bekommen. Dies ist angesichts der Globalisierung und der immer größer werdenden Konkurrenz nur durch eine stimmige Weiterentwicklung von Angebot und Servicequalität zu holen. Österreich hat die besten – und über Jahrhunderte gewachsenen und bewährten – Voraussetzungen dafür.

## Literatur

Biffl, A., „Der Fremdenverkehr in Österreich von 1875 bis 1985“, Wien, 1987 (unveröffentlicht).

Brusatti, A., „100 Jahre Österreichischer Fremdenverkehr. Historische Entwicklung 1884–1984“, Wien, Bundesministerium für Handel, Gewerbe und Industrie, 1984.

Hachtmann, R., „Tourismus-Geschichte“, Göttingen, Vandenhoeck & Ruprecht, 2007.

Lauterbach, B., „Tourismus. Eine Einführung aus Sicht der volkskundlichen Kulturwissenschaft“, Würzburg, Verlag Königshausen & Neumann GmbH, 2008.

Müller, H., „Der Tourismus vor großen Herausforderungen“, Universität Bern, http://www.fif.unibe.ch/unibe/wiso/fif/content/e6012/e6025/e6037/e6192/DerTourismusvorgrossenHerausforderungen_FIF_ger.pdf, Download am 15.2.2012.

Würzl, A., „Fremdenverkehrspolitik“, Vorlesungsskript an der WU Wien, Wien, 1992 (unveröffentlicht).

# Tourismuspolitik

## Zusammenfassung

Tourismus hat Bedeutung für sehr viele Politikbereiche; als wichtige Säule der österreichischen Wirtschaft hat er Auswirkungen auf den Arbeitsmarkt, die Regionalpolitik, Umwelt und Landwirtschaft, das Image Österreichs und ganz generell auf das soziale Zusammenleben und die in Österreich lebenden Menschen. Voraussetzung für das unternehmerische Handeln im Tourismus sind die rechtlichen und wirtschaftspolitischen Rahmenbedingungen, die von der Tourismuspolitik gestaltet werden.

In der Österreichischen Bundesverfassung (B-VG) gibt es keine eigene Kompetenzbestimmung „Tourismus", sowohl die Gesetzgebungs- als auch die Vollzugszuständigkeit sind zwischen Bund und Ländern aufgeteilt, einzelne (Vollzugs-)Aufgaben sind den Gemeinden übertragen. Der Tourismus wird als klassische Querschnittsmaterie in einer Vielzahl von Bundes- und Ländergesetzen geregelt und in wachsendem Ausmaß auch von europäischen Rechtsvorschriften. Die Träger der Tourismuspolitik in Österreich sind der Bund, die Länder und die Gemeinden, aber auch öffentlich-rechtliche und private Verbände.

Die Instrumente der Tourismuspolitik sind unterschiedlich. Der Bund bedient sich hauptsächlich der Förderungen und unterstützt das Tourismusmarketing; die Länder nutzen neben diesen Instrumenten auch die Kompetenz zur Gesetzgebung, um im Tourismus gestaltend eingreifen zu können.

Der steigenden Bedeutung des Tourismus wird die Politik durch verstärkte Aktivitäten gerecht. Ein eigener Tourismusausschuss im Nationalrat und eine neue Tourismusstrategie zeigen das zunehmende Engagement des Bundes, gestaltende Eingriffe in die Organisation des Tourismus und umfassende Tourismusstrategien jenes der Bundesländer.

## Zum Begriff der Tourismuspolitik

### Was ist Tourismuspolitik?

Eine offizielle Definition von Tourismuspolitik gibt es nicht, Versuche, das Phänomen Tourismuspolitik zu umschreiben, jedoch zahlreiche. In diesem Beitrag wird von einer sehr allgemeinen und weiten Begriffsbestimmung ausgegangen, die vielleicht auch gerade wegen ihrer Unschärfe am treffendsten die Komplexität erfasst: „Tourismuspolitik ist die Gestaltung der Rahmenbedingungen für den Tourismus."

Diese Rahmenbedingungen sind deshalb von großem Interesse, weil speziell in Österreich seit jeher private Unternehmer durch Eigeninitiative und persönlichen Einsatz, gemeinsam mit ihren Familien und Mitarbeitern, die Entwicklung des Tourismus vorangetrieben haben. Der Staat und die Bundesländer sind und waren nur vereinzelt, die Gemeinden häufiger als Unternehmer und touristische Anbieter tätig. Dies im Regelfall aber nur dort, wo Private die für die touristische Dienstleistungskette erforderliche Leistung nicht erbringen können. In Österreich ist Tourismus daher nicht zentral gelenkt oder verordnet, sondern das Ergebnis des Zusammenspiels von zehntausenden Klein- und Mittelbetrieben.

### Warum Tourismuspolitik?

Österreich hat sich in den letzten Jahrzehnten zu einer der weltweit führenden Tourismusdestinationen entwickelt. Die Gründe dafür sind vielfältig: Neben dem bereits erwähnten Unternehmergeist sind vor allem die natürlichen Ressourcen Alpen, Flüsse und Seen, die gewachsenen und intakten Städte, die jahrtausendealte Geschichte mit ihrem Reichtum an Kultur, die zentrale Lage im Herzen Europas, die touristische Infrastruktur, die Kulinarik und – nicht zu vergessen – die österreichische Gastfreundschaft zu nennen.

Der Tourismus hat für Österreich große Bedeutung:

- Als Beitrag zur Wirtschaftsleistung: Derzeit trägt der Tourismus fast 8% zum Bruttoinlandsprodukt bei. Die regionale Bedeutung des Tourismus ist aufgrund topografischer und struktureller Unterschiede aber sehr unterschiedlich. In manchen Regionen – vor allem im Westen – ist sein Stellenwert deutlich höher.
- Als Beitrag zum Arbeitsmarkt: Als arbeitsintensive Dienstleistungsbranche bietet der Tourismus vielen Menschen standortgebundene Arbeitsplätze, die nicht in Billiglohnländer ausgelagert werden können. Somit wirkt der Tourismus der fortschreitenden Abwanderung – vor allem in peripheren Regionen – entgegen.
- Als Beitrag zur Leistungsbilanz: Ausgaben ausländischer Gäste, die in Österreich ihren Urlaub verbringen, werden den Exporten zugerechnet und haben wesentlichen Anteil an der positiven Leistungsbilanz, weil österreichische Urlauber im Ausland deutlich weniger Geld ausgeben.

- Als Beitrag zum Image Österreichs: Mit Hilfe des Tourismus präsentiert sich Österreich als offenes, reiches und kulturaffines Land mit intakter Natur und geringeren gesellschaftlichen Problemen als viele andere Urlaubsdestinationen.
- Als Beitrag zur Gesellschaft: Der Tourismus trägt zur Völkerverständigung bei, fördert Bildung, ermöglicht Erholung und Entspannung und steigert damit wesentlich den Erhalt der Gesundheit und ganz generell die Lebensqualität.

Bei all den positiven Aspekten des Tourismus darf man aber auch die negativen Begleiterscheinungen eines hochentwickelten Tourismus nicht ausblenden. Auswirkungen auf Verkehr und Umwelt, Energieverbrauch, Bevölkerung und gewachsene Strukturen sind bei einer umfassenden Betrachtung zu berücksichtigen.

Der Tourismus hat somit für Wirtschaft und Regionen, aber in erster Linie für die Menschen in Österreich große Bedeutung erlangt und wirkt, wie weiter oben bereits angedeutet, auf so vielfältige Art und Weise in unterschiedliche Bereiche ein, dass sich politische Entscheidungsträger mit diesem Phänomen auseinandersetzen und „Tourismuspolitik" betreiben müssen. Ein häufig unterschätzter Faktor bei der Entwicklung von Tourismusdestinationen sind die rechtlichen und wirtschaftspolitischen Rahmenbedingungen, die im weltweiten Wettbewerb über Erfolg oder Scheitern einer Destination entscheiden.

### Das Verhältnis von Wirtschaft und Staat

In jedem Wirtschaftssystem spielt der Staat eine Rolle. Seit Adam Smith vor rund 250 Jahren die Idee der Marktwirtschaft formulierte, wurde die Frage, ob und wie viel staatlichen Eingriff eine funktionierende Wirtschaft braucht, heftig diskutiert. Soll der Staat nur die Eckpfeiler für wirtschaftliches Handeln setzen oder muss er lenkend eingreifen, wenn der Markt als Ganzes oder in Teilbereichen versagt?

In Österreich hat sich ein relativ starker Staat herausgebildet, der Einfluss auf sehr viele Lebensbereiche nimmt. Das österreichische Wirtschaftsmodell entspricht daher, ähnlich wie das deutsche oder das französische, dem eines modernen Wohlfahrtsstaates. In Österreich herrscht seit Jahrzehnten breiter politischer und gesellschaftlicher Konsens, dass der Staat nicht nur die Garantie für funktionierende Märkte übernehmen, sondern auch aktiv Vorsorge treffen muss, dass alle Menschen ein würdiges Dasein führen können. In jene Bereiche, in denen über Marktmechanismen keine gesellschaftspolitisch gewünschten Ergebnisse zu erzielen sind, soll der Staat lenkend eingreifen.

Es ist daher akzeptierte Praxis, dass der Staat auch im Tourismus wirtschaftspolitisch ordnend eingreift. Auf Grund der dem Tourismus innewohnenden Komplexität, seiner internationalen Verflechtung, seiner Bedeutung als Arbeitgeber und Wirtschaftsmotor für ganze Regionen und seiner Auswirkungen auf Gesellschaft und Natur hat der Staat Regeln und Beschränkungen, aber auch Anreize gesetzt und nimmt so direkt und indirekt Einfluss auf die touristische Entwicklung.

### Tourismuspolitik als Teil der Wirtschaftspolitik?

Ob Tourismuspolitik als eigenständiger Politikbereich oder lediglich Teil der Wirtschaftspolitik zu sehen ist, kommt auf die Betrachtungsweise an. Natürlich ist Tourismus ein zentraler und integraler Bestandteil der österreichischen Wirtschaft und daher zu Recht im Bundesministerium für Wirtschaft, Familie und Jugend angesiedelt. Betrachtet man Tourismus nur unter dem Aspekt seines Beitrags zum Bruttoinlandsprodukt, wäre er wohl unter Wirtschaftspolitik zu subsumieren. Bei genauerer Betrachtung hat der Tourismus allerdings Auswirkungen auf eine ganze Reihe von Politikbereichen: Er spielt eine bedeutende Rolle für den Arbeitsmarkt, hat Auswirkungen auf Regionalpolitik, Umwelt und Landwirtschaft, auf das soziale Zusammenleben und auf Kultur und Freizeit. Auch die durchgängig klein- und mittelständische Struktur der Betriebe rechtfertigt eine eigenständige Tourismuspolitik. Eigenständige Regelungen für öffentliche Förderungen und öffentliche Gelder für Tourismusmarketing werden nicht nur in Österreich, sondern in fast allen vergleichbaren Tourismusdestinationen eingesetzt.

In der Tourismuspolitik geht es aber nicht nur um wirtschaftlichen Erfolg und Gewinnmaximierung. In Österreich orientiert sich die Tourismuspolitik schon seit Jahren an den drei Säulen der Nachhaltigkeit: der ökologischen, der ökonomischen und der sozialen, die zwar von durchaus unterschiedlichen und sogar gegensätzlichen Zielsetzungen geprägt sind, aber letztlich in einer erfolgreichen Tourismusdestination zusammenwirken und sich gegenseitig ergänzen sollen.

Zusammenfassend kann man in Österreich daher mit Recht von der Existenz einer eigenständigen Tourismuspolitik sprechen. Die Einrichtung eines eigenen parlamentarischen Tourismusausschusses (neben dem Wirtschaftsausschuss) im Jahr 2006 ist auch ein deutlicher Indikator dafür, dass das komplexe System des Tourismus auch von der Politik als eigenständige Materie anerkannt wird.

Die oft geforderte Einrichtung eines eigenständigen Tourismusministeriums ist aus Sicht der Tourismusbranche verständlich, in Anbetracht der schwach ausgeprägten Bundeskompetenz (siehe dazu die Ausführungen zur rechtlichen Basis des Tourismus auf S. 34) allerdings wohl eher abzulehnen. Im Sinne einer möglichst effizienten und schlanken Verwaltung würde der Aufbau eines neuen Ministeriums nur dann Sinn machen, wenn damit eine deutliche Kompetenzverschiebung verbunden wäre, eine solche steht aber derzeit nicht zur Diskussion.

### Direkte und indirekte Tourismuspolitik

Es ist sinnvoll, zwischen direkter und indirekter Tourismuspolitik zu unterscheiden. Direkte Tourismuspolitik umfasst jene Maßnahmen, die konkret auf den Tourismus abzielen (wie beispielsweise Tourismusgesetze oder Tourismusförderungen). Von indirekter Tourismuspolitik spricht man dann, wenn intentional andere Politikbereiche geregelt werden, von diesen Regelungen aber auch der Tourismus betroffen ist. So zielen Arbeitszeitengesetz, Ladenöffnungszeiten, Nichtraucherschutz oder Straßennutzungsgebühr nicht vordringlich auf den Tourismus ab, haben aber sehr wohl Auswirkungen auf diesen. Die Herausforderung besteht darin, dass direkte tourismuspolitische Ziele und indirekte tourismuspolitische Maßnahmen oft diametral auseinander liegen. Es liegt daher an der Tourismuspolitik, einen Interessenausgleich zwischen den Anliegen des Tourismus und jenen anderer Bereiche herbeizuführen.

### Die rechtliche Basis der Tourismuspolitik

Tourismus ist aus verfassungsrechtlicher Sicht eine so genannte Querschnittsmaterie. Das bedeutet, dass in der Österreichischen Bundesverfassung (B-VG) keine eigene Kompetenzbestimmung „Tourismus", mithin keine einheitliche Zuständigkeit existiert, sondern sowohl die Gesetzgebungs- als auch die Vollzugszuständigkeit zwischen Bund und Ländern aufgeteilt sind, wobei einzelne (Vollzugs-)Aufgaben den Gemeinden übertragen sind. Folglich gibt es in Österreich kein „Bundestourismusgesetz", vielmehr wird der Tourismus als klassische Querschnittsmaterie in einer Vielzahl von Bundes- und Ländergesetzen geregelt, in wachsendem Ausmaß auch von europäischen Rechtsvorschriften. Durch die Ratifikation des Beitrittsvertrags erlangte das Unionsrecht Bedeutung für die österreichische Rechtsordnung – einerseits durch die unmittelbare Geltung des Primär- und bestimmter Rechtsakte des Sekundärrechts, andererseits durch die Verpflichtung Österreichs, bestimmte Sekundärrechtsakte (insbesondere Richtlinien) im nationalen Recht umzusetzen.

### Die Kompetenzartikel in der Österreichischen Bundesverfassung

Für den Charakter eines Bundesstaates wie Österreich und damit auch für die Tourismuspolitik ist es entscheidend, wie die einzelnen Kompetenzen der Gesetzgebung und Vollziehung zwischen dem Bund und den Ländern aufgeteilt sind. Die österreichische Verfassung schreibt diese Kompetenzverteilung in den Artikeln 10 bis 15 B-VG fest, wobei nur jene Angelegenheiten in die Zuständigkeit des Bundes fallen, die explizit aufgelistet sind. Darunter finden sich viele für den Tourismus relevante Zuständigkeiten, wie zum Beispiel der Abschluss von Staatsverträgen, die Ein- und Ausreise, Bundesfinanzen mit Steuern und Abgaben, Angelegenheiten des Gewerbes, Verkehrswesen bezüglich Eisenbahnen, Schifffahrt und Luftfahrt und anderes mehr. Tourismus ist daher nicht nur eine Querschnitts-, sondern auch eine Annexmaterie. In Ermangelung eines eigenen

Kompetenztatbestands „Tourismus" kann der Bund aufgrund anderer Kompetenzartikel auch Angelegenheiten des Tourismus regeln, insoweit diese einen „Annex" zu bestehenden Bundeskompetenzen bilden. Jene Angelegenheiten, die den Tourismus betreffen und die nicht ausdrücklich in Gesetzgebung und Vollziehung dem Bund übertragen sind, verbleiben im selbstständigen Wirkungsbereich der Länder. Unter diese „Generalklausel" der Verfassung (Artikel 15 B-VG) fallen auch die Angelegenheiten des Tourismus, das heißt die Gesetzgebung und die Vollziehung in den unmittelbar den Tourismus betreffenden Angelegenheiten ist Sache der Länder, sofern sie nicht Angelegenheiten – wie jene gerade beispielhaft aufgezählten – betrifft, die in die Gesetzgebungs- und/oder Vollzugszuständigkeit des Bundes fallen.

Warum manche Aufgaben dem Bund und andere den Ländern zugewiesen werden, erklärt sich aus der geschichtlichen Entwicklung der österreichischen Verfassung, die im Kern 1920 geschaffen wurde. Im Tourismus verfügten zu dieser Zeit einige Bundesländer schon über sehr spezifische Regelungen und der Bundesverfassungsgesetzgeber hat diesen Status Quo aus 1920 übernommen.

### Hoheitsverwaltung – Privatrechtsverwaltung

In den Artikeln 10–15 B-VG wird nur die Kompetenzverteilung hinsichtlich der Hoheitsverwaltung geregelt. Von hoheitlicher Verwaltung spricht man, wenn der Staat unter Einsatz der ihm eigenen Befehls- und Zwangsgewalt auftritt. Dabei handelt die Verwaltung in bestimmten Rechtssatzformen, insbesondere durch Bescheid (individueller Verwaltungsakt) und Verordnung (genereller Verwaltungsakt).

Bund und Länder sind allerdings gemäß Artikel 17 B-VG ebenso Träger von Privatrechten und können in Bereichen tätig werden, in denen sie nicht Träger der Hoheitsverwaltung sind. Unter dieser nicht-hoheitlichen oder privatwirtschaftlichen Verwaltung versteht man das Tätigwerden der staatlichen Verwaltung in jenen Rechtssatzformen, die auch „Privaten" zur Verfügung stehen, insbesondere mittels Vertrag.

In der Privatwirtschaftsverwaltung gilt die Kompetenzverteilung der Artikel 10–15 B-VG nicht; vielmehr können Bund und Länder auch in solchen Bereichen privatwirtschaftliche Tätigkeiten entfalten, deren hoheitliche Gestaltung ihnen nicht durch die Kompetenzverteilung zugewiesen ist; die Privatwirtschaftsverwaltung ist somit „kompetenzneutral". Daher kann der Bund etwa Förderungen auch in Bereichen vergeben, deren hoheitlicher Vollzug gemäß Artikel 11, 12 oder 15 B-VG den Ländern vorbehalten ist. Im Bereich des Tourismus erlangt die Privatwirtschaftsverwaltung insbesondere bei den Tourismusförderungen und Tourismusmarketingaktivitäten zentrale Bedeutung. Dies führt aber auch dazu, dass in diesen beiden Bereichen Bund und Länder oftmals parallel tätig sind.

### Die Verbände

Zur Wahrung der Interessen wichtiger beruflicher Gruppen wurden durch Gesetze so genannte Selbstverwaltungskörper eingerichtet. Diesen werden besondere Mitwirkungsrechte eingeräumt, beispielsweise Begutachtungsrechte im Gesetzgebungsverfahren oder auch in der Vollziehung. Immer wichtiger wird auch die Servicefunktion für ihre Mitglieder. Ein besonderes Merkmal dieser Selbstverwaltungskörper ist die verpflichtende Mitgliedschaft. Auch haben sie grundsätzlich nicht-wirtschaftliche Aufgaben, das heißt ihr primärer Zweck liegt nicht im Betrieb wirtschaftlicher Unternehmungen und in der Gewinnerzielung. Verbände können aber natürlich auch wirtschaftlich tätig sein, etwa einen Tourismusbetrieb errichten und betreiben. In Österreich haben die Wirtschaftskammern und die Kammer für Arbeiter und Angestellte für den Tourismus besondere Bedeutung.

Darüber hinaus bestehen Verbände, die nicht durch Gesetz als Körperschaften des öffentlichen Rechts, sondern privatrechtlich (als Vereine oder sonstige juristische Personen des Privatrechts, wie zum Beispiel als GmbH) organisiert sind. Kennzeichnend für diese Verbände ist die freiwillige Mitgliedschaft. Solche Verbände können örtliche oder regionale Tourismusvereine sein, es bestehen aber auch auf Bundesebene zahlreiche privatrechtliche Verbände, die (auch) Tourismusinteressen vertreten. Beispiele dafür sind der Österreichische Gewerkschaftsbund, die Österreichische Hoteliervereinigung, der Österreichische Gemeindebund und der Österreichische Städtebund – beide Organisationen haben eigene Tourismusausschüsse – die mitgliederstarken alpinen Vereine, der Österreichische Heilbäder- und Kurorteverband, der Österreichische Reisebüroverband oder der Bundesverband Österreichischer Tourismusmanager.

### Die internationalen Organisationen

Tourismuspolitische Handlungsträger gibt es auch auf internationaler Ebene, etwa die Vereinten Nationen (UNO), die Organisation für wirtschaftliche Zusammenarbeit und Entwicklung (OECD), die Welt-Tourismusorganisation (UNWTO) und andere, regional tätige Organisationen, wie den Europarat.

## Die Tourismuspolitik des Bundes

Aufgrund der mangelnden Kompetenz des Bundes zur Erlassung von tourismusspezifischen Gesetzen gibt es kein Bundestourismusgesetz. Dennoch ist der Bund wichtiger Träger der Tourismuspolitik, direkt und indirekt. Im Rahmen der Privatwirtschaftsverwaltung vergibt er Förderungen an Tourismusbetriebe, als Mitglied im Verein Österreich Werbung unterstützt er die Internationalisierungsbestrebungen der österreichischen Tourismuswirtschaft. Maßgeblich beeinflusst wird der Tourismus aber auch durch die Gestaltung der allgemeinen wirtschaftspolitischen Rahmenbedingungen durch den Bund.

## Die Bundesministerien

Ein Blick in das Bundesministeriengesetz (BMG), das die Kompetenzen der einzelnen Ministerien regelt, zeigt, in welch vielfältiger Weise der Tourismus von der Bundespolitik betroffen ist. Als das „Tourismusressort" ist das Bundesministerium für Wirtschaft, Familie und Jugend (BMWFJ) zu nennen, in der Anlage zu § 2 des BMG sind bei den Aufgaben des BMWFJ unter Punkt 9 die „Angelegenheiten des Tourismus" explizit erwähnt und bilden die Rechtsgrundlage für die Tourismusaktivitäten im Rahmen der Privatwirtschaftsverwaltung. Daneben sind dem BMWFJ auch weitere tourismusrelevante Aufgaben wie das Gewerberecht, die Wirtschaftspolitik und die betriebliche Berufsausbildung zugewiesen.

Natürlich haben auch viele andere Ministerien direkt oder indirekt Einfluss auf den Tourismus: Das Bundesministerium für europäische und internationale Angelegenheiten ist zum Beispiel zuständig für die Außenbeziehungen, das Bundesministerium für Arbeit, Soziales und Konsumentenschutz ist verantwortlich für Arbeitnehmervertrags- und Arbeitnehmerschutzrecht, aber auch für Saisonniers, das Bundesministerium für Finanzen für Angelegenheiten der Finanzverfassung und der Bundesfinanzen – somit auch für Steuern und Abgaben – das Bundesministerium für Gesundheit unter anderem für Kurorte und Nichtraucherschutz, das Bundesministerium für Inneres für die Überwachung des Eintrittes in das Bundesgebiet, das Bundesministerium für Justiz für Zivil- und Konkursrecht. Es gibt also kaum ein Ministerium, das keinen Einfluss auf den Tourismus hat. Überzeichnet, aber im Kern wohl zutreffend, hat ein ehemaliger Bundeskanzler einmal alle Minister als „Tourismusminister" tituliert.

## Das Bundesministerium für Wirtschaft, Familie und Jugend

Obwohl sich die Anzahl, die Aufgaben und die Bezeichnung der Ministerien im Regelfall in jeder Legislaturperiode ändern, ist der Tourismus traditionell im „Wirtschaftsministerium" angesiedelt.

In der Geschäftseinteilung des BMWFJ sind in der Sektion III, Tourismus und Historische Objekte, vier Abteilungen mit Tourismusagenden betraut:

- Eine Abteilung beschäftigt sich mit Tourismuspolitik und der Tourismusstrategie des Bundes, mit der Tourismusstatistik und ist zuständig für die Österreich Werbung.
- Die internationale Tourismusabteilung zeichnet für die strategische Ausrichtung der internationalen Tourismuspolitik sowie die Vertretung des österreichischen Tourismus bei internationalen Organisationen und der Europäischen Union verantwortlich.
- Die Tourismus-Servicestelle ist zentrale Anlaufstelle für Wirtschaftspartner des Tourismus und betreibt Informations- und Wissensmanagement zu Trends, Innovationen und Nachhaltigkeit sowie das Beschwerde- und Krisenmanagement für die Reisewirtschaft.
- Die Tourismus-Förderabteilung ist für alle Angelegenheiten der Tourismusförderungen, ERP-Kredite auf dem Tourismussektor und für Förderungsangelegenheiten im EU-Bereich zuständig.

### Der Tourismusausschuss des Nationalrates

Ein Prinzip des parlamentarischen Verfahrens ist, dass einem Beschluss im Plenum des Nationalrates eine Vorberatung in einem Ausschuss vorangeht. Das soll sicherstellen, dass fachkundige Abgeordnete in kleinerem Kreis über Sachfragen diskutieren können; die Entscheidung bleibt aber dem Plenum des Nationalrates vorbehalten. Für jeden größeren Fachbereich wird zu Beginn einer Gesetzgebungsperiode ein eigener Ausschuss eingerichtet. Wurde der Tourismus früher regelmäßig im Wirtschaftsausschuss behandelt, so wurde im Jahr 2006 erstmals ein eigener Tourismusausschuss eingesetzt, um der wachsenden Bedeutung gerecht zu werden. Dies ist insofern von Belang, als Ausschüsse das Recht haben, von sich aus dem Plenum Gesetze oder Entschließungen vorzuschlagen, und ein eigener Ausschuss natürlich eine intensivere Befassung mit der Materie ermöglicht.

Im Gegensatz zu anderen Ausschüssen können im Tourismusausschuss aber keine Gesetze vorbereitet werden, weil es auf Bundesebene – wie oben ausgeführt – keine Kompetenz zur Erlassung von Tourismusgesetzen gibt. Daher werden im drei- bis viermal jährlich tagenden Tourismusausschuss aktuelle touristische Themen, Berichte und Entschließungsanträge behandelt. Insbesondere der jährlich vom Wirtschaftsministerium erstellte Bericht über die Lage der Tourismus- und Freizeitwirtschaft bildet die Grundlage für eine ausführliche Debatte über die Entwicklung dieses Wirtschaftszweiges.

### Instrumente der Tourismuspolitik des Bundes

Der Bund ist bei der Gestaltung der Tourismuspolitik eingeschränkt. Um konkrete direkte tourismuspolitische Akzente zu setzen, bedient sich der Bund – in diesem Fall der Wirtschaftsminister – mangels Gesetzgebungskompetenz in Tourismusangelegenheiten im Rahmen der Privatwirtschaftsverwaltung folgender Instrumente:

### Instrument 1: Förderungen

Inhaltliche Begründung und Zielsetzung der Tourismusförderungen des BMWFJ sind die Erhöhung der Wettbewerbsfähigkeit des touristischen Angebotes, die Gewährleistung der Funktionsfähigkeit der touristischen Dienstleistungskette sowie der Erhalt und die Schaffung von Beschäftigung im touristischen Umfeld.

Förderungen im Tourismus treten in zwei verschiedenen Formen auf: einerseits als direkte Förderungen – nicht rückzahlbare Zuschüsse, geförderte Kredite und Haftungen – und andererseits als indirekte Förderungen. Von indirekten Tourismusförderungen spricht man bei einnahmenreduzierenden Fördermaßnahmen des Bundes. Beispiele dafür sind vorzeitige Abschreibungsmöglichkeiten, Investitionsfreibeträge oder reduzierte Mehrwertsteuersätze. Die wichtigste indirekte Tourismusförderung des Bundes ist der reduzierte Steuersatz von 10% auf Umsätze im Bereich der Beherbergung und für bestimmte Freizeitangebote.

Direkte Förderungen

Österreichische Hotel- und Tourismusbank Gesellschaft m.b.H. (ÖHT)

Der Bund setzt einen Großteil der Fördermittel für die betriebliche Tourismusförderung ein, die von der ÖHT abgewickelt wird. Die ÖHT ist eine Spezialbank zur Finanzierung und Förderungsabwicklung von Investitionen im Tourismus, sie wickelt auf Basis eines Vertrages mit dem BMWFJ die betriebliche Tourismusförderung des Bundes ab.

*Tabelle 1: Übersicht über die Zielsetzungen der einzelnen ÖHT-Förderungsprogramme*

| Investition | Jungunternehmer | Kooperation | Restrukturierung |
|---|---|---|---|
| **Ziel:** | **Ziel:** | **Ziel:** | **Ziel:** |
| Verbesserung des touristischen Angebots, Stärkung der Innovationskraft, Saisonverlängerung, Betriebsgrößenoptimierung | Unterstützung der Gründung und Übernahme von Unternehmen | Ausgleich des Betriebsgrößennachteils, Schaffung von Angebotsbündeln entlang der touristischen Wertschöpfungskette | Wiederherstellung der Rentabilität sowie Verbesserung der Finanzstruktur wesentlicher Angebotsträger |
| **Übernahme von Haftungen** | | | |

*Quelle: BMWFJ, eigene Darstellung.*

Zur Umsetzung der Tourismusstrategie des Bundes werden auch Schwerpunktförderaktionen durchgeführt, zum Beispiel zum Thema Rad, Internet oder Familie, aber auch Innovationsförderaktionen für touristische Leuchtturmprojekte.

European Recovery Program (ERP)

Die ÖHT ist Treuhandbank des ERP-Fonds für den Tourismus. Auf Grundlage des ERP-Fonds-Gesetzes von 1975 können Tourismusprojekte mit günstigen ERP-Krediten finanziert werden.

Bundesministerium für Wirtschaft, Familie und Jugend

Durch das BMWFJ direkt gefördert werden touristische Vorhaben, an deren Durchführung ein öffentliches Interesse besteht, die einen Beitrag zum wirtschaftlichen Fortschritt leisten und über den Interessensbereich eines einzelnen Bundeslandes hinausgehen. Rechtsgrundlage sind die „Allgemeinen Rahmenrichtlinien für die Gewährung von Förderungen aus Bundesmitteln“. Erwähnenswert ist das Programm zur Förderung der alpinen Infrastruktur, mit dem der Bund einen Beitrag zur umweltgerechten Sanierung von Schutzhütten sowie zur Erhaltung des Wanderwegenetzes leistet.

Kofinanzierung von EU-Projekten

Das BMWFJ setzt auch Fördermittel für die nationale Kofinanzierung von EU-Projekten mit besonderer touristischer Bedeutung ein. Dabei geht es vor allem um Projekte mit überregionaler Bedeutung bzw. um die exemplarische, bundesländerübergreifende

Zusammenarbeit von touristischen Akteuren. Die relevanten Fonds auf EU-Ebene sind der EFRE und der ELER und die diesbezüglichen Programme.

### Instrument 2: Tourismusmarketing

Eine eigene Förderkategorie stellen die staatlichen Ausgaben für Tourismusmarketing und die Dachmarke „Urlaub in Österreich“ dar. Eigene Kategorie deshalb, weil Tourismusmarketing häufig nicht als „Förderung“ eingestuft, sondern als „klassische Staatsaufgabe“ beschrieben wird. Internationales Tourismusmarketing, so wird argumentiert, sei ein öffentliches Gut, das sich durch Nicht-Rivalität im Konsum und vor allem durch Nicht-Ausschließbarkeit kennzeichnet. So ist zum Beispiel „schöne Landschaft“ ein öffentliches Gut, das jedem gleichermaßen zur Verfügung steht. Kein österreichischer Tourismusunternehmer würde daher die Führung der Dachmarke übernehmen, weil davon die gesamte Tourismuswirtschaft und damit auch die Konkurrenz profitieren würde. Deshalb, so die gängige Meinung, handle es sich bei den Mitteln des Bundes nicht um eine „Förderung“ – im allgemeinen Sprachgebrauch und im Berichtswesen wird diese Unterscheidung aber im Regelfall nicht berücksichtigt.

Der Bund erledigt die Aufgabe „Tourismusmarketing“ aber nicht selbst, sondern hat diese an den Verein Österreich Werbung ausgelagert.

### Die Österreich Werbung

Die Österreich Werbung (ÖW) ist Österreichs nationale Tourismusorganisation. Sie ist als Verein organisiert und hat zwei Mitglieder: das Bundesministerium für Wirtschaft, Familie und Jugend und die Wirtschaftskammer Österreich. Präsident der ÖW ist der Wirtschaftsminister. Das Budget der ÖW setzt sich aus Mitgliedsbeiträgen des BMWFJ (75%) und der WKÖ (25%) sowie aus Leistungsbeiträgen der österreichischen Tourismuswirtschaft (unter anderen der Landestourismusorganisationen, Regionen und Betriebe) für Marketingleistungen zusammen. Die Aufgaben der ÖW sind in den Statuten festgeschrieben. Seit 1955 verfolgt der Verein das Ziel, das Urlaubsland Österreich zu bewerben und gemeinsam mit allen österreichischen Tourismuspartnern für den Erhalt und den Ausbau der Wettbewerbsfähigkeit des Tourismuslandes Österreich zu sorgen. Kernaufgaben der ÖW sind die Führung der Marke „Urlaub in Österreich“ und die Bearbeitung der erfolgversprechendsten touristischen Herkunftsmärkte mit über 20 ÖW-Büros im Ausland.

Die Bandbreite der Aktivitäten reicht von klassischer Werbung über Medienkooperationen, Produktion von Themen-Prospekten, Organisation von Messen und Verkaufsplattformen bis zur Zusammenarbeit mit lokalen Reiseveranstaltern und Reisemittlern sowie

Schulungen für die Reisebüro- und Veranstalterbranche. Für die österreichischen Tourismusanbieter stellt die ÖW darüber hinaus maßgeschneiderte Marketingmaßnahmen zur Verfügung. Herzstück der Gästeinformation ist neben dem Urlaubsservice der ÖW (größtes Informations- und Servicecenter für „Urlaub in Österreich") das Internetportal „www.austria.info“. Auf Österreichs umfangreichster Tourismus-Plattform im Internet sind Informationen und Angebote aus ganz Österreich in derzeit 27 Sprachen aufbereitet.

### Fördermitteleinsatz des Bundes

Die für den Tourismus verfügbaren Mittel des Bundes werden jährlich im Bundesfinanzgesetz beschlossen und unterliegen Schwankungen. Vereinfacht kann man aber sagen, dass der Bund in den letzten Jahren rund 55 Millionen Euro jährlich für Tourismus eingesetzt hat. Die wichtigsten Budgetpositionen sind dabei der Mitgliedsbeitrag für die ÖW und die Mittel für die Tourismus-Förderaktionen im Wege der ÖHT mit jeweils rund 24 Millionen Euro. Für die Förderung der alpinen Infrastruktur werden jährlich fast zwei Millionen Euro eingesetzt, EU-Förderprogramme werden mit rund einer Million Euro kofinanziert.

### Die aktuelle Tourismuspolitik der Bundesregierung

Jede Regierung setzt sich am Beginn der Legislaturperiode inhaltliche Schwerpunkte. Im aktuellen Regierungsprogramm der XXIV. Legislaturperiode kommt dem Tourismus als bedeutender Säule der österreichischen Volkswirtschaft sehr großer Stellenwert zu.

### Regierungsprogramm für die XXIV. Gesetzgebungsperiode

Vor allem im Kapitel „Arbeitsplatz und Standortpolitik“ finden sich Aussagen über die Tourismus- und Freizeitwirtschaft. Vorhaben der Regierung sind insbesondere

- die enge strategische Abstimmung mit den Bundesländern
- die Evaluierung der Tourismusförderungen
- die Intensivierung der Kooperation zwischen ÖW und Landestourismusorganisationen
- die Weiterführung des alpinen Schutzhüttenprogramms und der Kooperation mit den österreichischen Nationalparks
- die Verbesserung der Rahmenbedingungen für Unternehmen und Unternehmensgründer und die Internationalisierung der österreichischen Wirtschaft

### Neue Tourismusstrategie

Die allgemein formulierten Vorhaben im Regierungsprogramm bedürfen natürlich der konkreten Umsetzung. Für den Tourismusbereich hat der Wirtschaftsminister auf Basis des Regierungsprogramms und unter großer Beteiligung der Tourismusbranche eine neue Tourismusstrategie erarbeiten lassen; diese wurde im Februar 2010 vorgestellt.

*Abbildung 1: Neue Tourismusstrategie*

*Quelle: Bundesministerium für Wirtschaft, Familie und Jugend.*

Im Vortrag an den Ministerrat heißt es dazu: „Das Urlaubsland Österreich überzeugt durch sein weltweit einzigartiges und vielfältiges Tourismusangebot. Die grandiose Landschaft sowie die international anerkannte Gastfreundschaft bilden in Kombination mit zahlreichen kulturellen und kulinarischen Attraktionen die Visitenkarten unseres Landes. Angesichts der weltweiten Wirtschaftskrise, der Globalisierung und der größer werdenden Konkurrenz darf sich der österreichische Tourismus aber nicht auf seinen Erfolgen ausruhen, sondern muss sich ständig weiterentwickeln."

Inhalte der Tourismusstrategie

- Kernpunkt der neuen Strategie ist die Forcierung der drei starken österreichischen Alleinstellungsmerkmale Alpen – Donau & Seen – Städte & Kultur.
- Wichtige Stoßrichtung ist die verstärkte Zusammenarbeit von Bund und Ländern im Marketing. Das Gesamtbudget von ÖW und Landestourismusorganisationen beträgt über 150 Millionen Euro, die Ausgaben der 450 Tourismusverbände sind darin noch nicht enthalten.
- Neben der bewährten, von der ÖHT abgewickelten Basisförderung sollen zukünftig themenbezogene Schwerpunkte forciert werden, um Förderungen noch zielgerichteter einzusetzen. Eine klare Abgrenzung der Zuständigkeiten von Bund und Ländern nach Projektgröße („Tourismusförderpyramide") ist ein weiterer Schritt zur Effizienzsteigerung.
- Um die Erwartungen der Gäste auch in Zukunft bestmöglich zu erfüllen, braucht es außerdem eine stimmige Weiterentwicklung von Angebot und Servicequalität. Dieses Ziel kann nur durch eine möglichst breit angelegte, prozessorientierte Innovationsstimmung in ganz Österreich erreicht werden.
- Um die Tourismusstrategie laufend anzupassen und die Umsetzung auf allen Ebenen effizient voranzutreiben, wird eine jährliche Tourismuskonferenz auf politischer Ebene eingerichtet. Weiters wird ein Expertenbeirat konstituiert, der diese Konferenz mit Analysen zur Tourismusentwicklung unterstützt.
- Am 1.4.2011 fand unter Vorsitz des Wirtschaftsministers die erste Tourismuskonferenz mit den Landestourismusreferenten der Bundesländer statt, bei welcher der „Aktionsplan Tourismus 2011" mit Maßnahmen zur verstärkten Zusammenarbeit im Marketing, Innovationsförderung, Forcierung von Schulsportwochen und einem gemeinsamen Vorgehen auf europäischer Ebene verabschiedet wurde.

## Tourismuspolitik der Bundesländer und Gemeinden

Warum die Bundesländer Tourismuspolitik betreiben, wurde in den vorigen Abschnitten erörtert. Eine detaillierte Beschreibung der unterschiedlichen Regelungen und Initiativen der Bundesländer würde hier den Rahmen sprengen, es wird aber versucht, einen kurzen Überblick über grundlegende Aspekte der Tourismuspolitik der Länder und Gemeinden zu geben.

Artikel 15 B-VG besagt: „Soweit eine Angelegenheit nicht ausdrücklich der Gesetzgebung oder auch der Vollziehung des Bundes übertragen ist, verbleibt sie im selbstständigen Wirkungsbereich der Länder." Der Tourismus scheint als eigener Kompetenztatbestand in der Verfassung nicht auf, daraus ergibt sich grundsätzlich die Zuständigkeit der Länder in Gesetzgebung und Vollziehung. Allerdings sind die Länder insofern eingeschränkt, als in die Kompetenzen des Bundes in anderen tourismusrelevanten Bereichen nicht eingegriffen werden darf.

Die Gesetzgebung und Vollziehung der Länder ist in eigenen Landesverfassungen geregelt. Im Unterschied zu den Ministern auf Bundesebene führen die Landesregierungen die Verwaltung des Landes. Nicht ein einzelner Minister ist oberstes Verwaltungsorgan, sondern die gesamte Landesregierung als Kollegialorgan. Die Geschäftsordnungen der Landesregierungen weisen aber bestimmte Aufgaben einzelnen Mitgliedern der Landesregierungen, im konkreten Fall den Landestourismusreferenten, zur monokratischen Besorgung zu. Die Ämter der Landesregierungen, bzw. in Wien der Magistrat, unterstützen die Landesregierung bei der Ausübung ihrer Tätigkeiten – ähnlich den Ministerien auf Bundesebene.

### Tourismusstrategien der Länder

Auch die Länder verfügen über ihre eigenen strategischen Konzepte und Pläne für die Förderung und Entwicklung des Tourismus. Instrumente zur Umsetzung dieser Tourismusstrategien sind hauptsächlich die Landesförderungen und die Landestourismusgesetze. Das Zustandekommen dieser Strategien ist von Bundesland zu Bundesland verschieden, allen gemein ist aber eine starke Beteiligung der jeweiligen Tourismuswirtschaft:

- Burgenland: „Abschlag in die Zukunft. Tourismus-Strategie 2011–2015"
- Kärnten: „Weißbuch Tourismus Kärnten"
- Niederösterreich: „Tourismusstrategie Niederösterreich 2015"
- Oberösterreich: „Kursbuch Tourismus Oberösterreich 2011–2016"
- Salzburg: „Strategieplan Tourismus Salzburg"
- Steiermark: „Leitfaden Tourismusstrategie Steiermark 2010"
- Tirol: „Der Tiroler Weg – Strategien für den Tiroler Tourismus 2008–2012"
- Vorarlberg: „Leitbild 2010+TOURISMUS Vorarlberg"
- Wien: „Tourismuskonzept 2015"

### Förderungen der Länder

Ähnlich der Tourismusförderung des Bundes setzen auch die Länder direkte und indirekte Förderungen ein, um tourismuspolitisch gewünschte Entwicklungen zu unterstützen. Im Rahmen der Tourismusstrategie wurde eine neue „Tourismusförderpyramide" definiert, um Doppelgleisigkeiten zwischen Bund und Ländern zu beseitigen. Eine detaillierte Darstellung der Landesförderungen ist aufgrund der zersplitterten Rechtslage in diesem Rahmen nicht möglich.

### Landestourismusgesetze

Zur Gestaltung der direkten Tourismuspolitik haben die Länder auf Basis des Artikels 15 B-VG Landestourismusgesetze und sonstige damit eng verbundene Regelungen in diversen Nebengesetzen erlassen. Es wird versucht, hier einen groben Überblick darzustellen, auch wenn sich die Gesetze der Länder zum Teil deutlich unterscheiden. Ziel aller Tourismusgesetze ist die Förderung des Tourismus durch geeignete Organisations- und Finanzierungsstrukturen.

### Tourismusverwaltung

#### Tourismusverwaltung auf Landesebene

In allen Bundesländern bestehen Landestourismusorganisationen, die auf der einen Seite vergleichbare Marketingaufgaben wie die Österreich Werbung haben, auf der anderen Seite aber auch als Dachorganisation für regionale und lokale Tourismusverbände fungieren. In einigen Bundesländern sind diese Landestourismusorganisationen und ihre Aufgaben im Gesetz explizit geregelt.

#### Tourismusverwaltung auf Gemeindeebene

Die Organisation der örtlichen bzw. kommunalen Tourismusverwaltung obliegt den Gemeinden und wird auch von diesen selbst wahrgenommen. Diese Aufgaben können aber auch Dritten übertragen werden, zum Beispiel den Fremdenverkehrsvereinen oder öffentlich-rechtlichen Tourismusverbänden.

Aufgrund der zunehmenden Bedeutung wird hier nur auf die öffentlich-rechtlichen Tourismusverbände eingegangen. Die rechtlichen Grundlagen bezüglich Rechtsnatur, Errichtung, Aufgaben, Organisation, Finanzierung und Aufsicht sind in den jeweiligen Landestourismusgesetzen geregelt. Gesetzliche Mitglieder von Tourismusverbänden sind alle jene selbstständig Erwerbstätigen, die unmittelbar oder mittelbar am Tourismus interessiert sind und denen aus diesem auch ein entsprechender wirtschaftlicher Vorteil erwächst. Die Verbände handeln durch einen Geschäftsführer und verfügen über ein Aufsichtsorgan und eine Gesellschafter- respektive Eigentümervertretung. Aufgaben dieser Verbände sind insbesondere die Organisation des Tourismus im Ort, die Betreuung der Gäste, die Mitgestaltung des Angebots, die Erstellung von Tourismuskonzepten, Marketing und Verkaufsförderung. Auch der Zusammenschluss mehrerer Tourismusverbände oder die engere Zusammenarbeit ist möglich und sogar erwünscht, um größere Organisationsstrukturen zu schaffen und Synergien zu nutzen.

### Finanzierung der Tourismusförderung

Die Finanzierung der Tourismusförderung beruht auf zwei Standbeinen:

- Wirtschaftstreibende, die vom Tourismus profitieren, leisten einen Interessentenbeitrag. Dieser ist abhängig von ihrem Nutzen aus dem Tourismus, vom jährlich erzielten Umsatz und von der Ortsklassen-Einstufung der jeweiligen Gemeinde, die wiederum von der Tourismusintensität abhängig ist.
- Auch die Touristen selbst leisten ihren Beitrag zur Tourismusförderung in Form der Orts- oder Nächtigungstaxe. Geknüpft wird diese Verpflichtung an eine Nächtigung. Im Durchschnitt liegt der Betrag in Österreich derzeit etwa bei 1,80 Euro, er wird aber von den Ländern allmählich erhöht. In Wien ist diese Abgabe kein Fixbetrag, sondern abhängig vom Umsatz.

### Gemeinden als Tourismusunternehmer

„Die Gemeinde ist selbstständiger Wirtschaftskörper. Sie hat das Recht, innerhalb der Schranken der allgemeinen Bundes- und Landesgesetze Vermögen aller Art zu besitzen, zu erwerben und darüber zu verfügen, wirtschaftliche Unternehmungen zu betreiben sowie im Rahmen der Finanzverfassung ihren Haushalt selbstständig zu führen und Abgaben auszuschreiben." (Artikel 116 B-VG) Diese Verfassungsbestimmung gibt Gemeinden die Möglichkeit, unternehmerisch tätig zu sein. Sie können touristische Einrichtungen und Unternehmungen selbst betreiben – vom Kurpark über die Skipiste bis zum Kongresshaus und Freizeitzentrum – oder in eigens dafür geschaffene Gesellschaften auslagern. Die derart vorgenommene Delegation von Tourismusaufgaben durch die Gemeinde bzw. die Ausgliederung von Wirtschaftsbetrieben aus der Gemeindeverwaltung und dem Gemeindehaushalt sind mittlerweile ein gängiger Weg, um die gestellten Aufgaben zu lösen. Gemeinden sind auch mit weiteren tourismusspezifischen Aufgaben befasst, zum Beispiel mit der örtlichen Veranstaltungspolizei, Raumplanung, Ortsbildpflege, Stadt- und Dorferneuerung, Schaffung und Pflege von Wanderwegen und Parks und der Organisation tourismusbezogener, kultureller Veranstaltungen.

## Ausblick

In den letzten Jahrzehnten hat der Tourismus in Österreich eine beeindruckende Erfolgsgeschichte geschrieben. Er hat Dimensionen erreicht, die eine intensive Beschäftigung der Politik mit dem Tourismus nicht nur erlauben, sondern notwendig machen. Das Verständnis des Tourismus als wirtschaftspolitischer Nebenschauplatz, als „Selbstläufer", hat wohl endgültig ausgedient. Denn die Herausforderungen für den heimischen Tourismus sind groß: Globalisierung und wachsende Konkurrenz, Abhängigkeit von wenigen Herkunftsmärkten, steigende Ansprüche der Gäste und Erhalt der Wettbewerbsfähigkeit der heimischen Betriebe. Aber auch Faktoren wie Klimawandel, Verkehr, Energie, demografische Entwicklung und Arbeitsmarkt haben entscheidenden Einfluss auf die Entwicklung der Tourismuswirtschaft.

Es geht dabei aber nicht primär um staatliche Lenkung oder Bevormundung. In der Tourismuspolitik geht es vielmehr darum, durch das Schaffen geeigneter Rahmenbedingungen unternehmerische Eigeninitiative zu stärken und bestmöglich zu unterstützen.

## Literatur

Bundesministerium für Wirtschaft, Familie und Jugend, „Tourismusstrategie Neue Wege im Tourismus“, Wien, 2010.

Hartl, T., „Die österreichischen Landestourismusgesetze – Ein Vergleich“, Wien, 2011.

Reisner, U., „Tourismuspolitik“, begleitende Unterlage für Studierende, Innsbruck, 2010.

Smeral, E. et al., „ÖSTERREICH-TOURISMUS – Zurück zum Wachstumskurs. Chancen und Herausforderungen“, Wien, BMWFJ, 2011.

Smeral, E., „Tourismusstrategische Ausrichtung 2015 – Wachstum durch Strukturwandel“, Wien, WIFO, 2010.

Walter, R., Mayer, H., Kucsko-Stadlmayer, G., „Grundriss des österreichischen Bundesverfassungsrechts“, Wien, Manz, 2007.

Würzl, A., „Fremdenverkehrspolitik“, Vorlesungsskript an der WU Wien, Wien, 1992 (unveröffentlicht).

Mag. Ulrike Reisner BA

FH-Prof. Mag. Günther Lehar

## Autoren

Mag. Ulrike Reisner BA
FH-Prof. Mag. Günther Lehar

## Kurz-Curriculum

### Mag. Ulrike Reisner BA

Ulrike Reisner ist selbstständige Beraterin im Bereich der politischen Strategieentwicklung und der politischen Kommunikation und beschäftigt sich seit 20 Jahren intensiv mit der alpinen Tourismus- und Freizeitwirtschaft. Sie lehrt Tourismuspolitik sowie touristische Strukturentwicklung am MCI Tourismus in Innsbruck. In ihren Schwerpunktbereichen arbeitet sie seit mehr als zehn Jahren auch journalistisch und ist Leiterin des APA-OTS Tourismusblogs.

### FH-Prof. Mag. Günther Lehar

Günther Lehar ist Professor und verantwortlicher Projektleiter für angewandte Tourismus- und Freizeitforschung am MCI Tourismus in Innsbruck. Von 1987–2004 war er Leiter des Institutes für Verkehr und Tourismus (IVT) in Innsbruck. Lehar ist unter anderem auf makroökonomische und politische Fragen des Tourismus spezialisiert.

# Tourismusorganisation in den Bundesländern

## Zusammenfassung

Der Grundstein für die Tourismusorganisation und -finanzierung in Österreich wurde im Bundesland Tirol gelegt, das bereits vor dem Zweiten Weltkrieg die gesetzliche Verankerung von Tourismusverbänden sowie deren Finanzierung über Pflichtbeiträge als Unternehmensabgabe schuf. Während Bundesländer wie Salzburg, Oberösterreich und die Steiermark dem „Tiroler Modell" (Tourismusverbände als Körperschaften öffentlichen Rechts; Pflichtmitgliedschaft; Zensuswahlrecht und Kuriensystem) bis heute folgen, erfolgte eine lückenlose flächendeckende Errichtung von Tourismusverbänden bis dato nur in Tirol.

Neben einem zunehmenden Trend zur Regionalisierung lassen sich in der jüngeren Vergangenheit verstärkt Aktivitäten der verschiedenen Landesgesetzgeber zur Verbesserung der Finanzierungsbasis für die Tourismusorganisation feststellen: Die Bundesländer Niederösterreich, Kärnten und Burgenland haben in den Jahren 2010 und 2011 ihre Tourismusgesetze novelliert. In Kärnten werden nunmehr die Tourismusabgabe und die Ortstaxe, über deren Verwendung die Gemeinden bisher bestimmten, zu den Tourismusverbänden umgeleitet. Im Burgenland wurde mit der Novelle zum Burgenländischen Tourismusgesetz 2011 eine Erhöhung sowohl der Orts- als auch der Kurtaxe beschlossen. In Niederösterreich gibt es ab 2011 anstatt der bis dahin gültigen Orts- und Regionaltaxe nunmehr eine Nächtigungsabgabe, der Interessentenbeitrag (eine gemeinschaftliche Landesabgabe) wurde mit der Novelle 2010 neu gestaltet.

> **„Für die Zukunft der Tourismusorganisation in Österreich wird die Frage der Sicherung der finanziellen Ressourcen von entscheidender Bedeutung sein."**
>
> Ulrike Reisner, Günther Lehar

# Tourismusorganisation in den Bundesländern

## Das „Tiroler Modell“ – richtungsweisend über Österreich hinaus

Die Pionierstellung Tirols im österreichischen Tourismus lässt sich an mehreren historischen Marksteinen festmachen: Mit der Verabschiedung des „Gesetzes betreffend die Regelung des Fremdenverkehrswesens“ war Tirol 1911 das erste Land der österreichisch-ungarischen Monarchie, in dem ein Landesfremdenverkehrsgesetz beschlossen wurde – ein Gesetz, das als „ältestes Fremdenverkehrsgesetz der Welt“ (Amt der Tiroler Landesregierung, 1997) bezeichnet werden kann und wohl den Grundstein für die Zuweisung des Tourismus in die Kompetenz der Länder legte (Lässer, 1989). 1927 wurde jene gesetzliche Finanzierungsquelle geschaffen, die das Vorbild für ähnliche Regelungen in den österreichischen Bundesländern Salzburg, Oberösterreich und Steiermark bildete, aber auch in vielen anderen Alpenländern (etwa in Südtirol oder aktuell im Schweizer Kanton Graubünden) diskutiert wurde und wird: der Pflichtbeitrag als Unternehmensabgabe, die von den am Tourismus direkt oder indirekt partizipierenden Branchen zu leisten ist.

Mit der im 3. Tiroler Fremdenverkehrsgesetz 1932 vorgenommenen
- Errichtung öffentlich-rechtlicher Verkehrsvereine, versehen mit einer einheitlichen Satzung,
- einer gegenüber 1927 erweiterten Pflichtmitgliedschaft und
- der Befugnis, Ortstaxen einzuheben,

fand dieser Prozess der organisationalen Verfestigung einen vorläufigen Abschluss.

In § 7 dieses Gesetzes wurde unter der Bezeichnung „Privilegienwahlrecht“ (Lässer, 1989) das Zensusstimmrecht in Verbindung mit dem Kuriensystem eingeführt, das bis heute einen traditionellen Zankapfel zwischen konservativen und sozialdemokratischen Landespolitikern darstellt: eine Reihung der Pflichtmitglieder nach der Höhe ihres Pflichtbeitrags, wobei den beiden ersten Dritteln des Gesamtaufkommens so viel Stimmen zustehen, wie die Mitgliederzahl im letzten Beitragsdrittel ganzzahlig enthalten ist, was in der Praxis bewirkt, dass die Mitglieder der Stimmgruppe 1 und 2 die Mitglieder der Stimmgruppe 3 (mit nur einer Stimme) bei allen Wahlen und Entscheidungen überstimmen konnten und können.

Nach dem Zweiten Weltkrieg wurde der Geltungsbereich des Tourismusgesetzes weiter ausgedehnt: Das Landesfremdenverkehrsgesetz 1949 ging von der bisherigen Praxis der taxativen Aufzählung beitragspflichtiger Berufsgruppen ab und bezog alle Personen, „die einer selbstständigen Erwerbstätigkeit nachgehen“ (Lässer, 1989), in den Kreis der Beitragspflichtigen ein. In den folgenden Novellierungen bzw. Wiederverlautbarungen (1976, 1979, 1991) wurde neben einer Fülle technisch-organisatorischer Detailregelungen einerseits die Beitragspflicht auf die Ebene der Liebhaberei (sofern aus dem Tourismus Nutzen gezogen wird) und Unternehmungen der öffentlichen Hand ausgedehnt, andererseits wurden die Lücken im Netz der nunmehr (seit 1990) Fremdenverkehrs- bzw. Tourismusverbände (TVB) genannten lokalen Tourismusorganisationen geschlossen, sodass fortan in ganz Tirol flächendeckend Tourismusverbände bestanden bzw. bestehen. Die Begründung für den letzten Schritt bestand in der Ausmerzung von Wettbewerbsverzerrungen, weil Betriebe mit Standort in den verbandsfreien Gemeinden im Gegensatz zum übrigen Tirol keine Pflichtbeiträge zu zahlen hatten.

Kaum war der gesetzliche Rahmen rund um das örtliche Tourismusmarketing fertig „geschmiedet“, entstand unter dem Eindruck des Globalisierungsphänomens ein wachsender Druck auf die nun allgemein als zu kleinräumig empfundenen Organisationen. Wiewohl das Tiroler Tourismusgesetz 1991 in seinem § 3 die Möglichkeit zur Festlegung neuer Verbandsgebiete durch das Land bereits vorsah, scheute man zunächst diese obrigkeitliche Vorgangsweise und versuchte im Rahmen zweier Förderaktionen (Strukturoffensive 1997–1999, Qualitätsoffensive 2000–2002) die Tourismusverbände mit monetären Anreizen selbst zu Zusammenschlüssen zu animieren. Obwohl im Zeitraum 1997–2003 die Zahl der Tourismusverbände von ehemals 254 auf 149 geschrumpft war, wurde dieses Resultat von der Landespolitik als unzureichend empfunden. Deswegen läutete man im Zeitraum 2004–2007 eine Phase von „Zwangsfusionierungen“ ein, an deren Ende schließlich 39 Tourismusverbände übrig blieben, aus denen sich – nach einigen „Frontbegradigungen“ – schließlich der aktuelle (2011) Stand von 34 Tourismusverbänden herauskristallisierte. Neben den erheblichen psychosozialen Turbulenzen, die sich im Gefolge dieser Fusionierungen in den verschiedenen Tiroler Regionen abspielten, kam es auch zu Verschiebungen in der Höhe der zu leistenden Pflichtbeiträge aufgrund des so genannten Ortsklassen- bzw. Promilleeffekts, die aber von der übrigen Wirtschaft erstaunlich stoisch hingenommen wurden.

Mit dem faktischen Abschluss des Regionalisierungsprozesses war die Zeit gekommen, das Tiroler Tourismusgesetz 1991 an die mit der Regionalisierung verbundenen strukturellen Änderungen anzupassen. Die Änderungen waren insgesamt umfassend genug, um als Tourismusgesetz 2006 (TTG 2006) mit 1.3.2006 in Kraft gesetzt zu werden. So ergab sich beispielsweise die Notwendigkeit, die Zahl der Vorstands- und Aufsichtsratsmitglieder sowie der Gemeindevertreter zu reduzieren (§ 11 TTG 2006), den Aufsichtsrat als zentrales Organ für die Budgeterstellung und -kontrolle zu installieren (bisher Vollversammlung, § 14 TTG 2006), den TVB zur Bestellung eines Geschäftsführers zu verpflichten (§ 17 TTG 2006), Ortsausschüsse als Ersatz für die „wegfusionierten“ TVBs zu installieren (§§ 20, 21) und den Mindest-Promillesatz von 3 auf 6‰ anzuheben.

## Nachfolgegesetze in Salzburg, Oberösterreich und der Steiermark

Drei österreichische Bundesländer, Salzburg, Oberösterreich und die Steiermark, begannen ab Mitte der 1980er Jahre das Grundmuster des Tiroler Tourismusgesetzes wie folgt zu übernehmen:

- Installierung von Tourismusverbänden als Körperschaften öffentlichen Rechts
- Pflichtmitgliedschaft sämtlicher direkt und indirekt am Tourismus partizipierenden Unternehmen
- Einführung des Zensuswahlrechts und des Kuriensystems

In zwei Punkten vermochten die Landesgesetzgeber dieser drei Bundesländer dem rigiden Ansatz Tirols allerdings nicht zu folgen:

- Errichtung eines flächendeckenden Netzes von Tourismusverbänden: Wie erwähnt, erfolgte die Errichtung eines flächendeckenden Netzes von Tourismusverbänden im Zusammenhang mit der Novellierung des Tiroler Tourismusgesetzes 1991 nicht so sehr aus marketingstrategischen Überlegungen, sondern um Verzerrungen im interkommunalen Wettbewerb um Betriebsansiedlungen zu verhindern. Das Salzburger Tourismusgesetz 1985 löste diese raumordnerische Zwangslage mit einem – nach Ansicht der Verfasser – recht eleganten Ansatz auf: Es überließ zunächst die Entscheidung über die Einrichtung eines Tourismusverbandes dem Votum der örtlichen Unternehmerschaft, führte aber gleichzeitig für die von einer Pflichtmitgliedschaft hypothetisch betroffene Unternehmerschaft einen damals so genannten Fremdenverkehrsbeitrag (heute: Tourismusbeitrag) in der Höhe eines Drittels des sonst zu zahlenden Verbandsbeitrags (synonym zu Pflichtbeitrag) ein, der dem Salzburger Fremdenverkehrsförderungsfonds (heute: Tourismusförderungsfonds) als maßgeblicher Finanzquelle der Salzburger Landeswerbung zuzuführen war und ist. Oberösterreich und die Steiermark führten demgegenüber eine Ortsklasse D für touristisch völlig bedeutungslose Gemeinden ein, die entsprechend von der Pflicht zur Errichtung eines Tourismusverbandes befreit waren (wohl aber freiwillig einen TVB einrichten konnten und können).
- Höhe des Pflichtbeitrages bzw. Höhe des Promillesatzes: Die maximal zu zahlenden Pflichtbeiträge, die nach dem Tiroler Tourismusgesetz 2006 § 35 (3) 15,8‰ betragen dürfen, sind vergleichsweise um ein Mehrfaches geringer: So beträgt der maximale Promillesatz in Oberösterreich 5, in Salzburg 3,6 und in der Steiermark 4,5‰.

In gesetzestechnischer Hinsicht ist schließlich der gegenüber Tirol wesentlich diffizilere Ansatz zur Bestimmung der touristischen Bedeutung einer Gemeinde zu nennen, der neben der Tourismusintensität auch den Beherbergungs- und Gastronomieumsatz je Einwohner und damit auch den Beitrag der Tagesgäste einbezieht. Gerade in Bundesländern wie Oberösterreich spielt dieses Nachfragesegment mit 61,1% der Tourismusausgaben eine enorme Rolle (Österreichisches Institut für Wirtschaftsforschung/ Statistik Austria, 2006).

### Tourismusfinanzierung als Auslöser für aktuelle Gesetzesnovellen

Die Bundesländer Niederösterreich, Kärnten und Burgenland haben in den Jahren 2010 und 2011 ihre Tourismusgesetze novelliert. Bei allen gegebenen unterschiedlichen strukturellen Rahmenbedingungen in diesen drei Bundesländern ist den Gesetzesnovellen gemeinsam, dass sie auf eine Neuordnung bzw. Aufstockung der Mittel zur Tourismusfinanzierung abzielen.

Die Novellierung des fast 50 Jahre alten Kärntner Fremdenverkehrsgesetzes sollte vor allem Lücken in der Kärntner Tourismusorganisation und -finanzierung schließen. Hauptkritikpunkt war, dass eine explizite Zweckwidmung der Nächtigungsabgabe sowie der Orts-/Kurtaxe im Kärntner Orts- und Nächtigungsabgabengesetz vorher nicht geregelt war. Zusätzlich waren die Kärntner Unternehmer über das Fremdenverkehrsabgabegesetz zu einer gemeinschaftlichen Landesabgabe verpflichtet. Diese floss vor 2011 zu 65% wieder an die Kärntner Gemeinden zurück. Das Gesetz sah eine Zweckwidmung zwar für die Ertragsanteile des Landes, nicht aber für die Ertragsanteile der Gemeinden vor. Die Kärntner Politik orientierte sich bei der Novellierung des Kärntner Fremdenverkehrsgesetzes vor allem am „Salzburger Modell", das in der Tourismusorganisation etwas mehr Spielraum als das „Tiroler Modell" zulässt (siehe oben).

Das Kärntner Tourismusgesetz 2011 regelt als erstes Landestourismusgesetz in Österreich die Aufgabenverteilung zwischen den touristischen Partnern auf den Ebenen Gemeinde, Destination/Region und Land (Amt der Kärntner Landesregierung, 2011). Es soll die Kooperationsstrukturen zwischen Tourismusunternehmen und Tourismusregionen verbessern, die Kärntner Tourismusverbände entpolitisieren und den Mittelfluss zu den Tourismusverbänden mit verbindlicher Aufgabenteilung (Zweckwidmung) sichern (ebenda). Für die Organisation des Tourismus in Kärnten von besonderer Bedeutung ist die nunmehr gesetzlich angestrebte flächendeckende Einrichtung von Tourismusregionen. Eine verpflichtende Einrichtung von Tourismusverbänden als Körperschaften öffentlichen Rechts ist allerdings auch nach der Novellierung nicht vorgesehen. Es gilt das Prinzip der Freiwilligkeit.

Neu geregelt wurde auch die Finanzierung der Tourismusaufgaben. Der neue Aufteilungsschlüssel sieht vor, dass das Land 35% des Ertrages an der Tourismusabgabe, die Tourismusregionen 25–35% und die Tourismusverbände bzw. Gemeinden ebenfalls 25–35% erhalten. Die Gemeinden werden durch das neue Gesetz verpflichtet, die Orts-/

Kurtaxe zu jeweils etwa 50% an den Tourismusverband bzw. die Tourismusregion abzuführen.

Die Novellierung des Burgenländischen Tourismusgesetzes 2011 konzentrierte sich im Wesentlichen auf eine Erhöhung der Ortstaxe als wesentliche Basisfinanzierung für die Tourismusorganisation im Burgenland. Die Landespolitik begründete diese notwendige Erhöhung vor allem damit, dass das außerordentliche Budget des Landesverbandes Burgenland Tourismus aufgrund größtenteils verbrauchter bzw. bereits verplanter Gelder der Phasing-Out-Förderperiode 2007–2013 andernfalls deutlich geschmälert würde.

Die Novellierung des Burgenländischen Tourismusgesetzes 2011 führte dazu, dass die bis dahin gültige Ortstaxe (0,9 Euro pro Person und Nächtigung) als „Grundbeitrag" der neuen Ortstaxe bestehen blieb. Auch der Aufteilungsschlüssel für diesen Grundbeitrag (50% örtliche Tourismusverbände, 40% Gemeinden und 10% Landesverband) blieb weiterhin aufrecht. Auf diesen Grundbeitrag wurde nunmehr ein so genannter „Marketingbeitrag" (0,6 Euro pro Person und Nächtigung) aufgeschlagen; von diesem gehen 75% an den Landesverband Burgenland Tourismus.

Für scharfe Kritik sorgte im Zuge der Novellierung des Burgenländischen Tourismusgesetzes der Umstand, dass mit Inkrafttreten der Novelle die Zusammensetzung des Vorstandes des Landesverbandes Burgenland Tourismus geändert wurde. Von den acht Vorstandsmitgliedern werden nunmehr sechs politisch besetzt, weil statt der ehemals von den Gemeinden zu benennenden drei Mitglieder jetzt Personen auf Vorschlag der im Landtag vertretenen Parteien nach dem Grundsatz der Verhältniswahl zu entsenden sind.

Das „Niederösterreichische Tourismusgesetz neu" trat mit 1.1.2011 in Kraft. Ähnlich wie im Bundesland Kärnten wurden mit dieser Novellierung neben den Tourismusstrukturen auch die Tourismusabgaben neu geregelt. Die bis dahin gültige Orts- und Regionaltaxe wurde ab 2011 durch eine Nächtigungsabgabe ersetzt, die in zwei Schritten erhöht wird und – ortsklassenabhängig – 0,5 Euro und 2,2 Euro (2012) beträgt. Ab 2013 wird die Nächtigungsabgabe im Bundesland Niederösterreich jährlich wertangepasst. Die Nächtigungsabgabe in Niederösterreich ist als gemeinschaftliche Landesabgabe vom Gast zu entrichten und wird im Verhältnis 65:35 zwischen Land und Gemeinden aufgeteilt. Mit der Novellierung des Niederösterreichischen Tourismusgesetzes wurde auch der Interessentenbeitrag als gemeinschaftliche Landesabgabe für die selbstständig Erwerbstätigen neu gestaltet. Er fällt im Verhältnis 95:5 den niederösterreichischen Gemeinden und dem Land Niederösterreich zu. Ähnlich wie im Bundesland Kärnten und im Bundesland Burgenland argumentiert auch die niederösterreichische Tourismuspolitik damit, dass durch die Gesetzesnovellierung unabhängig von budgetären Rahmenbedingungen auf Bundes- und Landesebene in Summe mehr Mittel für die Agenden der Tourismus- und Freizeitwirtschaft zur Verfügung stehen (Amt der Niederösterreichischen Landesregierung, 2011).

### Ausnahmefälle Vorarlberg und Wien

Das Vorarlberger Gesetz über die Förderung und den Schutz des Tourismus verlangt eine Ortsorganisation im Tourismus grundsätzlich nur in jenen Gemeinden, die mehr als 100.000 Nächtigungen pro Jahr verzeichnen. Anders als in anderen österreichischen Bundesländern sieht der Vorarlberger Gesetzgeber hierfür allerdings keine verpflichtende Rechtsform vor. § 3 des Gesetzes über die Förderung und den Schutz des Tourismus führt dazu aus, dass „Tourismusgemeinden zur Erfüllung der mit dem Tourismus verbundenen Aufgaben entweder eine wirtschaftliche Unternehmung betreiben, sich an einer Gesellschaft mit beschränkter Haftung oder an einem Verein, der satzungsgemäß diese Aufgaben hat, beteiligen sollen“ (Amt der Vorarlberger Landesregierung, 1997).

§ 6 des Gesetzes ermächtigt die Gemeinden, die sich gemäß § 2 zu Tourismusgemeinden erklärt haben, zur Deckung ihres Aufwandes Tourismusbeiträge einzuheben. Entgegen den vorher näher ausgeführten Beispielen der Bundesländer Kärnten, Burgenland und Niederösterreich sieht das Vorarlberger Tourismusgesetz keine gesetzlichen Bestimmungen zur Einrichtung von Regionalverbänden vor.

Auch im Bundesland Wien ist das Wiener Tourismusförderungsgesetz mit den Ausführungen zur Tourismusorganisation in der Bundeshauptstadt eher knapp bemessen. Geregelt wird vor allem die Landesorganisation („Wiener Tourismusverband“ kurz „Wien-Tourismus“) als ein Verband mit Rechtspersönlichkeit. Der Wiener Tourismusverband unterliegt nach § 73 der Wiener Stadtverfassung der Kontrolle durch das Kontrollamt der Stadt Wien. Die Organe des Verbandes sind die Tourismuskommission und deren Fachausschüsse, der Präsident sowie zwei Vizepräsidenten, der Geschäftsführer sowie der Rechnungsprüfer. Die Tourismuskommission setzt sich ihrerseits aus dem Präsidenten, 14 Mitgliedern der Wiener Landesregierung (benannt von den politischen Parteien der Regierung), einem Mitglied der Wirtschaftskammer Wien, einem Mitglied der Kammer für Arbeiter und Angestellte sowie einem Mitglied der Wiener Landwirtschaftskammer zusammen. Bemerkenswert ist, dass – entgegen der in anderen Bundesländern üblichen Konstruktion von örtlichen oder regionalen Tourismusverbänden – der Wiener Tourismusverband keine Mitglieder hat. Im Wiener Tourismusförderungsgesetz werden die Organe, die Aufgaben und die Finanzierung des Wiener Tourismusverbandes geregelt.

# Tourismusorganisation in den Bundesländern

## Zusammenwirken der österreichischen Bundesländer im Rahmen der übergreifenden Tourismusorganisation

Die Landestourismusorganisationen der Bundesländer sind als Körperschaften öffentlichen Rechts (Wiener Tourismusverband, Landesverband Burgenland Tourismus), Vereine (Tirol Werbung, Oberösterreich Tourismus) oder Gesellschaften mit beschränkter Haftung (Salzburger Land Tourismus, Kärnten Werbung, Niederösterreich Werbung, Steirische Tourismusgesellschaft und Vorarlberg Tourismus) organisiert. Die Träger bzw. Gesellschafter sind in der Regel im Bereich der öffentlichen Hand und fallweise auch im Bereich der Sozialpartner angesiedelt. Im Land Salzburg sind die örtlichen Tourismusverbände Mehrheitseigentümer der Landestourismusorganisation, in Kärnten die Landes-Hypothekenbank. Die Landestourismusorganisationen haben in der jüngeren Vergangenheit mehrheitlich Tochtergesellschaften zur Erfüllung marketingspezifischer Aufgaben gegründet: so zum Beispiel die Tirol Shop Vertriebs GmbH, die Oberösterreich Touristik GmbH oder die Niederösterreich Card GmbH, um nur einige zu nennen.

Im Rahmen der Tourismusstrategie des Bundesministeriums für Wirtschaft, Familie und Jugend wurde mit der Tourismuskonferenz Österreich-Steuerungsgruppe ein koordinierendes Gremium für die Zusammenarbeit zwischen Bund und Ländern im Rahmen der österreichischen Tourismusorganisation geschaffen. Die Steuerungsgruppe besteht aus politischen Vertretern der neun Bundesländer, sie bereitet die jährliche Tourismuskonferenz vor und erarbeitet thematische Umsetzungsvorschläge (Bundesministerium für Wirtschaft, Familie und Jugend, 2011b).

Ein zentrales Thema dieser Steuerungsgruppe ist die Frage der Zusammenarbeit im österreichischen Tourismusmarketing und – damit zusammenhängend – die Frage der Koordinierung der Tourismusorganisation zwischen Bund und Ländern. Die Steuerungsgruppe empfahl hierzu in einem im März 2011 vorgelegten Dossier ein koordiniertes Vorgehen zur Optimierung der strukturellen Systematik, zur Optimierung der Marktbearbeitung sowie zur Optimierung des Werbemitteleinsatzes (Bundesministerium für Wirtschaft, Familie und Jugend, 2011a). Die Bundesländer hielten in diesem Zusammenhang allerdings auch fest, dass „in der Marktbearbeitung (...) grundsätzlich das Subsidiaritätsprinzip gelten (sollte): D.h., dass die höhere Ebene dann Agenden übernimmt, wenn die Ebene darunter die Aufgaben nicht oder nur deutlich schwächer erfüllen kann, natürlich immer im Rahmen der jeweiligen Budgetmittel“ (ebenda).

## Ausblick

Seit Mitte der 1990er Jahre setzt sich in Österreich zunehmend das Modell der Tourismusdestination als organisationale Antwort auf globalen Wettbewerb sowie – damit verbunden – auf ein wachsendes Aufgabenportfolio mit rasch steigenden Kosten durch. Größere, regional ausgerichtete Tourismusverbände haben Vorteile bei der klaren Profilierung, der Bündelung finanzieller und anderer materieller sowie immaterieller Ressourcen, der Aufgabenteilung sowie der Spezialisierung und Professionalisierung (Haimayer, 2010). Die österreichischen Bundesländer haben, mit mehr oder weniger Anreiz bzw. Pflicht, in den jüngeren Novellierungen ihrer tourismusgesetzlichen Regelungen auf diesen Umstand Bezug genommen.

So hat auch die Tiroler Tourismuspolitik mit der Vergrößerung der Tourismusregionen der zunehmenden Vernetzung der Wirtschaft nicht nur in globaler oder internationaler, sondern auch in interregionaler Hinsicht Rechnung getragen. Aus der Sicht der Verfasser darf in diesem konkreten Fall allerdings bezweifelt werden, ob die räumliche Kongruenz zwischen Beitragszahlern und Profiteuren aus dem Tourismus, wie sie dem historischen Gesetzgeber wohl vorschwebte, durch die flächendeckende „Zwangsfusionierung" verbessert werden konnte: Heute werden in Tirol touristisch unbedeutende Regionen mit Finanzmitteln ausgestattet, die eigentlich den Topregionen zugute kommen müssten. Flexiblere Lösungen, die der Errichtung von (regionalen) Tourismusverbänden einen gewissen Spielraum bei gleichzeitiger Sicherstellung der Tourismusfinanzierung geben (vergleiche dazu das „Salzburger Modell" oder die Novelle in Kärnten), scheinen für die sehr heterogene und komplexe Interessenslage des österreichischen Tourismus besser geeignet zu sein.

Andererseits muss eingeräumt werden, dass das „Tiroler Modell" (vom Ausnahmefall Wien abgesehen) in Österreich die straffste Form der Tourismusorganisation darstellt und den Tourismusverbänden – im Gegensetz zu anderen Bundesländern – ein Durchgriffsrecht auf die Ortsebene sichert (Haimayer, 2010). Daher hat in der Praxis der tourismuspolitischen Diskussion in Tirol der oben genannte finanzwissenschaftliche Makel bis dato keine besondere Rolle gespielt. Die im Vergleich zu anderen Bundesländern bzw. zu anderen Alpenländern insgesamt einmalige budgetäre Ausstattung der Tiroler Tourismusverbände dämpft die Bereitschaft zu systemischen Korrekturen erheblich.

Für die Zukunft der Tourismusorganisation in Österreich wird die Frage der Sicherung der finanziellen Ressourcen von entscheidender Bedeutung sein. Vor dem Hintergrund steigender Infrastruktur- und Sozialkosten bei gleichzeitig sinkenden Ertragsanteilen wird die Erhaltung und Entwicklung von Tourismuseinrichtungen für viele Gemeinden zunehmend zur „Ermessensausgabe“ (Schumacher, 2010). Die Schaffung von Synergien zwischen Destinations-, Länder- und Bundesebene in der Tourismusorganisation ist daher weniger eine Frage des „good will“ als eine der mittel- und langfristigen Erhaltung der Wettbewerbsfähigkeit.

Mit der Tourismusstrategie des Bundes und den darin enthaltenen Maßnahmen zur Bündelung der Marketingkräfte ist ein wichtiger Schritt gesetzt. Die Bundesländer sind aber ihrerseits gefordert, grundsätzliche Überlegungen zur finanziellen Zukunft der regionalen Tourismusorganisationen anzustellen. Nach Ansicht der Verfasser schiene es in diesem Zusammenhang angebracht, Verbandsmittel in tourismusschwachen Regionen auf Fördermittel für Betriebsansiedlungen umzuschichten. Hierbei könnte der Fokus durchaus auf „tourismusaffine Betriebe“ gelenkt werden, also Betriebe, die als innovative Vorlieferungs- und Vorleistungsbetriebe für den Tourismus in Frage kommen. Die Tourismusmittel hätten damit Hebelwirkung und könnten sowohl die direkte als auch die indirekte Tourismuswertschöpfung entsprechend erhöhen.

## Literatur

Amt der Burgenländischen Landesregierung, „Burgenländisches Tourismusgesetz 1992, LGBl. Nr. 36/1992 (XVI. Gp. RV 109 AB 118), http://www.ris.bka.gv.at/GeltendeFassung.wxe?Abfrage=LrBgld&Gesetzesnummer=1000029, Download Oktober 2011.

Amt der Burgenländischen Landesregierung, „Entwurf zur Novelle des Burgenländischen Tourismusgesetzes 1992“, Vorblatt, 2011a.

Amt der Burgenländischen Landesregierung, „Gesetz vom 29.9.2011 mit dem das Burgenländische Tourismusgesetz 1992 geändert wird“, 2011b.

Amt der Kärntner Landesregierung, „Neues Tourismusgesetz: Wer zahlt, schafft künftig auch an“, Online-Pressedienst vom 4.10.2011, http://www.ktn.gv.at/42124_DE-MEDIEN-News.?newsid=18096&backtrack=42124, Download Oktober 2011.

Amt der Niederösterreichischen Landesregierung, „Niederösterreichisches Tourismusgesetz 2010“, LRNI_2010074, http://www.ris.bka.gv.at/Dokumente/LrNo/LRNI_2010074/LRNI_2010074.pdf, Download am 16.2.2012.

Amt der Niederösterreichischen Landesregierung, „Tourismusgesetz NEU“, 2011, http://www.noel.gv.at/Wirtschaft-Arbeit/Wirtschaft-Tourismus-Technologie/Tourismusgesetz-NEU/tourismusgesetz_neu.html, Download am 16.2.2012.

Amt der Tiroler Landesregierung, „Erläuternde Bemerkungen zum Entwurf eines Gesetzes, mit dem das Tiroler Fremdenverkehrsgesetz 1990 geändert wird“, unveröffentlichtes Typoskript, Innsbruck, 1997.

Amt der Vorarlberger Landesregierung, „Gesetz über die Förderung und den Schutz des Tourismus, LGBl. Nr. 86/1997, 58/2001, 24/2002, 69/2008, 25/2011, 1997, http://www.ris.bka.gv.at/Dokumente/LrVbg/LRVB_8300_000_20110511_99999999/LRVB_8300_000_20110511_99999999.pdf, Download am 16.2.2012.

Bundesministerium für Wirtschaft, Familie und Jugend, „Steuerungsgruppe Tourismusstandort Österreich 2016+, Arbeitspapier“, Stand März 2011, 2011 a.

Bundesministerium für Wirtschaft, Familie und Jugend, „Tourismusstrategie: Neue Wege im Tourismus – Umsetzung der Tourismusstrategie“, regelmäßig aktualisierte Tabelle der Umsetzungsschritte, Stand Oktober 2011, 2011b, http://www.bmwfj.gv.at/Tourismus/TourismuspolitischeAktivitaeten/Documents/Tourismusstrategie_Aktionsplan%20Stand102011_HP.pdf, Download am 16.2.2012.

Gabriel, E., „Neues Kärntner Tourismusgesetz abgesegnet“, in: Kleine Zeitung, Online-Ausgabe vom 4.10.2011, http://www.kleinezeitung.at/nachrichten/wirtschaft/2846641/neues-kaerntner-tourismusgesetz-landesregierung-abgesegnet.story, Download am 16.2.2012.

Haymaier, P., „Ins Land einig′schaut: Destinationsstruktur in Österreich“, Beitrag im Online-Blog der APA-OTS Tourismuspresse, 2010, http://www.tp-blog.at/politik/ins-land-einig%E2%80%99schaut-destinationsstruktur-in-osterreich, Download am 16.2.2012.

Institut für Verkehr und Tourismus, „Pflichtbeitragserhöhungen durch Veränderung der Ortsklassenzugehörigkeit und des Promillesatzes“, Erhebung im Auftrag der Wirtschaftskammer Tirol, unveröffentlichtes Typoskript, Innsbruck, 2004.

Kärntner Gemeindebund, „Begutachtung zum Kärntner Tourismusgesetz 2011“, 26.7.2011.

Lässer, A., „100 Jahre Fremdenverkehr in Tirol“, Innsbruck, 1989.

Österreichisches Institut für Wirtschaftsforschung – Statistik Austria, „Ein Tourismus-Satellitenkonto für Oberösterreich – Ökonomische Zusammenhänge, Methoden und Hauptergebnisse 2004“, Wien, 2006.

Schumacher M., „Der österreichische Patient – (Tourismus-)gemeinden“, Beitrag im Online-Blog der APA-OTS Tourismuspresse, 2010, http://www.tp-blog.at/politik/der-osterreichische-patient-tourismusgemeinden, Download am 16.2.2012.

*Mag. Maria Aigner*

*Mag. Monika Klinger*

## Autoren

Mag. Maria Aigner
Mag. Monika Klinger

## Kurz-Curriculum

### Mag. Maria Aigner

ist seit 2004 in der Bundessparte Tourismus und Freizeitwirtschaft der Wirtschaftskammer Österreich tätig und war von September 2006 bis August 2008 als nationale Expertin in die Tourismusabteilung der Europäischen Kommission entsandt. Inhaltlich betreut sie unter anderem die Bereiche Umwelt, Nachhaltigkeit und Barrierefreiheit im Tourismus. Weiters ist sie für die Prüfung und Koordination der Initiativen im Rahmen der EU-Tourismuspolitik und von tourismusrelevanten EU-Legislativvorschlägen zuständig. Seit 2009 ist Maria Aigner Mitglied der Expertengruppe für nachhaltigen Tourismus der Europäischen Kommission.

### Mag. Monika Klinger

Die ausgebildete Touristikkauffrau spezialisierte sich im Studium der Handelswissenschaften an der Wirtschaftsuniversität Wien auf Tourismus und Freizeitwirtschaft. Sie beschäftigt sich seit Eintritt in das BM für Wirtschaft 1993 mit internationaler Tourismuspolitik und Tourismusthemen, unter anderem während ihrer knapp dreijährigen Tätigkeit bei der Europäischen Kommission (1995–1997). Als stellvertretende Leiterin der Abteilung für internationale Tourismusangelegenheiten im BMWFJ vertritt sie Österreich in bilateralen und multilateralen Gremien und Expertengruppen.

# Tourismus in der Europäischen Union

## Zusammenfassung

Der Tourismus ist nicht nur in Österreich, sondern in der gesamten Europäischen Union eine Schlüsselbranche. Auf EU-Ebene wurde der enormen Bedeutung des Wirtschaftsfaktors Tourismus erstmals im 2009 in Kraft getretenen Vertrag von Lissabon mit einem eigenen Artikel entsprechende Anerkennung gezollt. Die Europäische Kommission erarbeitet nun gesamteuropäische Projekte und Maßnahmen, um diese neue Zuständigkeit mit Leben zu füllen. Ziel ist es, die Qualität, Wettbewerbsfähigkeit und Nachhaltigkeit des Tourismus in Europa zu stärken und die Kooperation und Koordination zwischen den Mitgliedstaaten zu fördern. Diese tourismusspezifischen Initiativen werden in ihrer Ausrichtung von den Mitgliedstaaten, dem Europäischen Parlament, dem Europäischen Wirtschafts- und Sozialausschuss und dem Ausschuss der Regionen kommentiert und begleitet. Der horizontale Charakter des Tourismus bringt es auch mit sich, dass zahlreiche Politik- und Tätigkeitsfelder anderer Kommissionsdienststellen (Generaldirektionen) direkte oder indirekte – auch rechtliche – Auswirkungen auf den Tourismus, seine Unternehmen und/oder die Touristen selbst haben. Diese reichen von der Verbraucher-, Sozial- und Steuerpolitik über die Sicherheits- und Verkehrspolitik bis zu zahlreichen Förderprogrammen, von denen der Tourismus profitieren kann.

> **Die zunehmende Internationalisierung und der weltweite Wettbewerb im Tourismus verlangen eine intensive Auseinandersetzung mit globalen Trends und einen verstärkten Dialog mit neuen Destinationen und Quellmärkten.**
>
> Maria Aigner, Monika Klinger

# Tourismus in der Europäischen Union

## Tourismuspolitik auf Ebene der Europäischen Union

Tourismus hat nicht nur für Österreich, sondern für die gesamte Europäische Union eine enorme wirtschaftliche, beschäftigungspolitische und gesellschaftliche Bedeutung. Als tragende Säule im Wirtschaftsgefüge und mit weiterhin guten Wachstumsprognosen leistet er einen wesentlichen Beitrag zu nachhaltigem Wachstum, auch im Sinne der EU 2020 Strategie (KOM(2010) 2020).

So erwirtschaftet die europäische Tourismuswirtschaft mit etwa 1,8 Millionen vorwiegend kleinen und mittleren Unternehmen (99% der Unternehmen beschäftigen weniger als 250 Arbeitnehmer) und über 5% aller Arbeitskräfte (etwa 9,7 Millionen Arbeitsplätze) mehr als 5% des Bruttoinlandsprodukts (BIP) der Union. Berücksichtigt man auch angeschlossene Sektoren, liegt der geschätzte Beitrag des Tourismus zum EU-BIP noch deutlich höher: Der Tourismus generiert indirekt etwa 10% des BIP und steht für mehr als 12% der Arbeitsplätze in der EU (KOM(2010) 352).

Der europäische Integrationsprozess und der Binnenmarkt (freier Warenverkehr, Dienstleistungsfreiheit, Personenfreizügigkeit und freier Kapital- und Zahlungsverkehr) brachten für Touristen vor allem bessere Verbraucherrechte und Reiseerleichterungen. Der Wegfall der Grenzkontrollen im Schengenraum, EU-Reisepässe und ein einheitliches Schengenvisum sowie die Einführung des Euro (Wegfall von Wechselkursrisiko und -kosten) sind für Touristen aus dem EU-Raum, aber auch für Reisende aus Drittstaaten, wesentliche Erleichterungen in zeitlicher und ökonomischer Hinsicht. Diese Entwicklungen haben sicherlich zur Attraktivität Europas als Reiseziel im globalen Wettbewerb beigetragen. Die stärkere Preistransparenz, die der Euro mit sich bringt, in Verbindung mit der rasanten Entwicklung und Nutzung neuer Informations- und Kommunikationstechnologien, erhöhte aber auch den Wettbewerbsdruck auf die Tourismusbetriebe und Destinationen. Allerdings ergeben sich in diesem Umfeld wiederum neue Chancen und Märkte. Für den österreichischen Tourismus brachte vor allem auch die EU-Erweiterung nach Osten große Vorteile. Besonders der Wegfall der Grenzkontrollen sowie die schrittweise Einführung des Euro in unseren Nachbarländern haben die Attraktivität Österreichs als nahes und leicht erreichbares Urlaubsland im Zentrum Europas beträchtlich gesteigert.

## Tourismus im Institutionengefüge der Europäischen Union

Dieser zunehmenden Bedeutung des Tourismus wird nun seit Dezember 2009 durch den Vertrag von Lissabon Rechnung getragen, der erstmals einen eigenen Tourismusartikel und damit eine neue Rechtsgrundlage enthält. War der „Fremdenverkehr" im Vertrag von Nizza zwar als Tätigkeitsfeld, aber noch ohne spezifische Handlungsermächtigungen, genannt (Vertrag von Nizza Art. 3 (u)), so weist das neue Vertragswerk der Union nunmehr eine explizite Zuständigkeit „zur Durchführung von Maßnahmen zur Unterstützung, Koordinierung oder Ergänzung der Maßnahmen der Mitgliedstaaten“ zu (C83/135). Diese neue Zuständigkeit erweitert und stärkt die Handlungsfähigkeit der EU im Bereich Tourismus wesentlich.

Der Tourismus-Artikel im Wortlaut:
Titel XXII, Artikel 195 Vertrag über die Arbeitsweise der Europäischen Union (AEUV)

(1) Die Union ergänzt die Maßnahmen der Mitgliedstaaten im Tourismussektor, insbesondere durch die Förderung der Wettbewerbsfähigkeit der Unternehmen der Union in diesem Sektor.

Die Union verfolgt zu diesem Zweck mit ihrer Tätigkeit das Ziel,

a) die Schaffung eines günstigen Umfelds für die Entwicklung der Unternehmen in diesem Sektor anzuregen;
b) die Zusammenarbeit zwischen den Mitgliedstaaten insbesondere durch den Austausch bewährter Praktiken zu unterstützen.

(2) Das Europäische Parlament und der Rat erlassen unter Ausschluss jeglicher Harmonisierung der Rechtsvorschriften der Mitgliedstaaten gemäß dem ordentlichen Gesetzgebungsverfahren die spezifischen Maßnahmen zur Ergänzung der Maßnahmen, die die Mitgliedstaaten zur Verwirklichung der in diesem Artikel genannten Ziele durchführen.

Bei Beschlüssen kommt das ordentliche Gesetzgebungsverfahren zum Tragen, womit nicht mehr die Einstimmigkeit aller Mitgliedstaaten erforderlich ist. Im Protokoll (Nr. 2) zum AEUV sind die Grundsätze der Subsidiarität und der Verhältnismäßigkeit geregelt.

Diese neue Rechtsgrundlage ist auch der Grund, warum der Tourismus erstmals in einen allgemeinen politischen Strategievorschlag der Europäischen Kommission (EK) „Europa 2020 – Eine Strategie für intelligentes, nachhaltiges und integratives Wachstum“ Eingang gefunden hat. Unter dem Titel der Wettbewerbsfähigkeit und der Leitinitiative „Eine Industriepolitik für das Zeitalter der Globalisierung“ sieht die EK eine Leitlinie vor, „die Wettbewerbsfähigkeit des Fremdenverkehrssektors in Europa zu stärken“ (KOM(2010) 2020).

Innerhalb der Europäischen Kommission ist der Tourismus der Generaldirektion Unternehmen und Industrie, „Direktion F – Tourismus, CSR, Verbrauchsgüter und internationale regulatorische Übereinkommen“, zugeordnet. Zur Beratung und Abstimmung touristischer Themen mit den Mitgliedstaaten wurde bereits im Jahr 1986 der „Beratende Ausschuss Tourismus“ unter Vorsitz der EK eingesetzt. Dieser besteht aus Vertretern der Tourismusministerien und tritt drei bis vier Mal jährlich zu Sitzungen zusammen. Es werden die tourismusspezifischen Projekte der EK vorgestellt, diskutiert und abgestimmt. Seit dem Jahr 2002 organisiert die EK jährlich meist im Herbst ein Europäisches Tourismusforum (ETF) zu aktuellen Themen, um den Dialog mit den Verwaltungen, der Wirtschaft und anderen Interessensgruppen zu stärken. Seit Anfang 2005 berät die so genannte „Tourism Sustainability Group (TSG)“ die EK zu Fragen im Zusammenhang mit Tourismus und nachhaltiger Entwicklung. Hier diskutieren politische und wirtschaftliche Vertreter der Mitgliedstaaten mit solchen der Zivilgesellschaft und der einzelnen Destinationen.

Die EK verwendete bisher vorwiegend das Instrument der so genannten „Mitteilung der Kommission an den Rat, das Europäische Parlament, den Wirtschafts- und Sozialausschuss und den Ausschuss der Regionen“, um ihre unterstützenden, koordinierenden und ergänzenden Vorhaben im Bereich Tourismus zu verlautbaren.

Auf Ebene des Rates der Europäischen Union (Rat) ist der „Rat Wettbewerbsfähigkeit“ für den Themenbereich Tourismus zuständig. Bei Bedarf werden von der amtierenden Präsidentschaft Ratsarbeitsgruppensitzungen (RAG) einberufen. In den letzten Jahren legte der Rat seine tourismuspolitischen Zielsetzungen und Forderungen an die EK in „Schlussfolgerungen“ zu den Mitteilungen der EK fest. Die Präsidentschaften engagieren sich meist auch in tourismuspolitischen Treffen wie beispielsweise informellen Tourismusministertreffen oder bei der Mitgestaltung des jährlichen Europäischen Tourismusforums.

Im Europäischen Parlament (EP) sind die Tourismusagenden dem Ausschuss für „Transport und Tourismus“ zugeordnet. Die Positionen des EP zu den Mitteilungen der EK oder allgemein zu touristischen Themen werden in Form von Berichten oder Stellungnahmen dargelegt.

Der Europäische Wirtschafts- und Sozialausschuss (EWSA) und der Ausschuss der Regionen (AdR) legen als beratende Einrichtungen dem Rat, der EK und dem EP Stellungnahmen zu aktuellen tourismuspolitischen Diskussionen vor.

## Interessenvertretung auf Ebene der Europäischen Union

Die Interessen der Tourismuswirtschaft gegenüber den EU-Institutionen werden von den europäischen Dachorganisationen vertreten. Aufgrund der Fülle der Interessenvertretungen werden an dieser Stelle nur einige beispielhaft erwähnt:

HOTREC – Hotels, Restaurants & Cafés in Europa – ist der europäische Dachverband des Hotel- und Gaststättenwesens. In ihm sind 43 Mitgliedsverbände von 26 europäischen Staaten organisiert (HOTREC, 2011).

Der europäische Reisebüro- und Reiseveranstalter-Verband ECTAA (Group of National Travel Agents' and Tour Operators' Associations) repräsentiert die nationalen Zusammenschlüsse von Reiseagenten und Reisebüros in 29 europäischen Ländern, von denen 25 der EU angehören (ECTAA, 2011). Die Interessengemeinschaft europäischer Reiseveranstalter ETOA (European Tour Operators Association) zählt 600 Mitglieder und repräsentiert europäische Incoming Reiseveranstalter sowie Großhändler und ihre Zulieferer auf Europaebene (ETOA, 2011).

Auch einzelne Berufsgruppen sind auf europäischer Ebene in Dachorganisationen gebündelt. So existiert zum Beispiel mit der FEG (European Federation of Tourist Guide Associations) eine Vertretung für Fremdenführer.

Die Arbeitnehmerseite ist durch die EFFAT, die Europäische Gewerkschaftsföderation für den Landwirtschafts-, Nahrungsmittel- und Tourismussektor, vertreten. Sie bildet das Dach über 120 nationale Gewerkschaften aus 35 Ländern Europas und bündelt somit die Interessen von mehr als 2,6 Millionen Mitgliedern gegenüber den europäischen Institutionen, europäischen Industrieverbänden und Unternehmensleitungen (EFFAT, 2011). ETLC (European Trade Union Liaison Committee on Tourism) ist die Kooperationsplattform der europäischen und globalen Gewerkschaften, die Beschäftigte in den Bereichen Hotels und Gaststätten, Transport, Reisebüros und Reiseveranstalter, Freizeitparks, Tourismusbüros oder Fremdenführer vertreten.

Die ETC (European Travel Commission) ist die Dachorganisation von 35 nationalen Tourismusorganisationen in Europa. Aufgabe der ETC ist die weltweite Vermarktung Europas als touristische Marke (ETC, 2011). Die ETC dient den nationalen Tourismusorganisationen (NTO) auch als Forum, um Lösungen für strategische Fragen im europäischen Tourismus zu erarbeiten. Die ETC betreibt außerdem das Internetportal „visiteurope.com", das der Vermarktung Europas als Tourismusdestination dient.

# Tourismus in der Europäischen Union

## Tourismus-Initiativen der Europäischen Union

Die Initiativen der EU im Bereich Tourismus können in zwei Schwerpunktbereiche mit unterschiedlichen Gestaltungsmöglichkeiten unterteilt werden:

Die Generaldirektion Unternehmen und Industrie der EK setzt gezielte tourismusspezifische Initiativen, um die Qualität, Wettbewerbsfähigkeit und Nachhaltigkeit des Tourismus in Europa zu stärken und die Kooperation und Koordination zwischen den Mitgliedstaaten zu fördern. Ihre Aktivitäten sollen den Wissensstand über Tourismus in der EU verbessern, „Best Practices" zu unterschiedlichen Themen in Europa aufzeigen und verbreiten, die Qualität und Nachhaltigkeit fördern und die Kooperation und Vernetzung intensivieren. Die Aktivitäten basieren dabei auf Mitteilungen der EK, immer unter Berücksichtigung des Subsidiaritätsprinzips. Das heißt, die EU darf nicht in bestehende Kompetenzen eingreifen, sondern erledigt Aufgaben, die von den Mitgliedstaaten bzw. den Bundesländern, Regionen und Gemeinden nicht oder nur sehr schwer zu erfüllen sind (C83/135).

Im Laufe der Jahre wurden so die Grundzüge der europäischen Tourismuspolitik entwickelt, die in ihrer Ausrichtung von den Mitgliedstaaten durch Schlussfolgerungen des Rates und vom EP, dem EWSA und dem AdR durch Berichte und Stellungnahmen kommentiert und unterstützt werden.

Im Zentrum stand seit jeher die Förderung der Wettbewerbsfähigkeit des Tourismus in Europa. Wurde in den 1990er-Jahren der Wachstums- und Beschäftigungsaspekt betont, so rückte in den 2000er-Jahren die Nachhaltigkeit zunehmend in den Mittelpunkt. So wurde 2001 in der Mitteilung der EK „Zusammenarbeit für die Zukunft des Tourismus in Europa" (KOM(2001) 665) die Erstellung und Umsetzung einer Agenda 21 zur Förderung einer nachhaltigen Entwicklung der touristischen Aktivitäten in Europa festgelegt. Die darauf aufbauende Mitteilung „Grundlinien zur Nachhaltigkeit des europäischen Tourismus" (KOM(2003) 716) und die „Agenda für einen nachhaltigen und wettbewerbsfähigen europäischen Tourismus" (KOM(2007) 621) unterstreichen die Absicht der EK, ihre Vorhaben nach den drei Säulen der Nachhaltigkeit – ökonomische, ökologische und sozio-kulturelle Nachhaltigkeit – auszurichten.

Als Antwort auf die neue EU-Kompetenz im Tourismus, die durch den Vertrag von Lissabon seit Dezember 2009 nunmehr gegeben ist, hat die Europäische Kommission im Juni 2010 die Mitteilung „Europa – wichtigstes Reiseziel der Welt: ein neuer politischer Rahmen für den europäischen Tourismus" veröffentlicht (KOM(2010) 352). Sie will damit einen neuen Aktionsraum für die europäische Tourismuspolitik schaffen. Zur Verwirklichung der Ziele schlägt sie 21 Maßnahmen zur Tourismusförderung in vier Schwerpunktbereichen vor:

- Steigerung der Wettbewerbsfähigkeit des Tourismus in Europa
- Förderung der Bemühungen um einen nachhaltigen, verantwortungsvollen Qualitätstourismus
- Konsolidierung des Images und der Außenwirkung Europas als ein aus nachhaltigen Qualitätsreisezielen bestehendes Ganzes
- Bestmögliche Nutzung des Potenzials der politischen Maßnahmen und der Finanzinstrumente der EU zur Entwicklung des Tourismus

Daraus resultiert ein ausführlicher Aktionsplan mit kurz-, mittel- und langfristigen Initiativen, den die Kommission laufend anpasst und schrittweise umsetzt. Hier nur einige Beispiele zum tieferen Verständnis: Zur Verbesserung der Wissensbasis im Tourismus soll eine virtuelle Tourismusbeobachtungsstelle eingerichtet werden. Gesamteuropäische Datenerhebungen zum Beispiel im Bereich des Reiseverhaltens und gemeinsame Studien sollen bessere Vergleichbarkeit und Synergien bringen. Über ein Plattform-Projekt im Bereich „Informations- und Kommunikationstechnologien und Tourismus" sollen die vorwiegend kleinen und mittleren Unternehmen bei ihren Anpassungsprozessen und strategischen Entscheidungen unterstützt werden. Im Bereich des Arbeitsmarktes will man eine stärkere Mobilität durch die bessere Nutzung des europäischen Jobportals EURES erreichen. Die im Tourismus notwendigen „Skills" sollen analysiert und europaweit besser vergleichbar werden. Finanzielle Unterstützung von grenzüberschreitenden Projekten soll länderübergreifende Angebote beispielsweise im Bereich Kultur schaffen. Ein besonderes Anliegen der EK ist auch die Verlängerung der Saisonen, da im Unterschied zu Österreich die meisten europäischen Länder sehr stark von nur einer Saison abhängig sind. Hier werden Angebote und Plattformen für bestimmte Personengruppen (Senioren, Familien, Jugendliche) geschaffen, die man verstärkt für die Nebensaison gewinnen will. Ein weiteres Projekt, das sich die EK vorgenommen hat, ist die Schaffung eines „European Tourism Quality Labels" als Dach über bestehende Zertifizierungssysteme in ganz Europa.

Da dieses Aktionsprogramm derzeit keine direkt zugeordnete finanzielle Ausstattung oder Budgetlinie hat, werden die Maßnahmen aus allgemeinen Budgettöpfen finanziert, beispielsweise aus dem Programm zur Stärkung der Wettbewerbsfähigkeit und Innovation (CIP – Competitiveness and Innovation Programme) oder laufen als so genannte „Preparatory Actions" mit einem Budgetansatz durch das EP. Für den Finanzrahmen 2014–2020 plant die EK, Tourismusmaßnahmen im Rahmen des „Programms für Wettbewerbsfähigkeit von Unternehmen und für KMU (2014–2020)" zu unterstützen (KOM (2011) 834).

Als zweiter großer Bereich sind hier die zahlreichen Politik- und Tätigkeitsfelder anzuführen, die in der Zuständigkeit anderer Kommissionsdienststellen (Generaldirektionen) liegen und direkte oder indirekte – auch rechtliche – Auswirkungen auf den Tourismus, seine Unternehmen und/oder die Touristen haben. Hier hat die Tourismusabteilung der EK einerseits die Möglichkeit, Maßnahmen zur Verbesserung der Rahmenbedingungen für den Tourismus anzuregen (beispielsweise im Bereich der Vereinfachung von Visaformalitäten für Zukunftsmärkte), andererseits sollte sie Aktivitäten anderer Dienststellen bezüglich ihrer Auswirkungen auf den Tourismus überprüfen und die Mitgliedstaaten und andere Interessenten rechtzeitig und gezielt darüber informieren. Beispiele sind: Verbraucherpolitik (Pauschalreiserichtlinie, Fluggast- und Passagierrechte), Steuerpolitik (Mehrwertsteuersystemrichtlinie), Sicherheitspolitik (Visaregelungen), Verkehrspolitik (Single European Sky), Sozialpolitik (Antidiskriminierung) und anderes mehr.

Der horizontale Charakter des Tourismus erlaubt es außerdem, von einer Vielzahl von Förderprogrammen und damit von Finanzierungsmöglichkeiten Gebrauch zu machen. Schon bisher stammen die weitaus größten finanziellen Mittel für den Tourismus aus anderen Politikbereichen, wie beispielsweise aus den Strukturfonds der Regionalpolitik. Diese kommen der Entwicklung touristischer Angebote und grenzüberschreitender Aktivitäten auf regionaler Ebene zugute. Die Herausforderung liegt darin, die Zielsetzungen und Kriterien der jeweiligen Programme zu erfüllen. In Österreich nutzen die Länder diese Förderprogramme für die Entwicklung des Tourismus in unterschiedlicher Intensität durch die Schwerpunktsetzung in den jeweiligen Planungsperioden.

Für Tourismus relevante EU-Programme sind beispielsweise:
- Europäische Strukturfonds (Konvergenz, Regionale Wettbewerbsfähigkeit und Beschäftigung, Europäische Territoriale Zusammenarbeit)
- Europäischer Sozialfonds
- Europäischer Landwirtschaftsfonds für die Entwicklung des ländlichen Raumes (ELER)
- Rahmenprogramm für Wettbewerbsfähigkeit und Innovation (CIP – Competitiveness and Innovation Programme)
- 7. Rahmenprogramm für Forschung und technologische Entwicklung (RP7)
- Programm für lebenslanges Lernen 2007–2013: Leonardo da Vinci
- Mehrjahresprogramm Kultur 2007–2013
- LIFE+ 2007–2013

Auch der gemeinsame Rahmen für die systematische Erstellung europäischer Tourismusstatistiken wird auf EU-Ebene vorgegeben. Die Tourismusstatistikverordnung regelt die Erhebung, Aufbereitung, Verarbeitung und Übermittlung harmonisierter europäischer Statistiken über die touristische Nachfrage und das touristische Angebot durch die Mitgliedstaaten (692/2011). Gesammelt und aufbereitet werden die Daten von EUROSTAT, dem statistischen Amt der Europäischen Union. Es hat die Aufgabe, die Union mit europäischen Statistiken zu versorgen, die Vergleiche zwischen Ländern und Regionen ermöglichen, und der Kommission und anderen europäischen Institutionen Daten für die Konzeption, Durchführung und Analyse der Gemeinschaftspolitik zu liefern.

Nicht zuletzt sollen hier die Bestrebungen der Europäischen Union zur Schaffung von Makroregionen erwähnt werden (derzeit die Ostsee- und Donauraumstrategie). Tourismus als ortsgebundener und Völker verbindender Wirtschaftszweig kann hier natürlich einen wesentlichen Beitrag zur Zielerreichung leisten.

## Ausblick

Das Thema Tourismus wird aller Voraussicht nach innerhalb der Strukturen der EU an Bedeutung gewinnen. Es liegt aber weiterhin in der Verantwortung der Mitgliedstaaten und der Interessenvertretungen, bei der Ausrichtung der Tourismuspolitik gestaltend mitzuwirken. Projekte und Maßnahmen müssen eingefordert werden, die mit effizient eingesetzten Mitteln einen klaren Mehrwert für den Tourismus in Europa bringen. Die Union sollte dabei nicht in Bereiche und Kompetenzen eingreifen, die durch die Privatwirtschaft oder die Mitgliedstaaten besser erledigt werden können. Auch will man keine komplexen, zusätzlichen Strukturen. Die Initiativen auf EU-Ebene sollten möglichst vielen Akteuren zugute kommen und dazu beitragen, den Wissensstand, die Kooperation und die Rahmenbedingungen zu verbessern. Man denke an gesamteuropäische Datenerhebungen, Analysen und Studien, wobei der Informationsaustausch in Netzwerken bestens organisiert sein muss. Es ist von großer Bedeutung, dass Tourismus als wesentlicher Wirtschaftsbereich in Zukunft in allen Dienststellen der Kommission noch stärker beachtet wird. Die Initiativen aus den unterschiedlichen Politikbereichen sind zu prüfen und die Mitgliedstaaten und alle Interessierten zeitgerecht über die Auswirkungen zu informieren.

Die zunehmende Internationalisierung und der weltweite Wettbewerb im Tourismus verlangen auch eine intensive Auseinandersetzung mit globalen Trends und einen verstärkten Dialog mit neuen Destinationen und Quellmärkten. Ein gemeinsames Vorgehen der Union kann hier vorteilhaft sein und die Position Europas stärken. In diesem Zusammenhang ist die Kooperation mit internationalen Organisationen, die sich mit Tourismusentwicklungen und -politik beschäftigen, wesentlich (siehe Beitrag zu Tourismuspolitik auf internationaler Ebene).

Angesichts der in der Vergangenheit sehr unterschiedlichen Auffassungen der Mitgliedstaaten, wie weit und in welcher Form sich die EU mit Tourismus beschäftigen soll, wird das Kapitel EU-Tourismuspolitik in der Europäischen Union einigermaßen spannend bleiben.

# Tourismus auf internationaler Ebene

Tourismus ist über die letzten Jahrzehnte weltweit zu einem der bedeutendsten Wirtschaftzweige geworden. Durch die rasante Entwicklung neuer Destinationen und Quellmärkte werden auch für die Zukunft starke Zuwächse prognostiziert. Dies wird die touristische Landkarte nachhaltig verändern. Hier werden exemplarisch zwei Organisationen dargestellt, die sich mit den globalen Chancen und Herausforderungen im Tourismus auseinandersetzen und gemeinsam mit der EU für Österreich wichtige Plattformen für internationale Tourismuspolitik darstellen.

## Die UN Welttourismusorganisation (UNWTO)

Die UNWTO ist eine Spezialagentur der Vereinten Nationen mit Sitz in Madrid und derzeit 155 Vollmitgliedern (Staaten), sieben assoziierten (Regionen) und über 400 affiliierten Mitgliedern (Privatwirtschaft, Ausbildungseinrichtungen, Tourismusverbände und lokale Tourismusverwaltungen). Die Organisation finanziert sich zum größten Teil aus Mitgliedsbeiträgen. Ihre Organe sind die Generalversammlung, der Exekutivrat und das Sekretariat. Gearbeitet wird in sechs regionalen Kommissionen und einer Reihe von thematischen Komitees (UNWTO, 2011). Österreich ist Gründungsmitglied (1975) der Organisation und leistet als bedeutendes Tourismusland durch aktive Mitarbeit wichtige Beiträge.

Die UNWTO hat sich den Millenniums-Entwicklungszielen der UNO – Armutsbekämpfung und Nachhaltigkeit – verpflichtet und forciert die Umsetzung eines globalen Tourismus-Ethik-Kodex. In den Destinationen sollen dabei die positiven wirtschaftlichen, sozialen und kulturellen Effekte der Tourismusentwicklung maximiert und die möglichen negativen sozialen und ökologischen Auswirkungen minimiert werden. Auch in den Statuten finden sich neben der wirtschaftlichen Entwicklung Anliegen wie internationales Verständnis, Frieden und Wohlstand sowie die Beachtung von grundlegenden Menschenrechten und Grundfreiheiten (UNWTO, 2009).

Als globales Forum ist die UNWTO Quelle für strukturierte Information zum weltweiten Tourismus. Konkret werden Projekte der Aus- und Weiterbildung, der Arbeitsmarktentwicklung, zur Ethik im Tourismus, zur Unterstützung von KMU, zur Förderung der Energieeffizienz, zum Krisenmanagement und vieles mehr umgesetzt. In Schwellen- und Entwicklungsländern wird fachliche Unterstützung beim Auf- und Ausbau des Tourismus geleistet. Ein zentrales Arbeitsfeld ist die wirtschaftliche Analyse, Datenerhebung und Schaffung einer erweiterten und harmonisierten statistischen Datenbasis. Hier ist die Kooperation mit Partnern wie der Europäischen Union (EUROSTAT) oder der OECD von großem Wert.

Im Jahr 1980 wurde von der UNWTO der Welttourismustag ins Leben gerufen, der seither jährlich am 27. September gefeiert wird und einem bestimmten Thema gewidmet ist.

Die UNWTO sieht sich auch als internationale Stimme des Tourismus und hebt dessen oftmals unterschätzte wirtschaftliche Bedeutung für viele Länder hervor. Sie initiierte die so genannte T20-Initiative neben den G20-Gipfeln und gemeinsam mit internationalen Wirtschaftsvertretern die „Global Leaders for Tourism"-Kampagne.

## Das Tourismuskomitee der OECD

Die Organisation für wirtschaftliche Zusammenarbeit und Entwicklung – die 2011 ihr 50-jähriges Bestehen feierte – hat ihren Sitz in Paris und derzeit 34 hoch entwickelte Mitgliedsländer (OECD, 2011). Ihr Ziel ist es, zur positiven Weltwirtschaftsentwicklung und zu steigenden Lebensstandards beizutragen. Wichtigstes Gremium ist der Rat, der sich auf der Ebene der Minister und der Botschafter trifft und in der Regel durch Konsens entscheidet. Den Kern bilden rund 200 Komitees und Arbeitsgruppen, die sich aus Vertreten der Mitgliedsländer und Experten des OECD-Sekretariats zusammensetzen.

Das OECD-Tourismuskomitee beobachtet globale Veränderungen, die für die Entwicklung des Tourismus von Bedeutung sind. Seine zentralen Aufgaben sind aber die Analyse und der direkte Vergleich von tourismuspolitischen Maßnahmen der Mitgliedsländer zur Identifikation von „Best Practice" und die Erarbeitung von Empfehlungen. Ein ähnlicher Entwicklungsstand der Mitglieder ist dabei wichtig. Die Struktur der OECD mit ihren vielen Fachkomitees erlaubt es, Know-how und Daten anderer Komitees für den Tourismus zu nutzen und Tourismusaspekte in andere Bereiche einzubringen. Dem Tourismus als klassischer Querschnittsmaterie kommt dies in besonderer Weise zugute.

Die Arbeiten der letzten Jahre beschäftigen sich unter anderem mit der Messung und Evaluierung (Wettbewerbsfähigkeit, Förderprogramme, Werbung), mit der Aus- und Weiterbildung, mit nachhaltiger Tourismusentwicklung (Klimawandel, „Green Innovation"), mit der Liberalisierung der Märkte und dem Kulturerbe als Basis für Tourismus. Die thematischen Berichte und Publikationen geben einen guten Überblick über die Politiken und Maßnahmen im OECD-Raum und beinhalten meist eine Reihe von Fallstudien. Seit 2008 wird wieder alle zwei Jahre die Publikation „Tourism Trends and Policies" herausgebracht (OECD, 2010). Diese umreißt kurz und bündig die wichtigsten Trends, resümiert aktuelle Studien und stellt übersichtliche Profile von den OECD-Staaten und einigen Nicht-Mitgliedsländern zur Verfügung. Ein wichtiges Aufgabengebiet des Komitees sind auch die umfassenden „Länderprüfungen". So wurde 2010 die Tourismuspolitik Italiens unter die Lupe genommen (OECD, 2011).

Eine Sub-Struktur des OECD-Tourismuskomitees ist das „Global Forum on Tourism Statistics", das gemeinsam von der OECD und von EUROSTAT geleitet wird und sich mit dem Austausch und der Weiterentwicklung der Methoden, Definitionen und Instrumente im Bereich der Tourismusstatistik auseinandersetzt.

### Literatur

ECTAA (The Travel Agents' and Tour Operators' Associations), http://www.ectaa.org/Home/ECTAA/tabid/62/Default.aspx, Download am 23.12.2011.

EFFAT (European Federation of Food, Agriculture and Tourism Trade Unions), http://www.effat.eu/public/index.php?lang=1&menu=2, Download am 23.12.2011.

EK (Europäische Kommission), MITTEILUNG DER KOMMISSION AN DAS EUROPÄISCHE PARLAMENT, DEN RAT, DEN EUROPÄISCHEN WIRTSCHAFTS- UND SOZIALAUSSCHUSS UND DEN AUSSCHUSS DER REGIONEN, Europa – wichtigstes Reiseziel der Welt: ein neuer politischer Rahmen für den europäischen Tourismus, KOM(2010) 352 vom 30.6.2010.

EK (Europäische Kommission), MITTEILUNG DER KOMMISSION, EUROPA 2020, Eine Strategie für intelligentes, nachhaltiges und integratives Wachstum, KOM(2010) 2020 vom 3.3.2010.

EK (Europäische Kommission), MITTEILUNG DER KOMMISSION, Agenda für einen nachhaltigen und wettbewerbsfähigen europäischen Tourismus, KOM(2007) 621 vom 19.10.2007.

EK (Europäische Kommission), MITTEILUNG DER KOMMISSION AN DEN RAT, DAS EUROPÄISCHE PARLAMENT, DEN EUROPÄISCHER WIRTSCHAFTS- UND SOZIALAUSSCHUSS UND DEN AUSSCHUSS DER REGIONEN, Grundlinien zur Nachhaltigkeit des europäischen Tourismus, KOM(2003) 716 vom 21.11.2003.

EK (Europäische Kommission), MITTEILUNG DER KOMMISSION AN DEN RAT, DAS EUROPÄISCHE PARLAMENT, DEN WIRTSCHAFTS- UND SOZIALAUSSCHUSS UND DEN AUSSCHUSS DER REGIONEN, Zusammenarbeit für die Zukunft des Tourismus in Europa KOM(2001) 665 vom 13.11.2001.

ETC (European Travel Commission), http://www.etc-corporate.org, Download am 23.12.2011.

ETOA (European Tour Operators Association), http://www.etoa.org/membership, Download am 23.12.2011.

EU (Europäische Union), VERORDNUNG (EU) Nr. 692/2011 DES EUROPÄISCHEN PARLAMENTS UND DES RATES vom 6.7.2011 über die europäische Tourismusstatistik und zur Aufhebung der Richtlinie 95/57/EG des Rates.

EU (Europäische Union), Abl. EU, Konsolidierte Fassung des Vertrags über die Arbeitsweise der Europäischen Union, C83/135 vom 30.3.2010.

EU (Europäische Union), Protokoll (Nr. 2) zum AEUV über die Anwendung der Grundsätze der Subsidiarität und der Verhältnismäßigkeit.

HOTREC (Hotels, Restaurants & Cafés in Europa), http://www.hotrec.eu/about-us/membership.aspx, Download am 23.12.2011.

OECD (Organization for Economic Cooperation and Development), http://www.oecd.org, Download im Dezember 2011.

OECD (Organization for Economic Cooperation and Development), Tourism Trends and Policies 2010.

OECD (Organization for Economic Cooperation and Development), Studies on Tourism: ITALY Review of Issues and Policies, 2011.

VORSCHLAG FÜR EINE VERORDNUNG DES EUROPÄISCHEN PARLAMENTS UND DES RATES über ein Programm für die Wettbewerbsfähigkeit von Unternehmen und für kleine und mittlere Unternehmen (2014–2020), KOM(2011) 834 vom 30.11.2011.

UNWTO (World Tourism Organization), http://unwto.org, Download im Dezember 2011.

UNWTO (World Tourism Organization), http://www.un.org/depts/german/millennium/fs_millennium.html, Dezember 2011.

UNWTO (World Tourism Organization), Statuten der UNWTO vom Juni 2009, Art. 3.

*Mag. Rainer Ribing*

# Autor

Mag. Rainer Ribing

# Kurz-Curriculum

Rainer Ribing ist Geschäftsführer der Bundessparte Tourismus und Freizeitwirtschaft der Wirtschaftskammer Österreich (WKO). Diese vertritt mit sechs Fachverbänden (Gastronomie, Hotellerie, Reisebüros, Freizeit- und Sportbetriebe, Gesundheitsbetriebe sowie Kino- und Vergnügungsbetriebe) über 90.000 Mitgliedsbetriebe mit 260.000 Mitarbeitern. Ribing ist Mitglied im Präsidium der Österreich Werbung (ÖW), Aufsichtsrat in der Hotel- und Tourismusbank (ÖHT), arbeitete als Lektor und Vortragender an der Fachhochschule Wien in den Studiengängen Journalismus und Tourismus sowie als Vorstandsmitglied am Institut für Bildungsforschung der Wirtschaft (ibw). Ribing ist Mitglied im Beirat der APA-OTS Tourismuspresse und seit 2008 Mitglied der AIEST.

# Tourismus und Freizeitwirtschaft in Österreich

## Zusammenfassung

Österreich ist eine weltweit führende Destination, wenn es um die touristische Infrastruktur geht. Das bedeutet Platz 1 im weltweiten Ranking des World Economic Forum im Bereich Hotellerie und Beherbergung. War Österreich im letzten Jahrhundert noch eine klassische Sommerdestination, so hat der Ausbau der alpinen Infrastruktur (Seilbahnen) zu einem Aufschwung bei den Winterurlauben geführt. Mittlerweile beträgt das Verhältnis der Sommer- zu den Winternächtigungen annähernd 50:50. In Österreich stehen über eine Million Gästebetten zur Verfügung. Diese verteilen sich zu knapp drei Viertel (780.800) auf gewerbliche Betriebe und zu einem Viertel auf private Vermieter (312.200). Von in Summe 124,9 Millionen Nächtigungen im Jahr 2010 entfielen rund 35 Millionen auf inländische (28%) und 89,9 Millionen Nächtigungen auf ausländische Gäste (72%). Der Großteil der Nächtigungen (rund 89 Millionen) wird in der Hotellerie und Gastronomie sowie in gewerblichen Ferienhäusern und -wohnungen verzeichnet.

Die durchschnittlichen Ausgaben pro Gast und Tag liegen bei 120 Euro, wobei sich Unterkunft mit Verpflegung auf 89 Euro (74%) und die Nebenausgaben für Unterhaltung, Sport und Einkäufe auf 32 Euro (26%) belaufen. Das Auto ist weiterhin Anreisemittel Nummer eins. Drei Viertel der Sommergäste und 86% der Wintergäste reisen mit dem PKW an. Was die Urlauber an Österreich am meisten schätzen, kann so zusammengefasst werden: Natur. Landschaft (60%), Berge (48%) und Klima (43%). Zu den häufigsten Entscheidungskriterien für einen Urlaub in Österreich zählt der Genuss von typischen Speisen und Getränken (76%). Der Sommerurlauber verweilt im Durchschnitt 8,3 Tage in Österreich, der Winterurlauber im Durchschnitt 6,6 Tage. Diese Werte liegen damit fast 3–4 Tage höher als die durchschnittliche Aufenthaltsdauer aller Ankünfte (3,7 Tage im Kalenderjahr 2010). Die Weiterempfehlungsabsicht der Sommerurlauber 2008 lag bei 92%, die der Winterurlauber 2008/09 bei 96%. Beeindruckende Werte, auf die die österreichischen Betriebe stolz sein können.

# Tourismus und Freizeitwirtschaft in Österreich

## Tourismusland Österreich

Was die internationale Wettbewerbsfähigkeit betrifft, so rangiert Österreich als Tourismusdestination im aktuellen „Travel & Tourism Report“ (T&T Report) des World Economic Forum (WEF) ganz weit oben. Der Report analysiert die Tourismus-Wettbewerbsfähigkeit von 139 Ländern. Obwohl Österreich 2011 im Vergleich zu 2009 von Platz 2 auf Platz 4, aber punktegleich mit Frankreich (Platz 3) und hinter der Schweiz (Platz 1) sowie Deutschland (Platz 2) leicht zurückgefallen ist, bedeutet das immer noch einen Spitzenplatz (WEF Report, 2011).

*Tabelle 1: WEF Top 10*

| Top 10 der wettbewerbsfähigsten Tourismusdestinationen 2011 | |
|---|---|
| **Schweiz** | 1 |
| **Deutschland** | 2 |
| **Frankreich** | 3 |
| **Österreich** | 4 |
| **Schweden** | 5 |
| **USA** | 6 |
| **Großbritannien** | 7 |
| **Spanien** | 8 |
| **Kanada** | 9 |
| **Singapur** | 10 |

*Quelle: WEF Report, 2011.*

Positiv erwähnt der WEF-Report die kulturellen Ressourcen, den Messe- und Ausstellungsstandort, die Natur und das Bekenntnis zu nachhaltigem Wirtschaften (Platz 5) sowie die Offenheit gegenüber ausländischen Gästen. Eindeutig an erster Stelle weltweit wird Österreich bei der Tourismus-Infrastruktur (Platz 1) geführt, so bei den Hotels und Unterkünften sowie bei der Versorgung mit Bankomaten. Weitere Stärken sind Sicherheit (Platz 10), Hygiene, Wasserqualität und Gesundheitsversorgung (WEF Report, 2011).

Der Ausbau der Infrastruktur ist auch dafür verantwortlich, dass sich Österreich über die letzten Jahre vor allem im Wintertourismus hervorragend entwickelt hat. Modernste Seilbahnen mit einer Beschneiungskapazität von fast 70% der Pisten und der Ausbau des Wellness-Angebots der Hotellerie machen die Wintersaison für eine erweiterte Gästeschicht attraktiv. Immer mehr osteuropäische Gäste wählen Österreich speziell im Winter als Urlaubsdestination.

Zählte die Statistik Austria 1980 noch rund 78 Millionen Sommernächtigungen und rund 40 Millionen Winternächtigungen (Summe 118 Millionen), so waren 2010 je rund 62 Millionen Nächtigungen in Sommer und Winter zu verzeichnen (Summe 124 Millionen). Ohne die Investitionen ins Winterangebot hätte Österreich als frühere „Sommerfrische“-Destination massive Einbußen hinnehmen müssen.

## Betriebe der Tourismus- und Freizeitwirtschaft

In der Sparte Tourismus- und Freizeitwirtschaft in der Wirtschaftskammer sind über 90.000 Gewerbebetriebe gemeldet. Diese sind in sechs Verbänden organisiert: Gastronomie, Hotellerie, Reisebüros, Freizeit- und Sportbetriebe, Gesundheitsbetriebe sowie Kino- und Vergnügungsbetriebe.

In Summe handelt es sich um etwa 50.000 gewerbliche Betriebe mit einer Gastronomieberechtigung sowie knapp 17.000 Betriebe in der Hotellerie. Somit sind 14% aller privaten gewerblichen Betriebe in Österreich dem Gastgewerbe zuzurechnen.

*Tabelle 2: Mitgliedsbetriebe der Sparte Tourismus- und Freizeitwirtschaft*

| Fachverband | Bgld. | Ktn. | NÖ | OÖ | Sbg. | Stmk. | Tirol | Vbg. | Wien | Öst. |
|---|---|---|---|---|---|---|---|---|---|---|
| 1. Gastronomie | 2.071 | 4.005 | 9.536 | 7.590 | 4.097 | 7.682 | 5.196 | 1.789 | 8.507 | **50.473** |
| 2. Hotellerie | 458 | 2.272 | 1.753 | 1.079 | 2.639 | 2.104 | 5.191 | 976 | 475 | **16.947** |
| 3. Gesundheitsbetriebe (Kurhäuser) | 67 | 256 | 395 | 165 | 262 | 426 | 239 | 84 | 287 | **2.181** |
| 4. Reisebüros | 59 | 155 | 288 | 250 | 310 | 253 | 307 | 93 | 568 | **2.283** |
| 5. Kino-, Kultur- und Vergnügungsbetriebe | 74 | 118 | 287 | 223 | 148 | 168 | 71 | 27 | 367 | **1.483** |
| 6. Freizeit- und Sportbetriebe | 505 | 846 | 3.115 | 2.083 | 1.445 | 3.312 | 1.508 | 623 | 3.697 | **17.134** |
| **Insgesamt** | **3.274** | **7.652** | **15.374** | **11.390** | **8.901** | **13.945** | **12.512** | **3.592** | **13.998** | **90.638** |

*Quelle: WKÖ, Stichtag 31.12.2010.*

Der Verband der Gastronomiebetriebe ist der mitgliederstärkste Verband in der Wirtschaftskammer. Darin sind Betriebe von Haubenlokalen, Kaffeehäusern und Diskotheken, Eissalons und Imbissstuben vertreten. Ausgenommen von der Mitgliedschaft sind etwa Zeltfeste oder die „Buschenschenken" landwirtschaftlicher Betriebe, sofern diese Produkte aus Eigenbau anbieten, jedoch keinen Kaffee, Bier oder warme Speisen.

Der Fachverband der Hotellerie ist ebenfalls unter den Top 10 der mitgliederstärksten Kammerverbände zu finden. Gemeinsam mit den Fachgruppen in den Bundesländern ist der Hotellerieverband der Wirtschaftskammer für die heimische Hotelsterne-Klassifizierung verantwortlich. Bezeichnend für die heimische betriebliche Struktur sind die vielen Familienbetriebe. Anders als in anderen Destinationen sind Eigentum und Betrieb nicht so stark getrennt wie etwa in der internationalen Konzernhotellerie.

Zu den Gesundheitsbetrieben zählen Kur- und Heilbadeanstalten, Freibäder, Natur-, See- und Strandbäder, Hallenbäder, Thermal- und Mineralbäder, Wannen- und Brausebäder, Sauna- und Dampfbäder sowie private Krankenanstalten, Rehabilitationseinrichtungen und Ambulatorien.

Reisebüros und Reiseveranstalter in Österreich erzielten 2009 rund 3,7 Milliarden Euro Umsatz. Neben der Betreuung des Outgoing-Geschäftes, also für Inländer entsprechende Urlaube oder Geschäftsreisen ins Ausland zu buchen, ist für den heimischen Tourismusstandort das Incomig-Geschäft relevant. Als Reiseveranstalter bündeln heimische Reisebüros österreichische Angebote, die am ausländischen Markt angeboten werden. Der Anteil des Incoming-Geschäftes beträgt immerhin 30% vom Reisebüro-Umsatz. Mit dem erzielten Umsatz leistet die Reisebürobranche einen wesentlichen Beitrag für die österreichische Hotellerie, Gastronomie und Tourismuswirtschaft. Die über den Incoming-Tourismus erzielten Deviseneinnahmen kommen der gesamten österreichischen Volkswirtschaft zugute.

Zu den Kino-, Kultur- und Vergnügungsbetrieben zählen etwa Kinos, Schausteller, Freizeitparks und Tierparks, Theater, Varietés und Kabaretts, Schaubergwerke, Veranstaltungszentren sowie Zirkusse und Tierschauen.

Im Fachverband der Freizeit- und Sportbetriebe finden sich selbstständige Fremdenführer und Reisebetreuer, Fitnessbetriebe bzw. Vermieter von Fitnessgeräten, Sportbetriebe (Tennis, Squash, Golfplätze), Reitschulen, Bootsvermieter, Segelschulen, Eventagenturen, Künstleragenturen, Campingplatzbetreiber, Kartenbüros, Tanzschulen und andere mehr.

Zur funktionierenden Infrastruktur im touristischen Personenverkehr tragen auch einige Bereiche des Personenverkehrs bei, die der Sparte Transport und Verkehr zugerechnet werden. Dazu zählen insbesondere Busunternehmungen, Schienenverkehr oder Flugverkehr, aber auch Taxis. Als touristische Kernkompetenz Österreichs sind die Seilbahnunternehmen zu nennen. Derzeit gibt es etwa 255 Seilbahnunternehmen (Winter-, Gletscher- und Zweisaisonenbetriebe) sowie 550 Schlepplift-Unternehmungen (mit einem oder mehreren Schleppliften). In Summe werden damit etwa 25.400 Hektar Pistenfläche (davon knapp 70% beschneibar) betrieben (Fachverband der Seilbahnen, 2011). In der Saison 2010/2011 wurden 588 Millionen Personen befördert, der Jahreskassenumsatz 2011 (reiner Umsatz der Bahnen und Lifte) betrug 1.152 Millionen Euro.

Ergänzend dazu ist der Sportartikelhandel – hier besonders der Sportartikelverleih – gerade in Sportorten ein wesentlicher Faktor der touristischen Infrastruktur geworden.

Im ganzen Land, aber besonders im städtischen Bereich, konnte Österreich als Kultur- und Kongressstandort punkten. Mit massiver Unterstützung der öffentlichen Hand wurden die heimischen Kultur- und Veranstaltungskalender auf ein qualitativ hohes Niveau gehoben. Ein ausgewogener Mix aus Tradition und Moderne spricht Gästeschichten auf einer breiten Ebene an. Selbst Großereignisse wie die Fußball EURO 2008 konnten wegen der hervorragenden touristischen Infrastruktur reibungslos abgewickelt werden.

### Bettenkapazitäten in Österreich

Nach Erhebungen der Statistik Austria standen in Österreich 2010/11 rund 1,09 Millionen Betten in 65.200 gewerblichen und privaten Beherbergungsbetrieben zur Verfügung. Diese Betten verteilen sich zu knapp drei Viertel (780.800) auf gewerbliche Betriebe und zu einem Viertel auf private Vermieter (312.200).

Immer wieder wird die Bettenauslastung diskutiert. Beachtenswert ist dabei, dass Österreich ein Tourismusland mit zwei starken Saisonen (Sommer/Winter) ist. Konsequenz daraus: Etliche Beherberger haben nur einige Wochen oder Monate im Jahr ihren Betrieb geöffnet. In den Städten laufen die Betriebe hingegen meist durchgehend. Generell kann man auf Basis der Daten der Statistik Austria konstatieren, dass die Auslastung in gewerblichen Beherbergungsbetrieben deutlich höher liegt (Winter: 38,1%, Sommer: 36,9%) als in privaten Beherbergungsbetrieben (Winter: 23,1%, Sommer: 16,2%). Die höchste Auslastung erreichen die 5-/4-Stern-Betriebe (Winter: 49,1%, Sommer: 52%).

*Tabelle 3: Betriebe und Betten 2011*

| Gliederungsmerkmale | 2011 | |
|---|---|---|
| | **Betriebe** | **Betten** |
| | **absolut in 1.000** | |
| Burgenland | 1,3 | 24,1 |
| Kärnten | 9,1 | 133,7 |
| Niederösterreich | 3,3 | 70,0 |
| Oberösterreich | 3,7 | 70,5 |
| Salzburg | 11,6 | 208,4 |
| Steiermark | 6,6 | 108,9 |
| Tirol | 23,7 | 348,0 |
| Vorarlberg | 5,6 | 72,9 |
| Wien | 0,5 | 56,5 |
| **Österreich insgesamt** | **65,2** | **1.093,0** |
| 5-/4-Stern-Hotels | 2,5 | 252,5 |
| 3-Stern-Hotels | 5,5 | 220,2 |
| 2-/1-Stern-Hotels | 5,4 | 121,6 |
| Gewerbl. Ferienwohnungen/-häuser | 3,8 | 83,3 |
| Übrige | 2,6 | 103,1 |
| **Insgesamt** | **19,8** | **780,8** |
| Privatquartiere nicht/auf Bauernhof | 16,1 | 112,9 |
| Private Ferienwohnungen/-häuser | 29,4 | 199,3 |
| **Insgesamt** | **45,5** | **312,2** |

*Quelle: Statistik Austria, Tourismusstatistik – Bestandsstatistik 2011.*

Statistisch gesehen stehen in einem Beherbergungsbetrieb im Winter und Sommer durchschnittlich rund 17 Betten zur Verfügung. Je nach Unterkunftsart sind in 5-/4-Stern-Betrieben rund 100 Betten zu finden, während in privaten Ferienwohnungen und -häusern und

Privatquartieren durchschnittlich sieben Betten bereitstehen. Eine regionale Analyse zeigt, dass Wien betreffend Betriebsgröße aufgrund der großen Anzahl von 5-/4-Stern-Betrieben an der Spitze steht (Winter: durchschnittlich 122 Betten je Betrieb, Sommer: 127 Betten), während Vorarlberg die kleinste Betriebsstruktur (Winter: 13 Betten, Sommer: 12 Betten) aufweist. Langfristig zeigt sich ein Trend zur Vergrößerung der Bettenkapazität von Beherbergungsbetrieben. Dies auch deshalb, weil betriebswirtschaftliche Kennzahlen Aussagen über die optimale Betriebsgröße zulassen.

### Nächtigungen nach Unterkunftsart

Die Beherbergungsstatistik der Statistik Austria gibt genaue Auskunft über Zahl und Herkunft der Österreichurlauber.

Mit Bezug auf die betriebliche Infrastruktur interessiert an dieser Stelle, wie sich die Nächtigungen auf die betrieblichen Strukturen verteilen. Von in Summe 124,9 Millionen Nächtigungen im Jahr 2010 entfielen rund 35 Millionen auf inländische (rund 28%) und rund 89,9 Millionen Nächtigungen auf ausländische Gäste (72%). Die Verteilung der Nächtigungen auf die Unterkunftsarten ergibt für 2010 folgendes Bild:

*Abbildung 1: Verteilung Nächtigungen auf Unterkunftsarten (Anteile in %)*

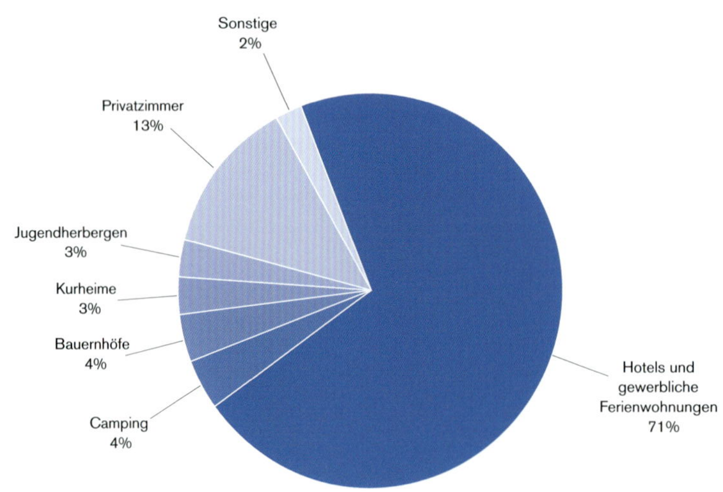


*Quelle: Statistik Austria, Tourismusstatistik.*

Der Großteil der Nächtigungen (rund 89 Millionen) wird in der Hotellerie und Gastronomie sowie in gewerblichen Ferienhäusern und -wohnungen verzeichnet. Das sind in Summe 71% der Nächtigungen. Zu den „sonstigen" Unterkunftsarten zählen etwa die Schutzhütten. „Urlaub am Bauernhof" ist ein Zusammenschluss von 2.800 bäuerlichen Mitgliedsbetrieben, die seit 1991 in acht eigenständigen Landesvereinen und einer bundesweiten Dachorganisation organisiert sind. Zielsetzung des Verbandes sind die Überwachung der Qualitätskriterien (Blumen analog zu den gewerblichen Sternen) sowie generell der Erhalt und Fortbestand der bäuerlichen Welt, der österreichischen Landwirtschaft, der Höfe, der Kulturlandschaften, des Brauchtums, der Tradition, des Handwerks und der Kulinarik.

Die privaten Vermieter sind seit 2010 im bundesweiten Privatvermieterverband organisiert. Derzeit finden wir in Österreich etwa 430 Campingplätze. 2010 wurden rund 4,8 Millionen Nächtigungen auf Campingplatzen gemeldet. An der Spitze der Herkunftsländer der Camper stehen laut Umfrage des Tourismus Monitor Austria traditionell die niederländischen, knapp gefolgt von den deutschen Gästen. Dahinter rangieren Österreicher, Dänen und Italiener, gefolgt von Tschechen und Schweizern.

*Abbildung 2: Herkunftsländer der Camper (in %)*

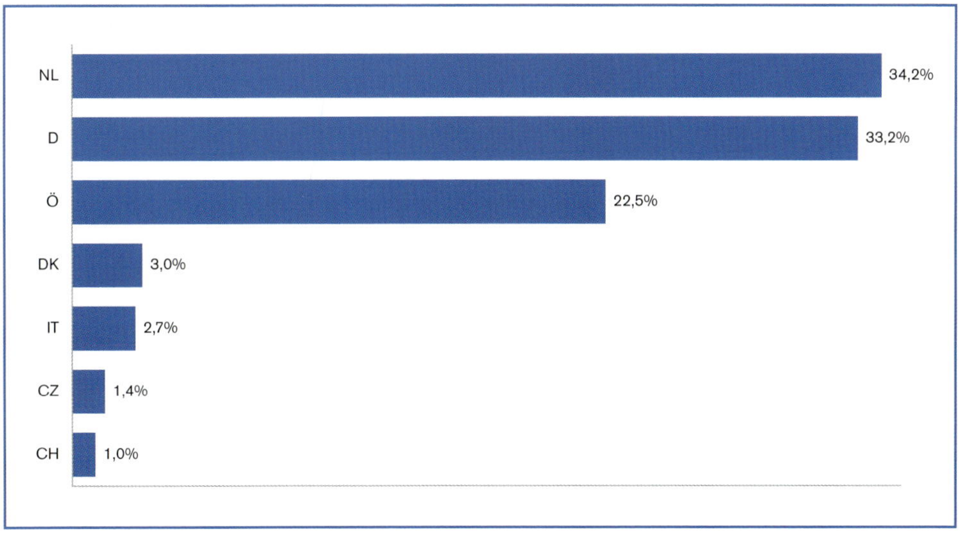


*Quelle: T-MONA 2008/2009.*

## Struktur und Analyse der Urlaubsgäste

Bei Gütern und Dienstleistungen spricht die Literatur von Bedürfnisbefriedigung der Kunden. Beim Thema Tourismus und Freizeit gehen wir einen Schritt weiter. Hier kommen mehr die Sehnsüchte der (potentiellen) Gäste zum Tragen. Etwas Neues zu entdecken oder die Natur zu genießen, das sind keine standardisierten Dienstleistungen, sondern Erlebnisse.

Österreich ist ein kleines Land, bietet aber vom Boden- bis zum Neusiedlersee, von den Alpen bis in die Ebenen ein weitreichendes Portfolio an natürlichen Ressourcen sowie an modernen Tourismus- und Freizeitangeboten.

An dieser Stelle interessiert uns natürlich, warum unsere Gäste gerade in Österreich Urlaub machen und wie sie ihren Urlaub bewerten. Dazu werden diese direkt befragt. Die entsprechenden Befragungen sind im Tourismus Monitor Austria (T-MONA) abgebildet, ein von der Österreich Werbung hauptverantwortlich koordiniertes Projekt, das in Partnerschaft mit den Landestourismusorganisationen (LTO), touristischen Regionen, dem Wirtschaftsministerium (BMWFJ) und der Wirtschaftskammer (WKO) alle zwei Jahre durchgeführt wird. Bei T-MONA handelt es sich um eine repräsentative Befragung von über 20.000 Österreichurlaubern und Geschäftsreisenden im Sommer und im Winter. Aus Gründen des Datenschutzes und im Interesse der Auftraggeber werden die Daten nicht als Bericht veröffentlicht, jedoch ist eine auszugsweise Darstellung – wie in diesem Beitrag – dank der Freigabe der Österreich Werbung möglich. Die nun folgenden Ergebnisse stammen aus dem Befragungsjahr 2008/2009.

### Alter der Gäste

Der durchschnittliche Gast war im Sommer 45,5 und im Winter 43,5 Jahre alt. Bei den Altersstrukturen fällt auf, dass im Sommer und Winter zusammengerechnet rund 50% der Gäste zwischen 30 und 49 Jahre alt waren, ein Drittel 50 Jahre und älter und 15% unter 30 Jahre alt.

*Abbildung 3: Altersgruppen der Gäste 2008/2009 (Anteile in %)*

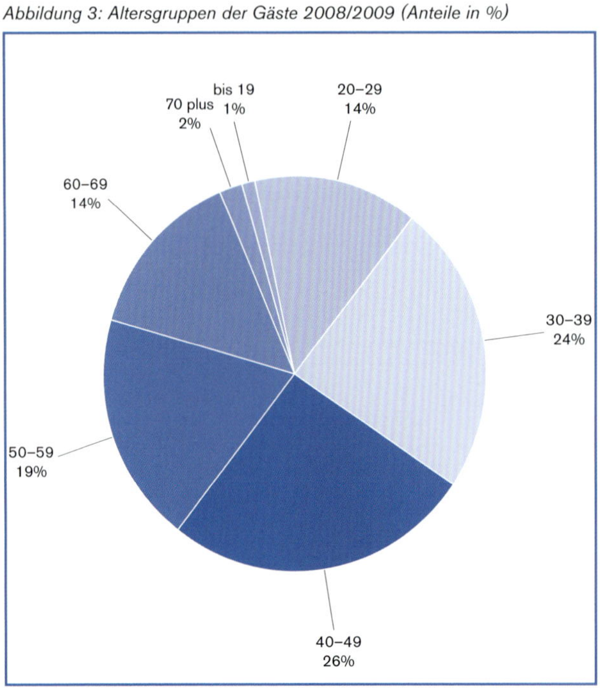


*Quelle: T-MONA 2008/2009.*

Im Vergleich zum Sommer 2006 kam im Sommer 2008 eine deutlich jüngere Urlauberklientel nach Österreich. Das Durchschnittsalter ist von rund 52 Jahren um sechs Jahre auf 45,5 Jahre gesunken. Eine mögliche Ursache dafür könnte die Fußball EURO 2008 sein, die jüngere Urlauber nach Österreich lockte.

### Ausgaben der Gäste

Die durchschnittlichen Ausgaben pro Gast und Tag lagen bei 120 Euro, wobei sich die Kosten für Unterkunft und Verpflegung auf 89 Euro und die Nebenausgaben für Unterhaltung, Sport und Einkäufe auf 32 Euro beliefen. Kinder unter 14 Jahren wurden mit dem Faktor 0,48 gerechnet. Unterkunft und Verpflegung machten somit rund 74% der Gesamtausgaben aus, die Nebenausgaben wie Unterhaltung und Einkäufe beliefen sich etwa auf ein Viertel der Gesamtausgaben. Im Winter lagen die Tagesausgaben mit 135 Euro über den durchschnittlichen Ausgaben im Sommer von 109 Euro.

## Reisebegleitung

Drei Viertel der Gäste reisten als Paar oder als Familie (bzw. Familienverbände). Allein oder mit Freunden urlaubten jeweils 10% der Gäste, nur 3% reisten in Reisegruppen.

*Abbildung 4: Reisebegleitung der Gäste 2008/2009 (Anteile in %)*

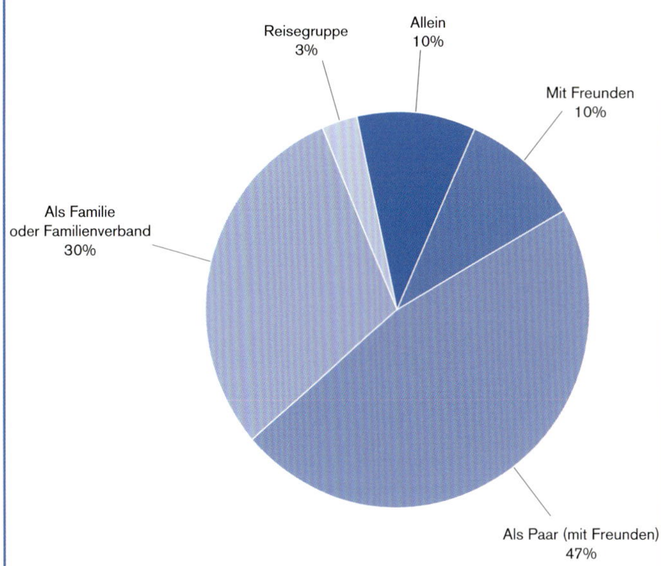


*Quelle: T-MONA 2008/2009, Mehrfachnennungen möglich.*

Immerhin 94% der Befragten bezeichneten sich als Individualtouristen, nur 6% haben ein Pauschalangebot gebucht.

## Stammgästeanteil

Rund 88% der befragten Sommerurlauber (Winter 91%) gaben an, bereits öfter als zwei Mal in Österreich Urlaub gemacht zu haben. 32% (Winter 34%) kommen (fast) jedes Jahr nach Österreich und können damit als Stammgäste bezeichnet werden. Nur 6% der Sommergäste (Winter 4%) waren zum ersten Mal in Österreich, mit ebenso 6% (Winter 5%) genauso viele zum zweiten Mal.

## Womit die Gäste anreisen

Das Auto ist weiterhin Anreisemittel Nummer eins. Drei Viertel der Sommergäste und 86% der Wintergäste reisen mit dem PKW an.

*Abbildung 5: Anreisemittel im Winter 2008/2009 und im Sommer 2009 (Anteile in %)*

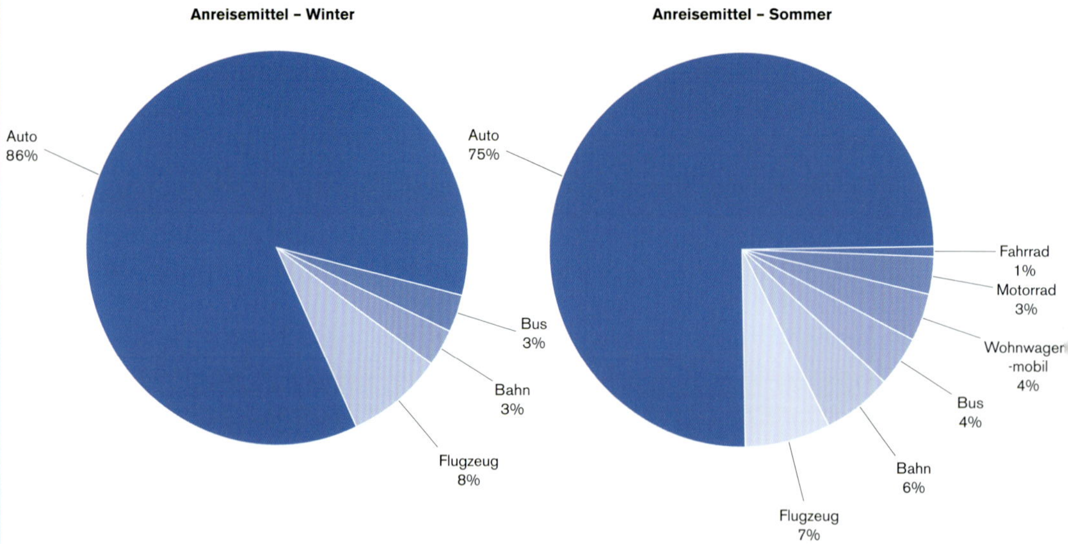


*Quelle: T-MONA 2008/2009, Mehrfachnennungen möglich.*

Alle anderen Verkehrsmittel haben für den Österreichurlauber nur eine geringe Bedeutung. 8% der Wintergäste reisten mit dem Flugzeug an. Je 3% kamen mit der Bahn oder mit dem Bus nach Österreich.

Der Sommerurlauber verreiste in erster Linie ebenso mit dem Auto, jedoch haben Bahn und Flugzeug hier einen etwas höheren Anteil. Im Vergleich zu 2006/07 gab es keine wesentlichen Unterschiede, lediglich die Anreisen mit der Bahn und dem Bus sind von 5% auf 3% zurückgegangen.

### Urlaubsmotive

Nicht nur für die Tourismuswerbung ist es interessant zu wissen, was die Gäste an Österreich schätzen und welche Motive entscheidend für die Wahl der Destination sind. Ganz oben steht der Wunsch nach Spaß und Vergnügen im Urlaub, dicht gefolgt von der Sehnsucht, in der Natur zu sein und sich aktiv bzw. sportlich zu betätigen. Erholung, Entspannung und ein Ausbrechen aus dem Alltag sind für rund die Hälfte der Befragten ein wichtiges Urlaubsmotiv.

*Tabelle 4: Urlaubsmotive der Gäste 2008/2009 (in %)*

| **Urlaubsmotiv** | Nennungen in % |
|---|---|
| Spaß/Vergnügen | 60% |
| In der Natur sein | 57% |
| Aktiv/Sportlich sein | 57% |
| Zeit mit Familie/Freunden | 52% |
| Erholen/Entspannen | 48% |
| Aus dem Alltag ausbrechen | 43% |
| Einfach genießen | 42% |
| Etwas für Gesundheit/Körper tun | 37% |
| Dem Geist/der Seele Gutes tun | 28% |
| Neues Erleben | 27% |

*Quelle: T-MONA 2008/2009, Mehrfachnennungen möglich.*

Auf der Suche nach einer Urlaubsdestination, welche die oben genannten Motive erfüllt, haben sich Gäste aufgrund folgender Kriterien für Österreich entschieden:

*Tabelle 5: Entscheidungskriterien für den Österreich-Urlaub 2008/2009 (in %)*

| **Entscheidungskriterien für Österreich** | Nennungen in % |
|---|---|
| Landschaft und Natur | 60% |
| Berge | 48% |
| Gute Luft/Klima | 43% |
| Gute Erfahrung | 39% |
| Image der Destination | 35% |
| Erholungsmöglichkeiten | 33% |
| Vielfalt des Angebotes | 30% |
| Preis-Leistungsverhältnis | 29% |
| Attraktive Skigebiete | 29% |
| Ruhe | 27% |

*Quelle: T-MONA 2008/2009, Mehrfachnennungen möglich.*

Was die Urlauber an Österreich am meisten schätzen, kann kurz zusammengefasst werden: Natur. Landschaft (60%), Berge (48%) und Klima (43%) stehen als Entscheidungskriterium für einen Urlaub in Österreich ganz oben. Bisherige gute Erfahrungen waren für 39% entscheidungsrelevant, für 35% das Image der Destination.

Im Winter steht Skiurlaub im Vordergrund. So liegt auch die Attraktivität des Skigebietes mit 59% ganz oben bei den Entscheidungskriterien, die Schneesicherheit ist für 43% der Gäste ausschlaggebend. Die Mehrheit der Urlauber sieht ihren Urlaub als Ski- und

Snowboardurlaub (68%). 30% der Wintergäste verbringen ihren Urlaub mit der Familie. Jeder zehnte Urlauber verbrachte im Winter 08/09 einen Städteurlaub, jeweils 9% einen Kultur- oder Wellness-Urlaub oder machte einen Verwandtenbesuch. 5% kombinierten ihren Urlaub mit Veranstaltungen und Events.

Im Sommer 2008 verbrachte nahezu jeder zweite Österreichurlauber einen Erholungsurlaub (46%). 43% der Befragten gaben konkret an, wandern zu gehen. Für 28% der Gäste standen Besichtigungen im Vordergrund. Das Thema Kultur oder auch Veranstaltungen/Events sahen jeweils rund 20% der Österreichurlauber als ihren Urlaubsschwerpunkt an. 17% verbrachten einen Radfahr- bzw. Mountainbike-Urlaub in Österreich. In dieser Größenordnung wurden auch kulinarische Reisen (15%) genannt. Jeweils 12% der Österreich-Gäste verbrachten im Sommer 2008 einen Wellness- oder einen Städte-Urlaub.

*Tabelle 6: Lieblingsbeschäftigungen der Urlauber 2008/2009 (in %)*

| | |
|---|---|
| Genuss von typischen Speisen und Getränken | 76% |
| Spazieren (Natur) | 67% |
| Nichts-Tun, Ausspannen | 63% |
| Individuelle Ausflüge | 55% |
| Sehenswürdigkeiten besuchen | 36% |
| Shopping | 33% |

*Quelle: T-MONA 2008/2009, Mehrfachnennungen möglich.*

Zu den Lieblingsbeschäftigungen der Urlauber zählt unter anderem der Genuss von typischen Speisen und Getränken (76%). Für die Hälfte der Befragten standen Ausflüge am Programm, ein Drittel ging auch gerne zum Shoppen.

## Aufenthaltsdauer

Die durchschnittliche Aufenthaltsdauer (Nächtigungen im Verhältnis zu den Ankünften) hat in den letzten 40 Jahren um rund drei Tage abgenommen und lag 2010 bei 3,7 Tagen. Das hat unterschiedliche Gründe: Erstens verreisen Gäste heutzutage häufiger, aber dafür kürzer. Zweitens werden auch Dienst- und Geschäftsreisende oder Messe- und Seminarbesucher gezählt, die nicht zu den klassischen Urlaubern zählen. Aus der T-MONA-Befragung wird deutlich, dass der durchschnittliche Sommerurlauber 8,3 Tage in Österreich verweilt, der Winterurlaub im Durchschnitt 6,6 Tage dauert und damit fast 3–4 Tage länger ist als die durchschnittliche Aufenthaltsdauer aller Ankünfte. 31% der befragten Sommergäste blieben länger als acht Tage, im Winter waren es 15%, die ihren Urlaub länger als acht Tage ausdehnten.

## Zufriedenheit der Urlauber

Österreichurlauber sind zufriedene Urlauber – 58% sind im Sommer „äußerst begeistert" und 35% sind „begeistert" von ihrem Urlaub. Weniger gut schneiden wir bei den Öffnungszeiten im Handel ab. 87% der Sommerurlauber möchten sicher wieder nach Österreich kommen. Die Weiterempfehlungsabsicht der Sommerurlauber 2008 lag bei

92%. Die Winterurlauber sind ebenfalls sehr zufriedene Urlauber – 61% sind „äußerst begeistert" und 35% sind „begeistert". 94% der Winterurlauber 2008/09 möchten sicher wieder nach Österreich kommen, die Weiterempfehlungsabsicht der Winterurlauber 2008/09 lag bei 96%.

## Ausblick

Österreich verfügt auch für die nächsten Jahren über gute Voraussetzungen, eine attraktive Urlaubsdestination zu bleiben. Neben der Schweiz, Deutschland und Frankreich liegt Österreich bei der Wettbewerbsfähigkeit nach Analyse des World Economic Forum (WEF) im Spitzenfeld. So erklärte Jennifer Blanke, Chefökonomin und Leiterin des Centre for Global Competitiveness and Performance des WEF, in einer Aussendung am 7.3.2011: „Die Spitzenränge der Schweiz, Deutschlands, Frankreichs und Österreichs belegen, wie wichtig unterstützende ökonomische und aufsichtsrechtliche Rahmenbedingungen in Kombination mit einer erstklassigen Transport- und Tourismusinfrastruktur für die Branche sind. Gleichzeitig müssen die menschlichen und ökologischen Ressourcen eines Landes gepflegt werden, um ein attraktives Umfeld für die Entwicklung des Reise- und Tourismussektors zu schaffen." Es muss oberstes Ziel der heimischen Tourismuspolitik von Bund, Ländern und Gemeinden sein, diese Rahmenbedingungen zu unterstützen, durch gezielte Förderpolitik, Tourismuswerbung und durch das Bekenntnis, dass Österreich ein Tourismusland ist. Gerade auch, weil die Tourismus- und Freizeitwirtschaft eine Branche mit Standortgarantie ist. Deshalb ist der Wirtschaftsstandort für den Tourismus die wichtigste Grundlage.

Österreich hat in den letzten Jahren und Jahrzehnten auf ein langsames, aber kontinuierliches Wachstum in der Tourismus-Infrastruktur gesetzt. Anders als in anderen touristischen Destinationen wurden keine amorphen Bettenburgen gebaut oder die Natur über Gebühr belastet. In wichtigen Bereichen wie der Seilbahn-Infrastruktur wurden intensive Fortschritte gemacht. Damit ist Österreich in diesem Bereich eine internationale Benchmark. Eine der größten Herausforderungen wird sein, das Image Österreichs international zu stärken und neue Positionierungen zu entwickeln. Was wird der „Sound of Music" des 21. Jahrhunderts? Angebot an Natur, Kultur, Kulinarik und Sicherheit, das haben auch andere Destinationen. Also warum Österreich? Was die wichtigsten Herkunftsmärkte betrifft, so wird Deutschland auch weiterhin der zentrale Ankerpunkt der Tourismuswerbung sein. Eine gemeinsame Sprache und eine gemeinsame Währung sind gute Argumente für den deutschen Gast, nach Österreich zu kommen. Überhaupt stehen Nahmärkte weiterhin im Fokus der Strategie. Darüber hinaus sollen besonders neue Märkte mit zahlungskräftigem Publikum angesprochen werden. In den Städten, und hier vor allem in Wien, müssen Flugverbindungen erhalten und ausgebaut werden, um für Anschluss zu diesen neuen Gästegruppen zu sorgen.

# Österreich im internationalen Vergleich

## Zusammenfassung

Bei den Einnahmen internationaler Gäste pro Kopf der Wohnbevölkerung liegt Österreich hinter Zypern an zweiter Stelle in Europa (inklusive Türkei und Schweiz). Im Jahr 2010 zählte die Welttourismusorganisation der Vereinten Nationen (UNWTO) weltweit 940 Millionen internationale Ankünfte. Österreich lag 2010 nach Ankünften global an elfter Stelle und 2011 innerhalb der EU-15-Länder mit 6,4% Marktanteil hinter Spanien (17,8%), Frankreich (15,6%), Italien (13,1%), Deutschland (11,8%) und Großbritannien (10,4%) an sechster Stelle. Von den 693 Milliarden Euro, die 2010 im internationalen Reiseverkehr umgesetzt wurden, entfielen laut UNWTO 2,3% auf Österreich. Damit liegen wir hinter Hongkong und Thailand auf Platz 12 (2009: Platz 10). An der Spitze finden sich die USA mit einem Anteil von 78,1 Milliarden Euro (Marktanteil 11,3%), Spanien mit 39,6 Milliarden Euro (5,7%) und Frankreich mit 35,2 Milliarden Euro (5,1%). Österreich liegt mit Pro-Kopf-Einnahmen aus dem internationalen Reiseverkehr von USD 2.320 pro Jahr hinter Zypern (ca. 800.000 Einwohner) auf Platz 2 in Europa. Im Ranking der BIP-Anteile des Tourismus an der Wertschöpfung des jeweiligen Landes (UNWTO 2009) liegt Österreich mit einem Anteil von 5,5% zum BIP an fünfter Stelle im europäischen Vergleich hinter Kroatien (14,6%), Zypern (10,5%), Bulgarien (9,1%) und Slowenien (5,6%). Die heimische Tourismus- und Freizeitwirtschaft erwirtschaftet auf Basis des Tourismus-Satellitenkontos (TSA) des WIFO einen Anteil von rund 15% am österreichischen BIP. Während Österreicher laut Reiseverkehrsbilanz der Österreichischen Nationalbank um 7,7 Milliarden Euro im Ausland Urlaub machten, gaben ausländische Touristen 14,1 Milliarden Euro in Österreich aus. Damit erzielte der Reiseverkehr im Jahr 2010 einen Einnahmenüberschuss von 6,4 Milliarden Euro für die heimische Leistungsbilanz.

> **„In Relation zur Bevölkerung ist Österreich bei den Reiseverkehrseinnahmen Vize-Europameister hinter Zypern und rangiert vor Kroatien, der Schweiz und Griechenland.“**
>
> Rainer Ribing

Dass Österreich ein Tourismusland ist, wird in vielen internationalen Vergleichen gewürdigt. In quantitativen wie auch qualitativen Rankings ist Österreich im Spitzenfeld zu finden. In den letzten 15 Jahren hat sich der weltweite Reiseverkehr intensiv entwickelt. Besonders ausgelöst wurde dies durch den stetigen Abbau von Grenz- und Visabarrieren sowie durch preisgünstige Flugreisen, die Anfang der 1990er-Jahre durch neue Airlines am Markt ermöglicht wurden.

### Internationale Ankünfte und Nächtigungen

Im Jahr 2010 zählte die Welttourismusorganisation der Vereinten Nationen (UNWTO) weltweit 940 Millionen internationale Ankünfte (UNWTO, World Tourism Barometer 6/2011). Das entspricht einem Plus von etwa 7% im Vergleich zu 2009. Im Jahr zuvor waren aufgrund der Finanz- und Wirtschaftskrise die weltweiten Ankünfte im Vergleich zu 2008 um 4% zurückgegangen. In den ersten acht Monaten 2011 (Jänner bis August 2011) setzte sich dieser positive Trend (plus 6%) für Europa weiter fort (UNWTO, World Tourism Barometer 11/2011). Generell gesprochen: Der globale Tourismuskuchen wird größer und die Mobilität der Menschen nimmt zu. Das Ranking der Ankünfte internationaler Gäste sieht wie folgt aus:

*Tabelle 1: Internationale Ankünfte 2010*

| Rang | Land | Ankünfte in Mio. | MA in % |
|---|---|---|---|
| 1 | Frankreich | 76,8 | 8,17 |
| 2 | USA | 59,7 | 6,35 |
| 3 | China | 55,7 | 5,93 |
| 4 | Spanien | 52,7 | 5,61 |
| 5 | Italien | 43,6 | 4,64 |
| 6 | Großbritannien | 28,1 | 2,99 |
| 7 | Türkei | 27 | 2,87 |
| 8 | Deutschland | 26,9 | 2,86 |
| 9 | Malaysien | 24,6 | 2,62 |
| 10 | Mexiko | 22,4 | 2,38 |
| **11** | **Österreich** | **22** | **2,34** |
| 12 | Ukraine | 21,2 | 2,26 |
| 13 | Hongkong | 20,3 | 2,16 |
| 14 | Russland | 20,1 | 2,14 |
| 15 | Kanada | 16,1 | 1,71 |

*Quelle: UNWTO, World Tourism Barometer 6/2011. MA = Marktanteil.*

# Österreich im internationalen Vergleich

Österreich lag 2010 nach Ankünften weltweit an elfter Stelle und 2011 innerhalb der EU-15-Länder mit 6,4% Marktanteil hinter Spanien (17,8%), Frankreich (15,6%), Italien (13,1%), Deutschland (11,8%) und Großbritannien (10,4%) an sechster Stelle.

Von den 693 Milliarden Euro, die 2010 im internationalen Reiseverkehr umgesetzt wurden, entfielen laut UNWTO 2,3% auf Österreich (UNWTO, World Tourism Barometer 6/2011). Damit liegen wir hinter Hongkong und Thailand auf Platz 12 (2009: Platz 10). An der Spitze rangieren die USA mit einem Anteil von 78,1 Milliarden Euro (Marktanteil 11,3%), Spanien mit 39,6 Milliarden Euro (5,7%) und Frankreich mit 35,2 Milliarden Euro (5,1%).

*Tabelle 2: Reiseverkehrseinnahmen Europa 2010*

| Rang | Land | Einnahmen in Mio. USD |
|---|---|---|
| 1 | Spanien | 53.177 |
| 2 | Frankreich | 49.398 |
| 3 | Italien | 40.249 |
| 4 | Deutschland | 34.709 |
| 5 | Großbritannien | 30.149 |
| 6 | Türkei | 21.250 |
| **7** | **Österreich** | **19.404** |
| 8 | Griechenland | 14.506 |
| 9 | Schweiz | 13.789 |
| 10 | Niederlande | 12.368 |
| 11 | Schweden | 10.261 |
| 12 | Belgien | 9.967 |
| 13 | Portugal | 9.650 |
| 14 | Polen | 9.011 |
| 15 | Kroatien | 8.898 |
| 16 | Tschechien | 6.478 |
| 17 | Dänemark | 5.673 |
| 18 | Ungarn | 5.631 |
| 19 | Norwegen | 4.204 |
| 20 | Bulgarien | 3.728 |
| 21 | Finnland | 2.820 |
| 22 | Slowenien | 2.511 |
| 23 | Slowakei | 2.336 |
| 24 | Zypern | 2.162 |
| 25 | Rumänien | 1.230 |

*Quelle: UNWTO, World Tourism Barometer 5/2011.*

Selbstverständlich sind solche Rankings mit Vorsicht zu interpretieren, weil die Daten der einzelnen Länder nicht immer eindeutig vergleichbar sind. Jedenfalls belegt das kleine Land Österreich respektable Plätze bei Ankünften und touristischen Einnahmen von internationalen Gästen.

Deutlich wird die Bedeutung des Tourismus für Österreich, wenn die Einnahmen internationaler Gäste in Relation zur Wohnbevölkerung gesetzt werden. Tabelle 2 listet die europäischen Destinationen (inklusive Schweiz und Türkei) nach ihren Reiseverkehrseinnahmen (in USD). Hier belegt Österreich Platz 7. Anschließend werden diese Einnahmen in Relation zur Bevölkerung gesetzt.

Österreich weist in diesem Vergleich Pro-Kopf-Einnahmen aus dem Reiseverkehr von USD 2.320 pro Jahr aus und liegt damit hinter Zypern auf Platz 2. In Relation zur Bevölkerung ist Österreich bei den Reiseverkehrseinnahmen ausländischer Touristen also Vize-Europameister und rangiert vor Kroatien, der Schweiz und Griechenland sowie mit Abstand vor Frankreich oder Italien.

*Abbildung 1: Reiseverkehrseinnahmen pro Kopf 2010 (in USD)*

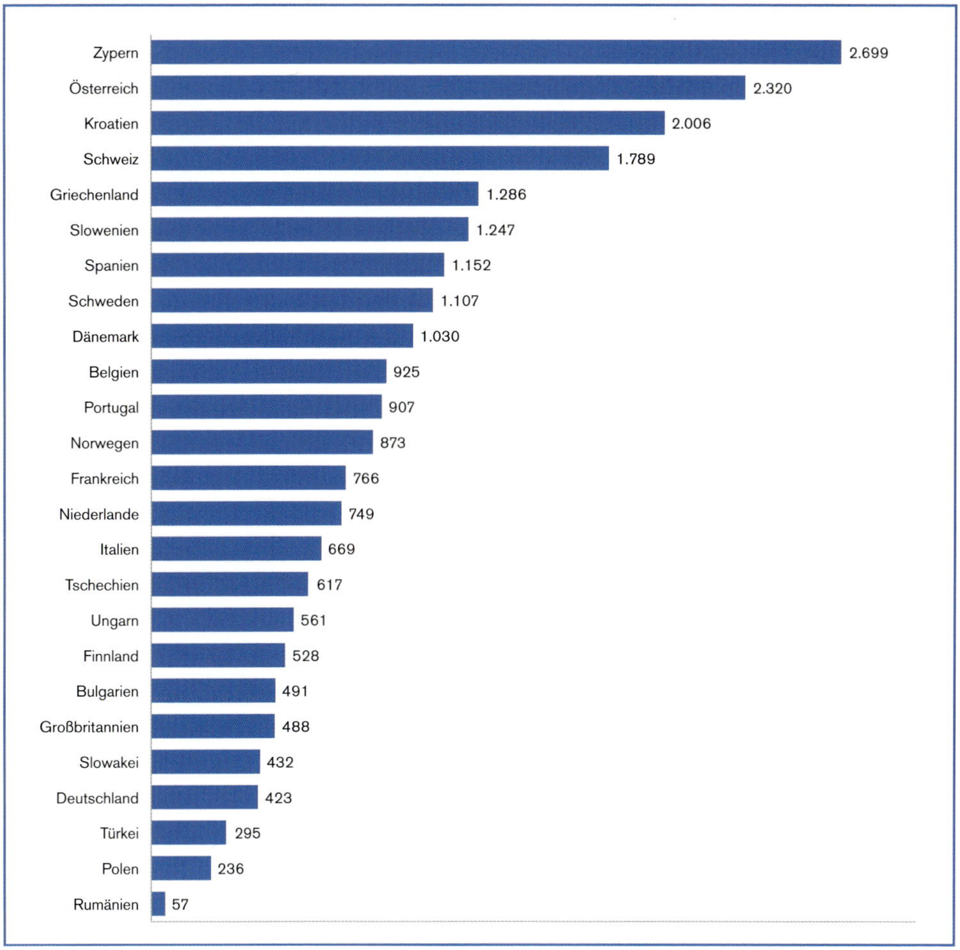


*Quelle: UNWTO World Tourism Barometer 2/2011.*

Neben der Relation der Tourismuseinnahmen zur Bevölkerung ist noch interessant, welchen Beitrag der Tourismus zur Bruttowertschöpfung eines Landes leistet:

## Beitrag des Tourismus zum BIP

Für das Jahr 2009 errechnete die UNWTO für Europa folgende Anteile des Tourismus am BIP des jeweiligen Landes: In diesem Ranking der direkten Effekte liegt Österreich mit einem Anteil von 5,5% zum BIP an fünfter Stelle im europäischen Vergleich. An der Spitze stehen Kroatien (14,6%), Zypern (10,5%), Bulgarien (9,1%) und Slowenien (5,6%), wie aus der nachfolgenden Tabelle ersichtlich. Bezieht man die indirekten Effekte mit ein, liegt der Anteil bei 7,5% des BIP (Statistik Austria/WIFO, 2010).

*Tabelle 3: Anteil des Tourismus (direkte Effekte) am BIP (in %)*

| Rang | Land | 2009 |
|---|---|---|
| 1 | Kroatien | 14,6 |
| 2 | Zypern | 10,5 |
| 3 | Bulgarien | 9,1 |
| 4 | Slowenien | 5,6 |
| **5** | **Österreich** | **5,5** |
| 6 | Portugal | 5,4 |
| 7 | Griechenland | 4,5 |
| 8 | Spanien | 4,0 |
| 9 | Ungarn | 4,0 |
| 10 | Tschechien | 3,9 |
| 11 | Schweden | 3,5 |
| 12 | Schweiz | 3,4 |
| 13 | Türkei | 3,2 |
| 14 | Belgien | 2,3 |
| 15 | Polen | 2,3 |
| 16 | Italien | 2,0 |
| 17 | Frankreich | 1,9 |
| 18 | Finnland | 1,8 |
| 19 | Großbritannien | 1,7 |
| 20 | Deutschland | 1,4 |
| 21 | Norwegen | 1,2 |
| 22 | Rumänien | 1,0 |

*Quelle: UNWTO World Tourism Barometer 2/2011.*

Gemeinsam mit den Geschäftsreisen, den indirekten Effekten sowie dem Freizeitkonsum der Inländer erwirtschaftet die heimische Tourismus- und Freizeitwirtschaft auf Basis des Tourismus-Satellitenkontos des WIFO einen Anteil von rund 15% des BIP.

### Tourismus ist Export

Der Tourismus ist ein wichtiger Exportfaktor. Häufig wird Tourismus mit Import verwechselt. „Immerhin kommen die ausländischen Touristen ja ins Land, also importieren wir Gäste“, so das Argument. Das ist aber eine Fehlinterpretation: Entscheidend ist – ganz salopp gesprochen – nur, dass Geld aus dem Ausland für Waren oder Dienstleistungen aus oder in Österreich ausgegeben wird. Da ausländische Touristen Dienstleistungen und Waren (Hotels, Skilift, Eintrittskarten, Souvenirs, ...) in Österreich kaufen, handelt es sich um „Export“. Ähnlich verhält es sich bei den Einkäufen. Wenn sich japanische Touristen in Österreich eine Lederhose kaufen, so ist das ebenso Export, nur dass die Lederhose nicht nach Japan geliefert, sondern eben abgeholt wird.

Umgekehrt ist es so, dass Österreicher, die im Ausland Urlaub machen, zum Import zählen, weil Waren und Dienstleistungen aus dem Ausland gekauft werden.

Die Leistungsbilanz Österreichs 2010 (Exporte minus Importe) ergab einen Überschuss von 7,8 Milliarden Euro oder 2,7% des BIP (OeNB, 2011). Die Handelsbilanz (Güter und Waren) schloss mit einem Minus von 3,2 Milliarden Euro ab, der Reiseverkehr erzielte hingegen einen Einnahmenüberschuss von 6,4 Milliarden Euro (OeNB, 2011). Während Österreicher laut Reiseverkehrsbilanz der Österreichischen Nationalbank um 7,7 Milliarden Euro im Ausland Urlaub machten, gaben ausländische Touristen 14,1 Milliarden Euro in Österreich aus.

## Literatur

Blanke, J., Chiesa, T., „The Travel & Tourism Competitiveness Report 2011“, World Economic Forum, Geneva, Switzerland 2011, http://www.weforum.org/reports/travel-tourism-competitiveness-report-2011, Download am 22.2.2012.

Fachverband der Seilbahnen, www.seilbahnen.at

Österreichische Nationalbank (OeNB) 2011, http://www.oenb.at/de/presse_pub aussendungen/2011/Copy_of_2010q1/pa_zabil20110405_leistungsbilanz_2010 _deutliches_plus_in_231833_page.jsp, Download am 22.2.2012.

Österreich Werbung, „Tourismus Monitor Austria (T-MONA) 2008/2009“.

Statistik Austria, 2012, http://www.statistik.at/web_de/statistiken/tourismus/beherbergung/betriebe_betten/index.html, Download am 22.2.2012.

Statistik Austria, /WIFO, „Ein Tourismus-Satellitenkonto für Österreich. Methodik, Ergebnisse und Prognosen für die Jahre 2000 bis 2011“, Wien, Dezember 2010, http://www.statistik.at/web_de/statistiken/tourismus/tourismus-satellitenkonto/wertschoepfung/index.html, Download am 20.2.2012.

Welttourismusorganisation (UNWTO), „World Tourism Barometer 2011“, http://mkt.unwto.org/en/barometer, Download am 22.2.2012.

*Dr. Peter Laimer*

## Autor

Dr. Peter Laimer

## Kurz-Curriculum

Nach Beendigung des Studiums der Geografie (1992) an der Universität Wien und dem Abschluss der Lehrgänge für Export (1988) und Tourismus (1990) an der WU Wien ist Peter Laimer seit Mai 1993 in der Statistik Austria tätig und seit 1998 verantwortlich für die offizielle Tourismus- und Reisestatistik. Peter Laimer ist zudem seit Mai 2001 stellvertretender Leiter der Direktion Raumwirtschaft. Seit Mitte der 1990er-Jahre ist er außerdem Delegierter in diversen tourismusstatistischen Arbeitsgruppen bzw. Task Forces von EUROSTAT, OECD, UNWTO und UN. Seit 2000 ist er zudem immer wieder beratend in diversen Ländern und für EUROSTAT bzw. UNWTO zu den Themen Tourismusstatistik und Tourismus-Satellitenkonto tätig. Zwischen 2001 und 2006 war Peter Laimer Vorsitzender der Statistischen Arbeitsgruppe des OECD Tourismus Komitees, seit 2006 ist er Statistik-Experte des Komitees. Seit 2001 ist er Lektor an der Universität Linz/FH Fürstenfeld und an der FH Wien; seit 2003 Mitglied der AIEST.

# Tourismus- und Reisestatistik in Österreich


## Zusammenfassung

Der Beitrag gibt einen Überblick über die Konzepte der amtlichen Tourismus- und Reisestatistik der Statistik Austria, welche durch Ergebnisse ergänzt werden. Ein besonderer Schwerpunkt liegt auf der österreichischen Beherbergungsstatistik, die über die Zahl der Gäste aus dem In- und Ausland bzw. deren Nächtigungen sowie über die Struktur der österreichischen Beherbergungsbetriebe Auskunft gibt und eine wichtige Grundlage für die Planung sowie die Analyse der österreichischen Tourismuswirtschaft bildet. Die vierteljährlich telefonisch durchgeführten Stichprobenerhebungen zu den Urlaubs- und Geschäftsreisen der österreichischen Bevölkerung werden in konzeptioneller und methodischer Hinsicht erläutert, wobei die Ergebnisse Aufschluss über die Reisegewohnheiten der Österreicher geben. Darüber hinaus erlaubt der Beitrag einen Einblick in gesamtrechnerische Konzepte, insbesondere in das „Tourismus-Satellitenkonto" (TSA) für Österreich, bzw. das regionale TSA, welche den Tourismus aus ökonomischer Sicht analysieren und dessen Bedeutung im gesamtwirtschaftlichen Zusammenhang auf nationaler und regionaler Ebene beleuchten. Abschließend wird die Erhebung des Reiseverkehrs im Rahmen der Reiseverkehrsbilanz als Teil der Zahlungsbilanzstatistik dargestellt, welche von der Statistik Austria im Auftrag der Österreichischen Nationalbank durchgeführt wird.


> **Statistik ist eine Wanderkarte. Wenn man sie zu sehen bekommt, ist sie von der Realität schon etwas überholt. Dennoch gibt sie Orientierung. Man muss sie mit Verstand lesen können, sonst geht man in die Irre.**
>
> Martin Kruse (*1929)

# Tourismus- und Reisestatistik in Österreich

## Entwicklung der Tourismus- und Reisestatistik

Die Entwicklung der Tourismus- und Reisestatistik setzte in vielen Ländern parallel mit der Etablierung des Tourismus als wichtigen Wirtschaftsfaktors ein, um dessen Bedeutung abschätzen und darauf aufbauend die weiteren fördernden tourismuspolitischen Maßnahmen treffen zu können. Dies erfolgte in den einzelnen Ländern der Welt zeitlich unterschiedlich, spätestens aber mit dem Einsetzen des Flug- bzw. Massentourismus. Der erste Schritt zur Entwicklung internationaler Definitionen zum Tourismus wurde 1937 vom Rat des Völkerbundes unternommen, der eine Definition des „internationalen Touristen" für statistische Zwecke vorschlug. Die UN Konferenz über „Internationales Reisen und Tourismus" in Rom 1963 empfahl die Definition der Begriffe „Besucher", „Tourist" und „Ausflügler". Diese Definitionen wurden dann von einer Expertengruppe für internationale Reisestatistiken 1967 überprüft und von der UN Statistical Commission (UNSC) 1968 bestätigt. In Anbetracht neuer Anforderungen und Entwicklungen verabschiedete im März 1993 die UNSC eine Reihe von „Empfehlungen zur Tourismusstatistik", die von der Welttourismusorganisation (UNWTO) ausgearbeitet wurden.

Da physische Daten wie Ankünfte und Nächtigungen keine monetäre Bewertung des Tourismus erlauben und zudem nur einen Teil des Tourismusgeschehens abdecken, wurden die internationalen Arbeiten zunehmend auf die Entwicklung des neuen „Tourismus-Satellitenkontos" (TSA) fokussiert, das eine Einschätzung der ökonomischen Bedeutung des Tourismus ermöglichen sollte. Das Ergebnis dieser Arbeiten wurde 2001 als „TSA-Methodikhandbuch" einer breiteren Öffentlichkeit vorgestellt. Da die „Empfehlungen zur Tourismusstatistik" dringend einer Revision bedurften, wurden sie überarbeitet und 2008 von der UNSC verabschiedet (UN/WTO, 1994; Bundesamt für Statistik, Österreichisches Statistisches Zentralamt, Statistisches Bundesamt, 1996). In Österreich wurden die ersten statistischen Aufzeichnungen zum Kurtourismus erstmals für das Berichtsjahr 1875 veröffentlicht (siehe Tabelle 1). Ab diesem Zeitpunkt sind statistische Daten zur Entwicklung des österreichischen Tourismus verfügbar. Für das Berichtsjahr 1890 wurde erstmals eine gesamtösterreichische Erhebung über den Tourismus (exklusive Kurtourismus) durchgeführt. Wegen der Ereignisse des Ersten Weltkrieges stehen für diesen Zeitraum keine Daten zur Verfügung. Erst für Daten ab dem Berichtsjahr 1924 ist – durch die Zurechnung des Kurtourismus zum Tourismus insgesamt und auf Grund eines mit heute weitgehend vergleichbaren Gebietsstandes – eine Vergleichbarkeit mit aktuellen Nächtigungs- und Ankunftsdaten gewährleistet. Für die Zeit des Zweiten Weltkrieges wurden zwar Daten zum Tourismus erhoben, diese sind aber nicht verfügbar. Mit Wiederaufnahme der Tourismusstatistik im Dezember 1947 stehen ab diesem Zeitpunkt Landes- und Bundesergebnisse vollständig zur Verfügung, wobei Gemeindeergebnisse bis 1971 in diversen Publikationen, ab 1972 darüber hinaus in Datenbanken der Statistik Austria veröffentlicht werden (Biffl, 1987; Statistik Austria, 2011a, b).

*Tabelle 1: Kurgäste 1875–1916 und 1920–1923 nach Kron- bzw. Bundesländern (Gebietsstand: Österreich nach dem 1. Weltkrieg, bis 1916 inklusive Südtirol)*

| Jahr | Kärnten | Nieder-österreich | Ober-österreich | Salzburg | Steiermark | Tirol | Vorarlberg | Österreich |
|---|---|---|---|---|---|---|---|---|
| 1875 | 1.584 | 13.946 | 11.613 | 6.914 | 13.662 | 30.845 | | 78.564 |
| 1876 | 1.357 | 13.228 | 10.178 | 6.107 | 12.870 | 29.395 | | 73.135 |
| 1877 | 1.426 | 14.309 | 10.873 | 7.028 | 12.907 | 29.288 | | 75.831 |
| 1878 | 1.309 | 14.752 | 9.760 | 7.126 | 13.914 | 25.455 | | 72.316 |
| 1879 | 1.329 | 14.734 | 10.961 | 7.648 | 16.068 | 24.830 | | 75.570 |
| 1880 | 1.427 | 15.535 | 11.362 | 8.145 | 16.691 | 24.173 | | 77.333 |
| 1881 | 1.543 | 16.048 | 9.706 | 7.837 | 16.766 | 25.150 | | 77.050 |
| 1882 | 1.513 | 16.114 | 16.863 | 7.180 | 17.037 | 24.733 | | 83.440 |
| 1883 | 1.898 | 17.712 | 19.200 | 7.864 | 18.118 | 22.427 | | 87.219 |
| 1884 | 2.185 | 17.866 | 20.509 | 8.470 | 19.991 | 25.500 | | 94.521 |
| 1885 | 2.194 | 17.598 | 20.865 | 8.936 | 20.104 | 28.254 | | 97.951 |
| 1886 | 2.235 | 18.362 | 34.564 | 9.953 | 21.378 | 31.392 | | 117.884 |
| 1887 | 2.313 | 19.218 | 22.969 | 10.238 | 20.824 | 32.462 | | 108.024 |
| 1888 | 1.835 | 19.147 | 31.621 | 9.576 | 20.381 | 28.374 | | 110.934 |
| 1889 | 2.026 | 20.177 | 32.472 | 9.324 | 20.998 | 30.729 | | 115.726 |
| 1890 | 2.310 | 22.313 | 22.094 | 9.073 | 21.434 | 29.391 | | 106.615 |
| 1891 | 2.651 | 24.029 | 25.907 | 9.194 | 21.413 | 29.038 | | 112.232 |
| 1892 | 5.576 | 25.060 | 37.377 | 9.831 | 22.965 | 33.883 | | 134.692 |
| 1893 | 5.868 | 25.773 | 47.610 | 10.544 | 23.885 | 35.996 | | 149.676 |
| 1894 | 5.630 | 27.338 | 53.181 | 10.628 | 24.016 | 37.993 | | 158.786 |
| 1895 | 6.492 | 29.087 | 54.913 | 11.341 | 25.078 | 41.618 | | 168.529 |
| 1896 | 5.821 | 28.154 | 49.508 | 10.087 | 22.027 | 39.482 | | 155.079 |
| 1897 | 7.309 | 29.044 | 47.950 | 10.911 | 20.909 | 42.194 | | 158.317 |
| 1898 | 12.394 | 29.239 | 50.608 | 11.638 | 21.273 | 42.367 | | 167.519 |
| 1899 | 12.707 | 29.309 | 54.740 | 11.515 | 23.698 | 46.133 | | 178.102 |
| 1900 | 12.726 | 29.207 | 57.744 | 10.979 | 23.182 | 51.553 | | 185.391 |
| 1901 | 12.975 | 29.592 | 61.710 | 11.733 | 23.920 | 44.553 | | 184.483 |
| 1902 | 14.359 | 28.067 | 59.944 | 12.502 | 22.833 | 47.260 | | 184.965 |
| 1903 | 14.212 | 34.598 | 64.148 | 12.783 | 23.591 | 53.782 | | 203.114 |
| 1904 | 14.860 | 34.656 | 64.630 | 12.860 | 23.129 | 56.603 | | 206.738 |
| 1905 | 14.756 | 34.871 | 68.038 | 12.812 | 24.620 | 57.322 | | 212.419 |
| 1906 | 15.449 | 36.400 | 69.611 | 17.985 | 25.360 | 52.726 | | 217.531 |
| 1907 | 16.440 | 36.531 | 73.277 | 16.824 | 26.497 | 55.059 | | 224.628 |
| 1908 | 17.533 | 33.008 | 72.817 | 16.864 | 25.552 | 60.585 | | 226.359 |
| 1909 | 19.500 | 35.893 | 68.407 | 26.815 | 24.886 | 59.549 | 1.351 | 236.401 |
| 1910 | 20.679 | 37.817 | 65.600 | 28.805 | 23.148 | 66.620 | 1.527 | 244.196 |
| 1911 | 21.663 | 39.332 | 74.650 | 29.093 | 27.735 | 74.508 | 1.114 | 268.095 |
| 1912 | 19.801 | 38.354 | 72.019 | 28.147 | 26.077 | 73.563 | 405 | 258.366 |
| 1913 | 20.518 | 39.996 | 68.149 | 25.664 | 23.877 | 76.151 | 283 | 254.638 |
| 1914 | 12.935 | 41.550 | 42.961 | 16.706 | 16.498 | 48.323 | 264 | 179.237 |
| 1915 | 327 | 37.475 | 34.741 | 6.130 | 11.845 | 165 | * | 90.683 |
| 1916 | 2.070 | 42.960 | 44.902 | 9.794 | 18.038 | 214 | * | 117.978 |
| 1920 | 4.019 | 37.366 | 26.925 | 15.951 | 11.096 | 3.542 | 2.188 | 101.087 |
| 1921 | 7.790 | 53.308 | 62.963 | 26.313 | 14.559 | 10.275 | 2.785 | 177.993 |
| 1922 | 15.929 | * | 84.040 | 28.916 | 20.116 | 9.343 | 3.680 | 162.024 |
| 1923 | 18.950 | * | 75.676 | 26.294 | 15.764 | 18.786 | 2.697 | 158.167 |

* Die Kurgäste wurden in diesen Jahren nicht unter dem Fremdenverkehr erfasst.

*Quelle: Biffl, 1987.*

# Tourismus- und Reisestatistik in Österreich

## Warum ist eine Tourismus- und Reisestatistik notwendig?

In vielen Bereichen von Politik und Wirtschaft ist man auf aktuelles und aufbereitetes Zahlenmaterial angewiesen, welches Entscheidungsprozesse unterstützen oder gar erst ermöglichen soll. „Information" ist ein wirtschaftlich und gesellschaftlich bedeutender Faktor geworden. Eine gut funktionierende „Informationskultur" gehört zur Grundvoraussetzung für das erfolgreiche Handeln eines Unternehmens, einer Institution bzw. eines Staates (http://www.statistik.at/web_de/ueber_uns/index.html).

Die Statistik im Allgemeinen unterstützt Planungs- und Entscheidungsprozesse dabei in zweierlei Hinsicht, indem sie einerseits das Werkzeug zur Erfassung, Ordnung und Präsentation der Daten zur Verfügung stellt und andererseits Methoden zur Modellierung und Analyse von Daten bietet. Wenn auch Statistik nicht als Problemlöser für alle anstehenden Fragen der Wirtschaft oder der Politik dienen kann, so liefert sie dennoch eine Reihe von Basisinformationen, die zur Zustands-Analyse herangezogen werden (Laimer, 2011a).

Jedenfalls ist von besonderer Bedeutung, dass Statistiken unter Einhaltung hoher Standards der Unparteilichkeit, Transparenz, Zuverlässigkeit, Objektivität, wissenschaftlichen Unabhängigkeit, Kostenwirksamkeit und statistischen Geheimhaltung erhoben werden (EUROSTAT, 2005/UN, 1994).

Die Tourismus- und Reiseindustrie ist in vielen Ländern der Welt bereits ein bedeutender Wirtschaftsfaktor geworden. Basisdaten zum Tourismus sind insofern wichtig, als dem Tourismus bei der Förderung von Wachstum und Beschäftigung in den Ländern hohe Bedeutung zukommt und es gilt, auf einen nachhaltigen und wettbewerbsfähigen Tourismus hinzuarbeiten.

Um eine angemessene Beobachtung von Struktur und Entwicklung des touristischen Angebots und der Nachfrage zu ermöglichen, muss – neben der hinreichenden Vergleichbarkeit der Methodik und der Definitionen statistischer Daten und Metadaten – die Bereitstellung von zuverlässigen, ausführlichen und vergleichbaren Daten gewährleistet sein (Europäisches Parlament/Rat, 2011):

- So werden beispielsweise unterjährige (monatliche) Daten benötigt, um saisonale Einflüsse der Nachfrage auf die Beherbergungskapazität zu messen und so den tourismuspolitischen Entscheidungsträgern zu helfen, das Angebot an Kapazitäten entsprechend ausrichten und die dafür notwendigen Maßnahmen (zum Beispiel Förderungen) treffen zu können; darüber hinaus dienen die Daten als Grundlage für Maßnahmen zur Verbesserung bzw. Entzerrung der saisonalen Verteilung der Ferientermine und der touristischen Aktivitäten.

- Um die (makro-)ökonomische Bedeutung des Tourismus in den Volkswirtschaften der Länder auf der Grundlage der international akkordierten methodischen Grundlage zur Erstellung von TSA bewerten zu können, muss die Verfügbarkeit, Vollständigkeit und eine entsprechende Qualität der tourismusstatistischen Ausgangsdaten gewährleistet sein.

## Was ist Tourismus?

Da nahezu jeder in der einen oder der anderen Weise am Tourismus- und Reisegeschehen teilnimmt, gilt der Begriff „Tourismus" zunächst als relativ leicht eingrenzbar. Bei näherer Betrachtung allerdings zeigt sich, dass dieser je nach Sichtweise (statistisch, ökonomisch, soziologisch et cetera) unterschiedlich definiert wird. Um die Tourismus- und Reisetätigkeit statistisch erfassen zu können, muss daher die „reisende Person" definiert und in solcher Weise abgegrenzt werden, dass diese von allen anderen Reisenden (zum Beispiel Pendlern) konzeptionell eindeutig unterscheidbar ist. Eine weltweit einheitliche Definition des „Reisenden" ist nicht nur für die statistische Identifikation der Masse „Reisende" maßgeblich, sondern Grundvoraussetzung für den statistischen Vergleich der Daten zwischen und innerhalb der Länder. Gemäß international akkordierter Richtlinien wird ein Gast wie folgt definiert: „A visitor is a traveller taking a trip to a main destination outside his/her usual environment, for less than a year, for any main purpose (business, leisure or other personal purpose) other than to be employed by a resident entity in the country or place visited" (UN/UNWTO, 2010). Die Definition impliziert somit die Überwindung in Raum und Zeit, das heißt die physische Bewegung von seinem permanenten Hauptwohnsitz hin zur Reisedestination, welche eine Person erst zum „Reisenden" macht.

## Wichtige Träger der Tourismus- und Reisestatistik

Nachfolgend sind die wichtigsten Organisationen auf nationaler und internationaler Ebene angeführt, welche einerseits Daten zur Tourismus- und Reisestatistik erheben bzw. anbieten und andererseits die für internationale Vergleiche unumgänglichen einheitlichen methodischen Grundlagen entwickeln und diesbezügliche Empfehlungen publizieren.

### Österreich

Durch das Bundesstatistikgesetz 2000 (BStatG) wurde das „Österreichische Statistische Zentralamt" mit Wirksamkeit vom 1.1.2000 aus dem Bundesdienst ausgegliedert und als selbstständige, nicht gewinnorientierte Bundesanstalt öffentlichen Rechts mit dem Namen Statistik Österreich (folglich „Statistik Austria") errichtet. „Bundesstatistik wird definiert als (nicht personenbezogenes) Informationssystem des Bundes, das Daten über die wirtschaftlichen, demographischen, sozialen, ökologischen und kulturellen Gegebenheiten in Österreich den Bundesorganen zur Planung, Entscheidungsvorbereitung und Kontrolle von Maßnahmen sowie der Wissenschaft, der Wirtschaft und der Öffentlichkeit bereitstellt. Die Bundesstatistik umfasst die Erstellung von Statistiken aller Art, einschließlich der damit zusammenhängenden Analysen, Prognosen und statistischen Modelle, die über die Interessen eines einzelnen (Bundes-)Landes hinausgehen" (§§ 1 und 2 BStatG). Die Erhebungen werden durch innerstaatlich unmittelbar wirksame internationale Rechtsakte (EU), durch Bundesgesetze oder durch Verordnungen angeordnet (http://www.statistik.at/web_de/ueber_uns/index.html; zur „Tourismus- und Reisestatistik" siehe weiter hinten).

Die Österreich Werbung (ÖW) ist Österreichs nationale touristische Werbeorganisation, welche die Bewerbung des Tourismuslandes Österreich wahrzunehmen hat. Zentrales Anliegen der ÖW ist es, den Ausbau der Wettbewerbsfähigkeit des Tourismuslandes Österreich zu gewährleisten. Um diese Aufgaben in optimaler Weise erfüllen zu können, werden für die Ausrichtung der Werbe- und Marketingaktivitäten in den Märkten tourismusstatistische Basisdaten benötigt, die zum einen von der amtlichen Tourismus- und Reisestatistik und zum anderen von der ÖW selbst bereitgestellt werden. Dementsprechend entwickelt die ÖW laufend neue Instrumente und Methoden, um das Wissen über Märkte und Kunden auf Basis professioneller Marktforschung zu sichern und weiter auszubauen. Dazu gehören unter anderem TourMIS, T-MONA, Quellmarktanalysen, Länderstudien oder die Kongressstatistik (http://www.austriatourism.com/xxl/_site/int-de/_area/465219/tourismusforschung.html, http://www.austriatourism.com/xxl/_site/int-de/_area/465219/_subArea/479562/_subArea2/481366/index.html).

Eine zentrale Aufgabe der Oesterreichischen Nationalbank (OeNB) ist es, die österreichische Bevölkerung und die Wirtschaft über die aktuelle Geldpolitik des Eurosystems zu informieren. Die wichtigsten statistischen Produkte sind unter anderen das Statistische Monatsheft, spezifische Bankenstatistiken und sonstige statistische Daten wie beispielsweise die Zahlungsbilanz. Von besonderer Bedeutung für den österreichischen Tourismus sowie für dessen gesamtwirtschaftliche Einschätzung ist die Reiseverkehrsbilanz (RVB), welche beginnend mit dem 1. Berichtsquartal 2006 im Auftrag der OeNB durch Statistik Austria erstellt wird. Diese stellt den Einnahmen aus dem Einreiseverkehr die Ausgaben des Ausreiseverkehrs gegenüber (http://www.oenb.at/de/stat_melders/statistik_und_melderservice.jsp).

### International

Die UN Statistische Abteilung stellt eine Reihe von Statistiken für verschiedene Bereiche zur Verfügung. Veröffentlicht werden die Ergebnisse unter anderem im „Statistical Yearbook" und im „World Statistics Pocketbook". Bezüglich Tourismusstatistik wurden in der jüngeren Vergangenheit – neben den jährlichen Standardpublikationen – zwei vorwiegend technisch-methodische Handbücher zur Tourismusstatistik und TSA publiziert. Darüber hinaus wurde in Kooperation mit der UNWTO eine Expertengruppe eingerichtet, die sich mit methodischen Fragen der Tourismus- und Reisestatistik auseinandergesetzt (siehe auch unter http://unstats.un.org/unsd/tradeserv/EGTS/).

Die „World Tourism Organisation" (UNWTO) – seit 2003 eine spezielle Agentur der UN – ist in erster Linie die führende internationale Organisation im Bereich der Tourismus- und Reisebranche, welche als Plattform für tourismuspolitisch relevante Angelegenheiten fungiert und entsprechendes Know-how zur Verfügung stellt. Neben diesen allgemeinen tourismuspolitischen Tätigkeiten befasst sich die UNWTO mit Fragen der Tourismus- und Reisestatistik, zum einen betreffend die Publikation aktueller Daten der mehr als 150 Mitgliedstaaten, zum anderen betreffend Datenharmonisierung sowie Ausarbeitung entsprechender Richtlinien zur Tourismusstatistik und zur Messung der ökonomischen Bedeutung des Tourismus (TSA; siehe auch unter http://statistics.unwto.org/en).

Die Organisation for Economic Cooperation and Development (OECD) ist eine zwischenstaatliche Wirtschaftsorganisation der 34 höchstentwickelten Industriestaaten der Welt. Von besonderer Bedeutung für tourismuspolitische Angelegenheiten ist das „Tourismus-Komitee", welches sich mit fachspezifischen Themen zum Tourismus auseinandersetzt und als Forum für den Gedankenaustausch nationaler tourismuspolitischer Strategien dient. Darüber hinaus werden auch statistikrelevante Themen behandelt, wobei hier insbesondere der Messung der Bedeutung des Tourismus in ökonomischer oder umweltrelevanter Hinsicht besonderes Augenmerk geschenkt wird. In zweijährigem Rhythmus erscheint zudem eine Publikation mit den wichtigsten Eckdaten zur Tourismusentwicklung in OECD-Ländern (http://www.oecd.org/document/24/0,3746,en_2649_34389_44607576_1_1_1_1,00.html).

Im Rahmen der Umsetzung des „Europäischen Statistischen Systems" (ESS) kommt dem „Statistischen Amt der Europäischen Gemeinschaften" (EUROSTAT) große Bedeutung zu. Ganz allgemein setzt sich das ESS zum Ziel, im Bereich der Statistik einheitliche europäische Standards umzusetzen. Die Erhebung und Aufbereitung der Basisdaten des ESS erfolgt in der Regel durch die nationalen statistischen Ämter, während Zusammenfassung, Analyse und Publikation durch EUROSTAT bewerkstelligt werden. Auch wenn im Vertrag von Lissabon dem Tourismus auf EU-Ebene nur eine untergeordnete Rolle beigemessen wird, befasst sich eine eigene Abteilung mit Tourismusstatistik, wobei diese vor allem die Länderdaten publiziert bzw. in Zusammenarbeit mit den Mitgliedsländern die entsprechenden methodischen wie legistischen Richtlinien ausarbeitet (http://epp.eurostat.ec.europa.eu/portal/page/portal/tourism/introduction).

## Amtliche Tourismus- und Reisestatistik in Österreich

Grundsätzlich liegt die Erstellung und Durchführung der offiziellen Tourismus- und Reisestatistik im Aufgabenbereich der Statistik Austria, welche auf Basis gesetzlicher Bestimmungen und privatrechtlicher Verträge realisiert wird. Darunter fällt unter anderem die Erfassung der Nächtigungen von Gästen in Österreich oder der Reisegewohnheiten der Österreicher, wobei die in diesem Zusammenhang erhobenen Daten wichtige Grundlage für viele tourismusrelevante Untersuchungen bzw. Entscheidungen sind. Darüber hinaus werden aber auch mehr im Analysebereich angesiedelte Projekte durchgeführt, wie etwa die Erstellung des TSA oder der Reiseverkehrsbilanz (RVB). Dementsprechend sind vier Kernbereiche, nämlich die Beherbergungsstatistik (Nächtigungen/Betten), Stichprobenerhebungen zu den Reisegewohnheiten der Österreicher, die Tourismus-Satellitenkonten und die Reiseverkehrsbilanz zu unterscheiden (Laimer, 2011b).

Ziel ist es, basierend auf den Kernbereichen ein in sich konsistentes tourismusstatistisches Gesamtsystem zu schaffen, das einerseits Basisinformationen für Entscheidungsträger der Tourismuspolitik und -wirtschaft und andererseits Grundlagendaten für Wissenschaft und Forschung liefert. Dabei bildet die Beherbergungsstatistik – neben anderen hausinternen und externen Datenquellen – insofern eine wichtige Grundlage für die „Satellitensysteme" und die „Reiseverkehrsbilanz", als diese wichtige Eckdaten zum Mengengerüst des jeweiligen Systems liefert.

### Beherbergungsstatistik

Die monatlichen Erhebungen zu den Nächtigungs- und Ankunftsdaten und die jährliche Bestandsstatistik zu den Kapazitäten der Beherbergungsbetriebe finden – im gesetzlichen Auftrag des Bundesministeriums für Wirtschaft, Familie und Jugend – in rund 1.600 österreichischen Berichtsgemeinden mit mehr als 1.000 Nächtigungen pro Jahr in rund 70.000 gewerblichen und privaten Beherbergungsbetriebe statt (http://www.statistik.at/web_de/dokumentationen/Tourismus/index.html).

Die Zahl der Ankünfte und Übernachtungen von Gästen in gewerblichen und privaten Beherbergungsbetrieben wird im Rahmen von monatlich durchgeführten Erhebungen erfasst. Für die Erhebung der Ankünfte und Nächtigungen stehen in den Beherbergungsbetrieben zwei gleichrangige Formblätter zur Verfügung, die Statistischen Meldeblätter und die Betriebsbogen.

Die Statistischen Meldeblätter für die Ankunft und Abreise befinden sich unter dem im Meldegesetz 1991 vorgeschriebenen Gästebuchblatt des Gästebuches. Der Betriebsinhaber ist verpflichtet, die Statistischen Meldeblätter mit dem eingetragenen Tag der Ankunft bzw. der Abreise des Gastes und weiteren Meldedaten wie dem „Herkunftsland" (= Land des ordentlichen Wohnsitzes) dem Gemeindeamt zu übermitteln. Die Berichtsgemeinde sammelt ihrerseits die Statistischen Meldeblätter geordnet nach Beherbergungsbetrieben. Das Gemeindeergebnis wird bis spätestens 15. des dem Berichtsmonat folgenden Monats (= Folgemonat) an die Statistik Austria übermittelt.

Die Betriebsbogen werden seitens der Statistik Austria elektronisch den Beherbergungsbetrieben zur Verfügung gestellt. Der Betriebsinhaber übermittelt den mit den Daten des Berichtsmonates ausgefüllten Betriebsbogen (Ankünfte, Nächtigungen, Herkunftsland) bis zum 5. des dem Berichtsmonat folgenden Monats (= Folgemonat) an die Berichtsgemeinde. Die Berichtsgemeinde bildet aus den einzelnen Betriebssummen die Gemeindesumme und übermittelt diese bis spätestens 15. des dem Berichtsmonat folgenden Monats (= Folgemonat) an die Statistik Austria.

In jedem Fall wird den Berichtsgemeinden eine 1½-monatige Nachkorrekturfrist (zum Beispiel aufgrund nicht rechtzeitig einlangender Betriebsergebnisse bei der Berichtsgemeinde) – gerechnet ab Ende des Berichtsmonats – eingeräumt.

Die Ergebnisse der monatlichen Nächtigungs- und Ankunftsstatistik können nach 15 Unterkunftsarten und rund 70 Herkunftsländern und Regionen für den Berichtsmonat, die Winter- bzw. Sommersaison und für das Kalenderjahr bis auf Berichtsgemeindeebene ausgewertet werden. Die vorläufigen Ergebnisse werden monatlich am Ende des ersten Folgemonats via Pressemitteilung veröffentlicht; die endgültigen Daten stehen circa zwei Monate nach dem Berichtsmonat in diversen Datenbanken (ab Berichtsjahr 1972) und auf der Homepage der Statistik Austria zur Verfügung (Statistik Austria, 2011a; http://www.statistik.at/web_de/statistiken/tourismus/beherbergung/ankuenfte_naechtigungen/index.html).

Die Erhebung über Beherbergungsbetriebe (jährliche Bestandsstatistik) findet einmal jährlich für den Berichtszeitraum November bis Oktober statt, wobei neben der Gesamtzahl der verfügbaren Betriebe und Betten (zudem Zusatzbetten und Matratzenlager) auch die geöffneten bzw. geschlossenen Betriebe (Betten) in der Winter- und Sommersaison erfasst werden. Bei „Hotels und ähnlichen Betrieben" sind zudem die Zugehörigkeit zu einer Stern-Kategorie, die Zahl der Gästezimmer sowie die Öffnungszeiten nach Monaten zu erheben. Die Ergebnisse stehen am Ende des Berichtsjahres zur Verfügung (http://www.statistik.at/web_de/statistiken/tourismus/beherbergung/betriebe_betten/index.html).

Im Langzeitvergleich seit den 1950er-Jahren nahm die Zahl der Übernachtungen in der Wintersaison kontinuierlich zu, sieht man von kleineren Einbrüchen zu Beginn der 1980er-Jahre und Mitte der 1990er-Jahre ab. Seit der Wintersaison 1949/50 mit rund 4,3 Million Übernachtungen sind die Nächtigungen bis zur Saison 2010/11 insgesamt um das 15-Fache gestiegen (62,06 Millionen).

Die Sommersaison hingegen entwickelte sich rückläufig. Auch wenn die Sommernächtigungen seit den 1950er Jahren bis Anfang der 1970er Jahre stetig zugenommen haben und die Höchstwerte Anfang der 1980er-Jahre (Sommer 1980: 78,23 Millionen; 1981: 78,20 Millionen) und Anfang der 1990er-Jahre (Sommer 1991: 78,12 Millionen; 1992: 77,40 Millionen) erreicht wurden, war die Entwicklung seit Anfang der 1990er-Jahre tendenziell rückläufig und erreichte einen Tiefpunkt im Sommer 2006 mit 58,98 Millionen Nächtigungen (geringere Werte in den Sommersaisonen vor 1970). In den Folgejahren konnte sich der Sommer leicht erholen und erreichte 2010 rund 62,48 Millionen Nächtigungen. Es zeigt sich somit, dass die Winter- im Vergleich zur Sommersaison dynamischer verläuft. Im Winter 2005/06 wurde mit rund 59,94 Millionen Nächtigungen erstmals der Sommer übertroffen; im Sommer 2005 meldeten die österreichischen Beherbergungsbetriebe rund 59,58 Millionen Nächtigungen (300.000 Nächtigungen weniger als im Winter 2005/06). Der Trend zum Winter zeigt sich auch in den Anteilen an den Gesamtnächtigungen eines Tourismusjahres (November bis Oktober): Wie aus Abbildung 1 ersichtlich, lag der Winteranteil im Berichtsjahr 1949/50 nur bei 25%, verdoppelte sich aber im Zeitablauf und erreichte im Winter 2010/11 rund 50%.

*Abbildung 1: Entwicklung der Nächtigungen seit der Winter-/Sommersaison 1949/50*

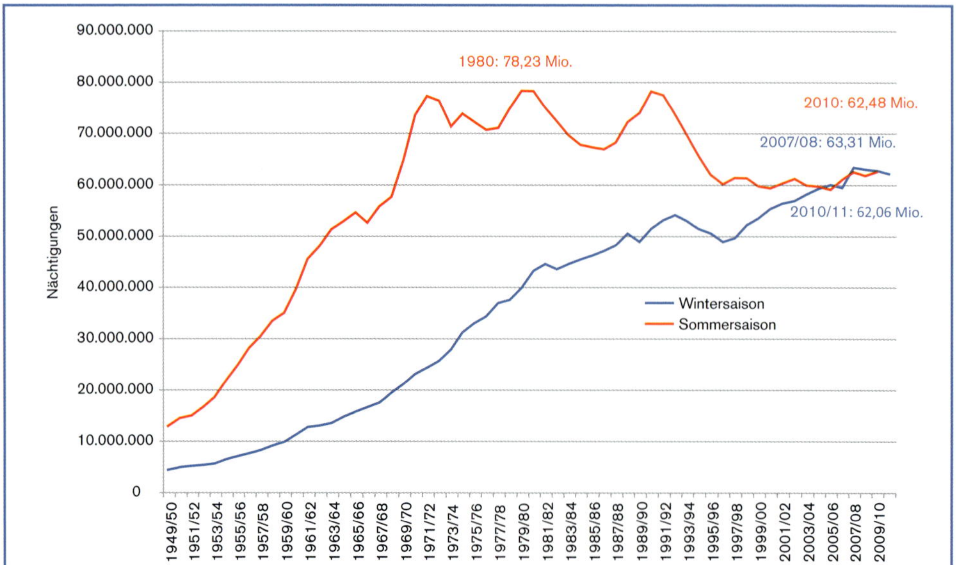


*Quelle: Statistik Austria, Beherbergungsstatistik.*

Auch die Bettenauslastung betreffend erweist sich der Winter erfolgsträchtiger als der Sommer. Vor sechs Jahrzehnten (1950/51) lag die Bettenauslastung noch bei 12,0%, im Winter 2010/11 war diese bei durchschnittlich 33,8%. Im Sommer liegt eine differenziertere Entwicklung vor: Im Sommer 1950 waren 31,4% der Betten ausgelastet, in den Sommermonaten 1971 und 1972 erreichte die Auslastung ihre Höchstwerte (38,1% bzw. 38,4%). Insbesondere ab Mitte der 1990er Jahre lag diese, wie Abbildung 2 zeigt, unter 30%, wobei erst 2008 bzw. 2010 die 30-Prozentgrenze jeweils wiederum überboten wurde.

*Abbildung 2: Entwicklung der Bettenauslastung seit der Winter-/Sommersaison 1949/50 (in %)*

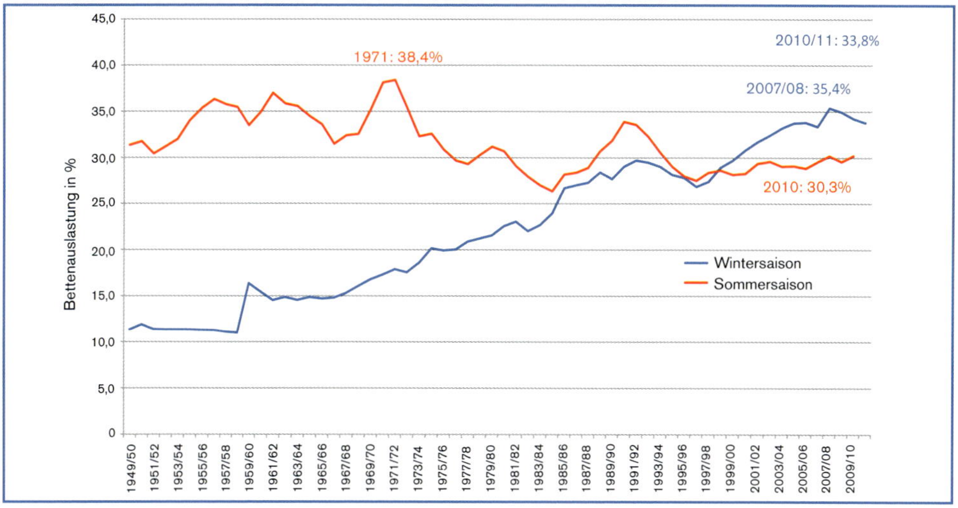


*Quelle: Statistik Austria, Beherbergungsstatistik.*

Die durchschnittliche Aufenthaltsdauer entwickelte sich in den letzten Jahrzehnten rückläufig; lag diese im Winter 1975/76 bzw. 1980/81 noch bei durchschnittlich 6,3 Nächten, so erreichte sie im Winter 2010/11 rund 4 Nächte. Ein ähnliches Bild zeigt sich im Sommer, denn die durchschnittliche Aufenthaltsdauer halbierte sich von 6,9 Nächten in den Sommersaisonen 1972 bzw. 1973 auf 3,5 Nächte im Sommer 2010. Im Sommer 1981 (6,2 Nächte) fiel die Aufenthaltsdauer erstmals unter jene des Winters 1980/81 (6,3 Nächte; siehe Abbildung 3).

*Abbildung 3: Entwicklung der durchschnittlichen Aufenthaltsdauer seit der Winter-/Sommersaison 1949/50 (in Nächten)*

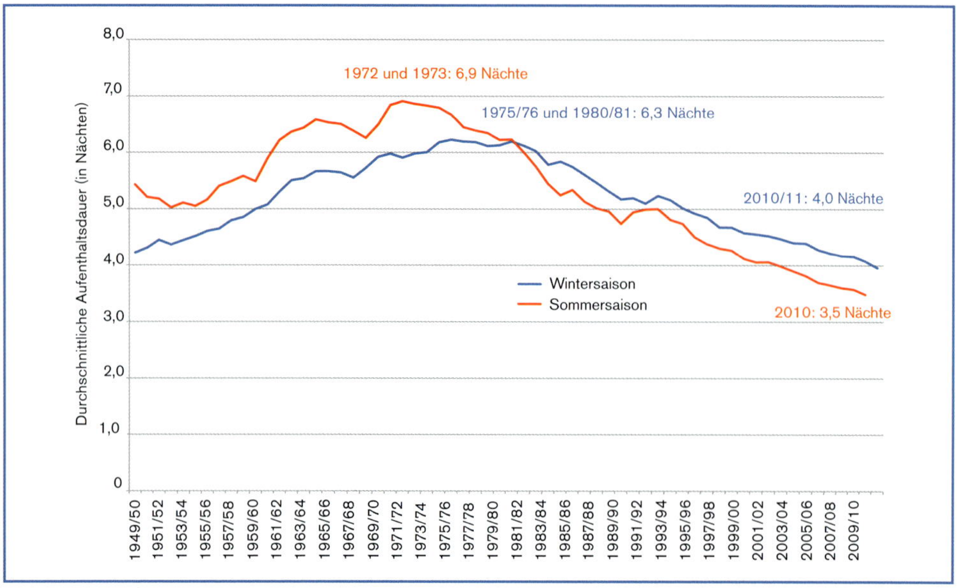


*Quelle: Statistik Austria, Beherbergungsstatistik.*

Das Herkunftsländerportfolio zeigt aktuell eine diversifiziertere Struktur als noch vor drei Jahrzehnten: Verteilten sich im Sommer 1980 noch 87% auf die drei Hauptherkunftsmärkte Deutschland, Österreich und Holland, so betrug der Anteil im Sommer 2010 rund 75%. Eine ähnliche Entwicklung ist für die Wintersaison feststellbar: Wurden im Winter 1979/80 noch 88% der Nächtigungen von Deutschland, Österreich und Holland generiert, so waren es im Winter 2010/11 rund 71% (siehe Abbildung 4a+b).

*Abbildung 4a: Verteilung der Herkunftsländer in der Sommersaison 1980 und 2010 (Anteile in %)*

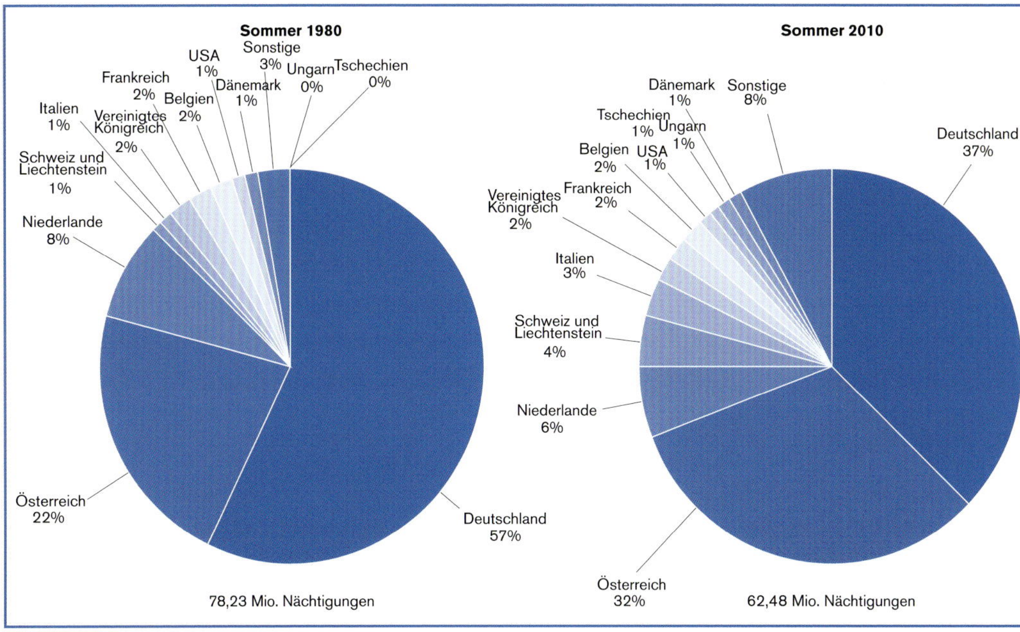


*Quelle: Statistik Austria, Beherbergungsstatistik.*

*Abbildung 4b: Verteilung der Herkunftsländer in der Wintersaison 1979/80 und 2010/11 (Anteile in %)*

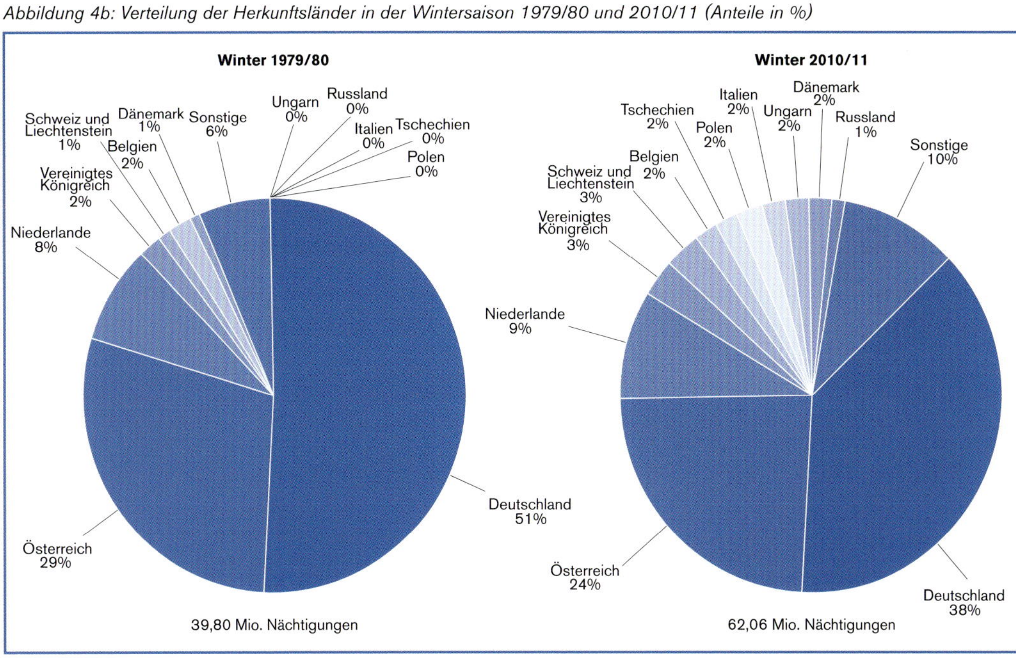


*Quelle: Statistik Austria, Beherbergungsstatistik.*

Die Bedeutung der zentral- und osteuropäischen Länder (CEE) ist in den letzten Jahren deutlich gestiegen. So nahmen die Ankünfte seit 2001 jährlich um durchschnittlich 10,2% zu, besonders deutlich im Burgenland (+16,8%), in Tirol (+12,5%) und in Wien (+11,2%). Im Jahr 2010 nächtigten rund ein Viertel der Gäste aus CEE-Ländern in Wien (24,8%), ein Fünftel in Tirol (19,4%). Besonders wichtig sind Gäste aus CEE-Ländern in Wien und in Kärnten: 13,0% der Ankünfte in Wien wurden von Gästen aus CEE-Ländern generiert, in Kärnten sind es 10,3% (siehe Abbildung 5).

*Abbildung 5: Ankünfte aus zentral- und osteuropäischen Ländern (CEE)[1] 2001–2010 (nach Bundesländern)*

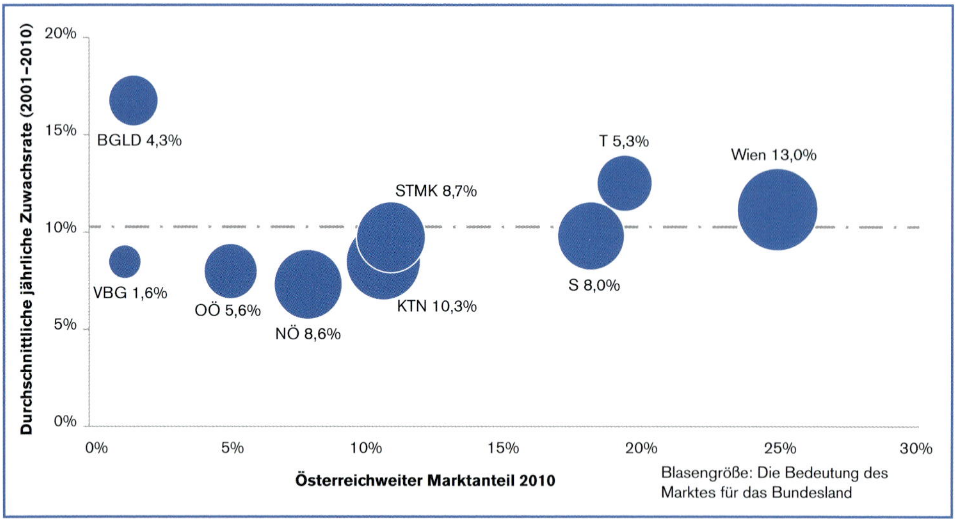


*Quelle: Statistik Austria, Beherbergungsstatistik.*

*[1] Baltische Staaten, Russland, Ukraine, sonstige GUS; Slowenien, Kroatien, sonstiges ehem. Jugoslawien; Polen, Tschechische Republik, Slowakei, Ungarn, Bulgarien, Rumänien.*

## Stichprobenerhebungen zu den Reisegewohnheiten der Österreicher

Daten zu den Reisegewohnheiten der Österreicher stehen seit dem Berichtsjahr 1969 zur Verfügung, wobei die entsprechenden Erhebungen bis einschließlich 2002 im Rahmen des österreichischen Mikrozensus durchgeführt wurden. Beginnend mit Berichtsjahr 2000 werden die Reisegewohnheiten auf Basis von vierteljährlich durchgeführten telefonischen Stichprobenerhebungen (CATI) erhoben, wobei auch Daten – neben den Urlaubsreisen – zu Reisen aus geschäftlichen Zwecken Berücksichtigung finden.

Im Rahmen der vierteljährlichen Stichprobenerhebungen zum Reiseverhalten der Österreicher werden rund 3.500 repräsentativ ausgewählte, im Inland wohnhafte Personen ab 15 Jahren, verteilt über Österreich, telefonisch befragt (Grundgesamtheit von rund 6,98 Millionen). Um das Ziel von 3.500 Netto-Interviews pro Quartal zu erreichen, beträgt der Bruttostichprobenumfang je Quartal zwischen 13.000 und 20.000 Personen, je nach Verfügbarkeit gültiger bzw. verwendbarer Telefonnummern. Die Teilnahme an der Befragung ist freiwillig; um aber die Auskunftsbereitschaft zu erhöhen, werden die zu befragenden Personen brieflich vorinformiert, wobei hier insbesondere über Zweck und Ziel der Erhebung, Datenschutzfragen, Ablauf der Erhebung sowie gesetzliche Grundlagen informiert wird.

Die zu erhebenden Daten betreffen grundsätzlich Urlaubs- sowie Geschäftsreisen mit mindestens einer Übernachtung, wobei unter anderem die Anzahl der Reisenden und jene der Reisen und Übernachtungen nach In- und Ausland, die Reisedauer, die Art der Organisation der Reise, das benutzte Verkehrsmittel zur Anreise, die verwendete Unterkunftsart und die getätigten Ausgaben erhoben werden (Statistik Austria, 2011c).

Die Bedeutung von Reisen hat innerhalb der vergangenen vier Jahrzehnte deutlich zugenommen. Unternahm 1969 nur etwas mehr als ein Viertel der österreichischen Bevölkerung ab 15 Jahren mindestens eine Haupturlaubsreise mit mindestens vier Nächtigungen (Reiseintensität: 27,5%), waren es im Jahr 2010 bereits 59,3% (siehe Abbildung 6). Das Reisevolumen bei Haupturlaubsreisen hat sich in den letzten 40 Jahren mehr als verdreifacht (1969: 2,4 Millionen; 2010: 9,1 Millionen).

*Abbildung 6: Haupturlaubsreisen[1)] – Reiseintensität seit 1969 (in %)*

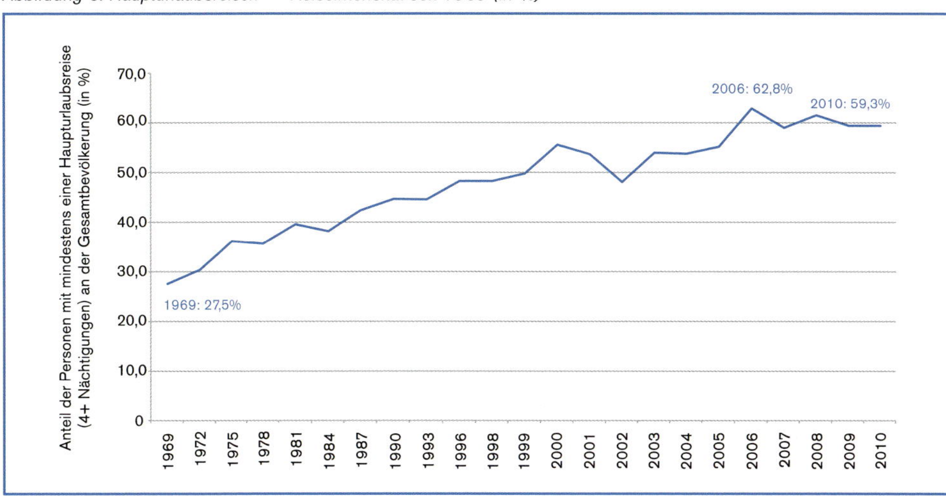


*Quelle: Statistik Austria. [1)]Reisen mit mindestens vier Nächtigungen.*

Der klassische Sommerurlaub im Juli und August verliert an Bedeutung, denn in den vergangenen Jahrzehnten ist die Tendenz zu einer saisonal gleichmäßigeren Verteilung der Reisen beobachtbar. Während 1968/69 noch 61,5% der Haupturlaubsreisen in den Ferienmonaten Juli und August gemacht wurden, so waren es 2009/10 nur noch 35,9%. Die Österreicher verreisen zwar im Sommer immer noch mehr als im Winter, doch Winterurlaube gewinnen an Bedeutung. Jede dritte Haupturlaubsreise findet mittlerweile in den Wintermonaten (Oktober bis März) statt (1969: 11,8% der Haupturlaubsreisen; 2010: 33,9%; siehe Abbildung 7).

*Abbildung 7: Haupturlaubsreisen[1] nach Monaten 1968/69 bis 2009/10 (Anteile in %)*

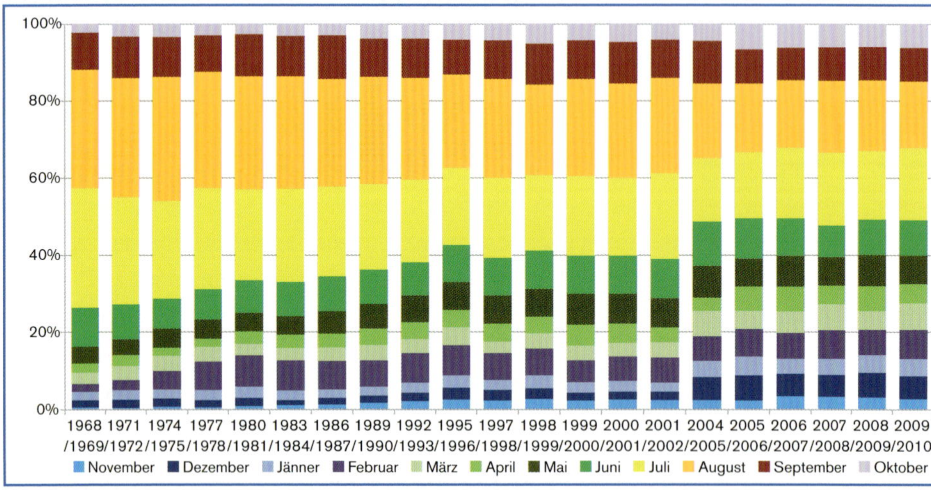


*Quelle: Statistik Austria. [1]Reisen mit mindestens vier Nächtigungen.*

Während Anfang der 1970er-Jahre noch 55% der Haupturlaubsreisen an ein Reiseziel im Inland führten, waren es 2010 nur mehr 35%; demensprechend stiegen die Urlaubsreisen ins Ausland, deren Anteil am Gesamtreiseaufkommen der Österreicher zwischen 1969 und 2010 um 20 Prozentpunkte auf 65% zulegte. In den vergangenen vier Jahrzehnten war Italien – wenn auch mit Anteilsverlusten – das beliebteste Auslandsreiseziel. Gingen 1969 noch rund 40% der Auslandsreisen nach Italien, war es 2010 rund ein Fünftel (19%). Seit Beginn der 1990er-Jahre konnte Kroatien besonders deutlich zulegen, von 5% (1993) auf 12,3% Auslandsreiseanteil im Jahr 2010. An dritter und vierter Stelle der beliebtesten Auslandsreisedestinationen folgen Deutschland und Spanien (2010: 8,3% bzw. 8,2% der Auslandsreisen). Die Türkei als fünftwichtigste Reisedestination der Österreicher konnte seit Anfang der 1970er-Jahre (1%) auf 5,7% (2010) zulegen, wenn auch seit 2001 (9,5%) deutliche Anteilsverluste zu beobachten sind.

### Tourismus-Satellitenkonto (TSA)

Im Rahmen einer empirisch-statistischen Auseinandersetzung mit dem Phänomen „Tourismus“ wird schnell offenbar, dass dieses ein differenziertes ökonomisches System darstellt. Wenngleich Tourismus vielfach als statistisch relativ einfach erfassbar gilt, zeigt sich bei näherer Betrachtung ein etwas komplexeres Bild; dies trifft vor allem für die ökonomische Seite des Tourismus zu. Komplexität entsteht vor allem dadurch, dass touristische Aktivitäten in den verschiedensten Wirtschaftsbereichen stattfinden („Querschnittsdisziplin“) bzw. umgekehrt touristische Güter und Dienstleistungen in Bereichen produziert werden, die zunächst als für den Tourismus gar nicht relevant erscheinen mögen.

Dieser Umstand bildet auch die konzeptionelle Ausgangssituation für das „Tourismus-Satellitenkonto“ (TSA), welches diese Vielfältigkeit an volkswirtschaftlichen Verflechtungen des Tourismus monetär darzustellen und die ökonomische Bedeutung des Tourismus in einer Volkswirtschaft zu quantifizieren versucht. Dabei werden alle Formen des Reisens, sei es zu Urlaubs-, Geschäfts- oder sonstigen Zwecken (Besuch von Freunden und Bekannten, Fahrten ins eigene Wochenendhaus), und neben den Nächtigungs- auch die Tagesreisen berücksichtigt. Somit zeigt sich, dass das TSA ein umfassendes Bild des touristischen Status quo eines Landes widerspiegelt und nicht nur – wie zum Beispiel in der Beherbergungsstatistik – den Nächtigungstourismus berücksichtigt. Grundsätzlich bezieht sich das TSA-Konzept in seinem Kernbereich auf die „Tourismusindustrien“, das sind vor allem die Bereiche des Beherbergungs-, Restaurant-, Reisebüro- sowie des Kultur- und Unterhaltungswesens.

Die Statistik Austria und das Österreichische Institut für Wirtschaftsforschung (WIFO) haben die Aufgabe der Entwicklung eines „TSA für Österreich“ – basierend auf den empfohlenen methodologischen Grundlagen internationaler Organisationen (UN, 2008) – in einem gemeinsamen Projekt übernommen. Die Statistik Austria ist für die Erstellung des Basissatelliten und die Berechnung der direkten Wertschöpfungseffekte des Tourismus verantwortlich, während das WIFO Schätzungen zu den indirekten bzw. freizeitrelevanten Effekten und darüber hinaus Prognosen erstellt. Das „TSA für Österreich“ wurde mit dem Basisjahr 1999 gestartet, eine Zeitreihe liegt beginnend mit dem Berichtsjahr 2000 vor.

Seit 2000 stiegen die direkte und die indirekte Wertschöpfung des Tourismus von 16,09 Milliarden Euro auf 21,2 Milliarden Euro im Jahr 2010 (+31,9%). Da im selben Zeitraum die Gesamtwertschöpfung des Landes (BIP) nominell in einem ähnlichem Ausmaß zunahm (+37%), kam es bezüglich der Anteile der direkten und der indirekten touristischen Wertschöpfung am BIP zu keinen größeren Verschiebungen. So ergab sich für das Jahr 2000 rein rechnerisch ein Anteil von 7,8%, im Jahr 2010 von rund 7,5%. Etwas höher lagen die Anteile in den Jahren 2004 und 2005 (jeweils 8%; Statistik Austria/WIFO, 2010).

Wie in anderen Ländern auch, lag zunächst in Österreich der Schwerpunkt der Arbeiten auf einem nationalen TSA und weniger auf regionaler Ebene. Dennoch erscheint die Betrachtung des Tourismus – als regionalen Phänomens – auf kleinräumiger Ebene unabdingbar, zumal die wahre Bedeutung des Tourismus erst durch eine lokale Betrachtung ersichtlich wird. Das regionale TSA (RTSA) stellt – ähnlich wie auf nationaler Ebene – einen „Satelliten" des Systems der „regionalen Gesamtrechnungen" (RGR) dar, wobei darauf basierend die Bedeutung des Tourismus als ökonomischen Phänomens auf regionaler Ebene eingehender analysiert werden soll. Das RTSA setzt sich demnach mit den wirtschaftlichen Implikationen des Tourismus auf die regionale Gesamtwirtschaft in Verbindung mit der RGR und anderen Wirtschaftsstatistiken analytisch auseinander.

In Anbetracht der lokalen Bedeutung des Tourismus wurde im Jahr 2003 erstmals ein RTSA für Wien seitens „Wien Tourismus" beauftragt (ab Berichtsjahr 2002). Im Jahr 2004 beauftragte „Oberösterreich Tourismus" erstmals für das Berichtsjahr 2003 ein RTSA, im Jahr 2006 die „Niederösterreich Werbung" für das Berichtsjahr 2005 (Laimer, 2007).

### Reiseverkehrsbilanz

Die Reiseverkehrsbilanz (RVB) wurde als grundlegendes Instrument zur Erhebung der Reiseausgaben (= Reiseausgaben exklusive Personentransport) betreffend den Aus- und Einreiseverkehr eingerichtet. Die RVB erfasst somit grundsätzlich die Ausgaben ausländischer Gäste im Inland und stellt diesen die Aufwendungen der inländischen Gäste im Ausland gegenüber. Aus der Gegenüberstellung der Deviseneingänge aus dem Einreiseverkehr sowie der Ausgänge auf Grund der Auslandsreisen der Inländer resultiert eine Bilanz, die für Österreich – im Gegensatz beispielsweise zu Deutschland – traditionell positiv ist.

Die Umstellung des Erhebungsverfahren vom bisherigen Bankenmeldesystem (gegenseitige Meldung der Banken betreffend Devisenwechsel, Bankomat- und Kreditkartenumsätzen) zu einem weitgehend von primärstatistischen Erhebungen (eigene Erhebungen und Spiegelstatistiken der Partnerländer) und Schätzmodellen bestimmten System wurde vor allem durch die Einführung des Euro notwendig. Denn ab diesem Zeitpunkt war eine regionsspezifische Unterscheidung (= Länder) auf Grund der (einheitlichen) Währung der Reiseausgaben nicht mehr möglich, da die „Herkunft" des Geldes aufgrund der individuellen Währungen (zum Beispiel D-Mark, Lire, Peseten) nicht mehr festgestellt werden konnte. Das Bankmeldesystem in der bisherigen Form wurde somit Ende 2005 vollständig eingestellt; die Erstellung der Reiseverkehrsbilanz – als Teil der Leistungs- und Zahlungsbilanz – wird im Auftrag der OeNB beginnend mit dem ersten Berichtsquartal 2006 durch die Statistik Austria realisiert.

Zwischen 1998 und 2010 stiegen die Nettoeinnahmen aus dem Reiseverkehr von 3,37 Milliarden Euro auf 6,36 Milliarden Euro. Die Einnahmen aus dem internationalen Reiseverkehr stiegen im selben Zeitraum von knapp unter 10 Milliarden Euro (9,65 Milliarden Euro) auf nunmehr 14,08 Milliarden Euro im Jahr 2010 (+46%), die Ausgaben der Österreicher im Ausland von 6,28 Milliarden Euro auf 7,72 Milliarden Euro (+23%; siehe Tabelle 2).

*Tabelle 2: Internationaler Reiseverkehr – Einnahmen und Ausgaben 1998–2010 (in Millionen Euro)*

| Periode | Einnahmen Reiseverkehr i. e. S.[1] | Ausgaben Reiseverkehr i. e. S.[1] | Netto Reiseverkehr i. e. S.[1] | Einnahmen Personentransport | Ausgaben Personentransport | Netto Personentransport | Einnahmen Reiseverkehr i. w. S.[2] | Ausgaben Reiseverkehr i. w. S.[2] | Netto Reiseverkehr i. w. S.[2] |
|---|---|---|---|---|---|---|---|---|---|
| **1998** | 9.649 | 6.281 | 3.368 | 1.299 | 730 | 569 | 10.948 | 7.011 | 3.937 |
| **1999** | 10.085 | 6.333 | 3.752 | 1.416 | 744 | 672 | 11.501 | 7.077 | 4.424 |
| **2000** | 10.593 | 6.767 | 3.826 | 1.608 | 833 | 775 | 12.201 | 7.600 | 4.601 |
| **2001** | 11.048 | 7.365 | 3.683 | 1.745 | 929 | 816 | 12.793 | 8.294 | 4.499 |
| **2002** | 11.578 | 7.286 | 4.292 | 1.619 | 889 | 730 | 13.197 | 8.175 | 5.022 |
| **2003** | 11.917 | 7.634 | 4.283 | 1.611 | 1.003 | 608 | 13.528 | 8.637 | 4.891 |
| **2004** | 12.203 | 7.473 | 4.730 | 1.694 | 1.269 | 425 | 13.897 | 8.742 | 5.155 |
| **2005** | 12.905 | 7.506 | 5.399 | 1.796 | 1.416 | 380 | 14.701 | 8.922 | 5.779 |
| **2006** | 13.255 | 7.642 | 5.613 | 1.889 | 1.667 | 222 | 15.144 | 9.309 | 5.835 |
| **2007** | 13.641 | 7.699 | 5.942 | 1.844 | 1.652 | 192 | 15.485 | 9.351 | 6.134 |
| **2008** | 14.676 | 7.721 | 6.955 | 1.836 | 1.736 | 100 | 16.512 | 9.457 | 7.055 |
| **2009[3]** | 13.912 | 7.746 | 6.166 | 1.478 | 1.399 | 79 | 15.390 | 9.145 | 6.245 |
| **2010[4]** | 14.078 | 7.717 | 6.361 | 1.632 | 1.577 | 55 | 15.710 | 9.294 | 6.416 |

*Quelle: STATISTIK AUSTRIA, Reiseverkehrsbilanz; OeNB. Erstellt am: 31.5.2011. [1] Im engeren Sinne (ohne Personentransport). [2] Im weiteren Sinne (inklusive Personentransport). [3] Revidierte Werte. [4] Vorläufige Werte. 1998–2008 endgültige Werte. Statistik Austria (http://www.statistik.at/web_de/statistiken/tourismus/reiseverkehrsbilanz/index.html).*

## Ausblick

Im vorangegangenen Beitrag wurden die einzelnen Komponenten der Tourismus- und Reisestatistik vorgestellt, wobei deren Ergebnisse für zahlreiche statistische Systeme verwendet werden. Zudem dient – ähnlich wie die Volkswirtschaftliche Gesamtrechnung (VGR) – das TSA neben der Ergebnispräsentation dazu, die für dessen Erstellung verwendeten Datenkomponenten einer entsprechenden Analyse betreffend Qualität bzw. Kohärenz zu unterziehen. Dementsprechend sieht sich die Tourismus- und Reisestatistik zunehmend vor dem Hintergrund interdisziplinärer Zusammenarbeit mit anderen Statistikbereichen konfrontiert; eine ausschließliche Betrachtung einer, sich auf wenige Facetten beschränkenden, Statistik des Tourismus und der Reisetätigkeit erscheint nicht mehr zielführend. Auch vor dem Hintergrund der Respondentenentlastung und dem maßvollen Einsatz von Ressourcen wird künftig der Verifizierung von neuen Datenquellen und alternativen Wegen der Datenerhebung im Rahmen der Tourismus- und Reisestatistik, insbesondere unter Einbeziehung der elektronischen Medien wie Internet und soziale Netzwerke, breiterer Raum zu widmen sein.

Generell ist in Österreich ein Trend zu Kurzreisen erkennbar, was dem allgemeinen Trend zu kürzeren, aber dafür häufigeren Reisen durch geänderte Buchungsmöglichkeiten entspricht. Der Sommertourismus stagniert auf hohem Niveau, hier ist die Konkurrenz in den Nahmärkten höher als im Winter. Hingegen gewinnen Reisen im Winter generell an Bedeutung, insbesondere auch in den Nebensaisonmonaten. Während die deutschen Nächtigungen stagnieren bzw. rückläufig sind, erweisen sich die Inländernächtigungen stabil mit leicht zunehmender Tendenz. Die Qualitätshotellerie wird auch in Zukunft an Bedeutung gewinnen, ebenso Urlaubsreisen zu Kultur- und Bildungszwecken. Auf Grund der zunehmenden Urbanisierung ist eine verstärkte Reiseintensität zu erwarten. Das Bedürfnis nach „Erholung“ außerhalb der Ballungszentren wird zunehmen, vor allem bei älteren Personen. Auf Grund des demografischen Wandels wird die Nachfrage nach Familienurlaub leicht sinken, aber ein großes Segment bleiben. Von Bedeutung ist das zunehmende Segment der multi-kulturellen bzw. multi-lingualen Reisenden. Hier liegt die Herausforderung in der Verifizierung der Migrantenprofile und der entsprechenden Reisemotive.

## Literatur

Biffl, A., „Der Fremdenverkehr in Österreich von 1875–1985“, unveröffentlichtes Manuskript, Wien, 1987.

Bundesstatistikgesetz (BStatG) 2000 idgF, BGBl. Nr. 163/1999 vom 17.8.1999, http://www.statistik.at/web_de/ueber_uns/aufgaben_und_grundsaetze/bundesstatistikgesetz/index.html, Download am 20.2.2012.

Bundesamt für Statistik (Schweiz), Österreichisches Statistisches Zentralamt, Statistisches Bundesamt (Deutschland), „Empfehlungen zur Tourismusstatistik“, deutsche Übersetzung der UN/WTO Recommendations on Tourism Statistics, Bern/Wien/Wiesbaden, 1996.

Europäisches Parlament/Rat, „Verordnung (EU) Nr. 692/2011 des Europäischen Parlaments und des Rates vom 6. Juli 2011 über die europäische Tourismusstatistik und zur Aufhebung der Richtlinie 95/57/EG des Rates, Straßburg“, Juli 2011, http://eur-lex.europa.eu/LexUriServ/LexUriServ.do?uri=OJ:L:2011:192:0017:0032:DE:PDF, Download am 20.2.2012.

EUROSTAT, „Europäische Statistiken: Verhaltenskodex“, Luxemburg, 2005, http://epp.eurostat.ec.europa.eu/portal/page/portal/quality/documents/code_practicede.pdf, Download am 20.2.2012.

Laimer, P., „Regionale Tourismus-Satellitenkonten: Niederösterreich, Oberösterreich und Wien“, Statistische Nachrichten (Statistik Austria, Hrsg.), Heft 11/2007, Wien, 2007.

Laimer, P., „Statistik 1“, Skriptum am Bachelor-Studiengang Tourismus-Management der FH Wien, Jänner 2011a.

Laimer, P., „Tourismusstatistik und angewandte Tourismusforschung“, Skriptum zum Universitätslehrgang für Tourismus-Management der Johannes Kepler Universität Linz, Wien, September 2011b.

Meldegesetz 1991 idgF, BGBl. Nr.9/1991 vom 7.1.1992.

Statistik Austria, „Tourismusstatistik: Monatliche Nächtigungsstatistik ab 2003“, Dokumentation, Wien, März 2011a, http://www.statistik.at/web_de/dokumentationen/Tourismus/index.html, Download am 20.2.2012.

Statistik Austria, „Tourismus in Österreich 2010, Ergebnisse der Beherbergungsstatistik“, Wien, Mai 2011b, http://www.statistik.at/web_de/dynamic/statistiken/tourismus/beherbergung/publdetail?id=258&listid=258&detail=474, Download am 20.12.2012.

Statistik Austria, „Urlaubs- und Geschäftsreisen, Kalenderjahr 2010, Ergebnisse aus den vierteljährlichen Befragungen“, Schnellbericht 3.4, Wien, Juni 2011c,http://www.statistik.at/web_de/dynamic/statistiken/tourismus/reisegewohnheiten/publdetail?id=259&listid=259&detail=381, Download am 20.2.2012.

Statistik Austria/WIFO, „Ein Tourismus-Satellitenkonto für Österreich. Methodik, Ergebnisse und Prognosen für die Jahre 2000 bis 2011“, Wien, Dezember 2010, http://www.statistik.at/web_de/statistiken/tourismus/tourismus-satellitenkonto/wertschoepfung/index.html, Download am 20.2.2012.

Tourismus-Nachfragestatistik Verordnung 2003, BGBl. Nr. 301/2003 vom 27.6.2003.

Tourismusstatistik-Verordnung 2002 idgF, BGBl. Nr. 502/2004 vom 21.12.2004.

UN, „Fundamentale Prinzipien der amtlichen Statistik der Vereinten Nationen“, New York, 1994, http://unstats.un.org/unsd/methods/statorg/FP-English.htm, Download am 20.2.2012.

UN (Hrsg.), „Tourism Satellite Account: Recommended Methodological Framework 2008“, EUROSTAT, OECD, UNWTO, Studies in Methods, Series F No. 80/Rev.1, New York, 2008, http://unstats.un.org/unsd/publication/Seriesf/SeriesF_80rev1e.pdf, Download am 20.2.2012.

UN/WTO, „Recommendations on Tourism Statistics“, Statistical papers, Series M No.83, New York, 1994.

UN/UNWTO, „International Recommendations for Tourism Statistics“, Studies in Methods, Series M No. 83/Rev.1, New York, 2010, http://unstats.un.org/unsd/publication/Seriesm/SeriesM_83rev1e.pdf, Download am 20.2.2012.

*Quelle: Österreich Werbung, ©Himsl, Wanderer mit Rodel Ramsau am Dachstein Steiermark.*

*Univ. Prof. Dr. Egon Smeral*

# Autor

Univ. Prof. Dr. Egon Smeral

# Kurz-Curriculum

Egon Smeral ist Ökonom und Experte für Tourismus- und Freizeitwirtschaft am Österreichischen Institut für Wirtschaftsforschung (WIFO) sowie „Full Professor" an der Modul-University, Vienna. Er ist in Österreich Vorsitzender des Expertenbeirats Tourismusstrategie. Seine Forschungstätigkeit erstreckt sich über weite Bereiche der angewandten Wirtschaftstheorie und -politik (insbesondere im Bezug auf die Tourismus-, Freizeit- und Dienstleistungswirtschaft).

# Die volkswirtschaftliche Bedeutung des Tourismus

## Zusammenfassung

Um die Wirtschaftskraft des Tourismus entsprechend darzustellen, wurde von internationalen Organisationen die Implementierung von Tourismus-Satellitenkonten (TSAs) empfohlen. Eine zentrale Annahme der TSA-Methode ist es, Tourismus als nachfragedefiniert aufzufassen und nur diejenigen Effekte zu berücksichtigen, die aus den direkten wirtschaftlichen Beziehungen zwischen Touristen und Produzenten resultieren. Die auf direkte wirtschaftliche Beziehungen eingeschränkte Tourismusdefinition laut TSA lässt die vielen indirekten, durch vielfältige wirtschaftliche Lieferverflechtungen ausgelösten Effekte außer Betracht. Obwohl von den TSA-Architekten ursprünglich angestrebt wurde, die bedeutende Rolle des Tourismus in der Gesamtwirtschaft darzustellen, ist es deshalb konzeptionell nicht zulässig, die Tourismuswertschöpfung laut TSA in Beziehung zum Bruttoinlandsprodukt (BIP) zu setzen, weil im BIP auch die indirekt von der Tourismusnachfrage betroffenen Sektoren enthalten sind. Der Einsatz der Input-Output-Analyse macht durch die zusätzliche Berücksichtigung der indirekten Effekte die tatsächliche Stellung des Tourismus in der österreichischen Gesamtwirtschaft deutlich (BIP-Anteil von 7,5%, anstatt „nur" 5,3% auf Basis der direkten Effekte). Weiters ist zu berücksichtigen, dass nach den Stufen der direkten und indirekten Wertschöpfungsentstehung ein durch die Verausgabung der geschaffenen Einkommen induzierter, neuer Multiplikatorprozess einsetzt, der zu einer weiteren Einkommenserhöhung führt (in Österreich etwa um 30%).

> **„Es scheint, dass der Tourismus in Österreich vor einem Scheideweg steht: entweder die Wachstumschancen zu nutzen oder laufend an Bedeutung in der Gesamtwirtschaft zu verlieren."**
>
> Egon Smeral

# Die volkswirtschaftliche Bedeutung des Tourismus

## Einleitung

Der Tourismus spielt in vielen Volkswirtschaften eine bedeutende Rolle für die Einkommensentstehung und die Beschäftigung, so dass seine Messung einen wichtigen Stellenwert für die Tourismuspolitik hat.

Im Gegensatz zu den produktionsorientierten Wirtschaftszweigen wie Landwirtschaft oder Sachgütererzeugung werden Umfang und Struktur der Tourismuswirtschaft durch den Konsum der Touristen bestimmt und daher nicht eigens als Sektor in der Volkswirtschaftlichen Gesamtrechnung (VGR) erfasst. Komplexität entsteht vor allem dadurch, dass touristische Aktivitäten in den verschiedensten Wirtschaftsbereichen stattfinden bzw. umgekehrt touristische Güter und Dienstleistungen in Bereichen produziert werden, die zunächst als für den Tourismus gar nicht relevant erscheinen mögen.

Die herkömmliche Tourismusstatistik vermag diese Vielfalt an volkswirtschaftlichen Verflechtungen des Tourismus nur unzureichend darzustellen. Auswege, um das System Tourismus in seiner Komplexität zu erfassen, bieten die Erstellung eines Tourismus-Satellitenkontos (TSA) und der Einsatz der Input-Output-Analyse. Beide Systeme zielen auf die Erfassung der touristischen Wertschöpfung ab, wobei sich der TSA-Ansatz auf die Abbildung der direkten Wertschöpfungseffekte und die Input-Output-Analyse zusätzlich auch auf indirekte Wertschöpfungseffekte konzentriert. Eine weitere Stufe der Evaluierung touristischer Aktivitäten bezieht sich auf die Effekte der durch die Verausgabung der direkt und indirekt geschaffenen Einkommen entstehenden Multiplikatorprozesse, die weitere zusätzliche Einkommen induzieren.

## Vom Umsatz zur Wertschöpfung

Die Tourismusnachfrage ist dadurch gekennzeichnet, dass die Gäste nicht nur ein Gut, sondern viele verschiedene Güter und Dienstleistungen nachfragen. Touristen tätigen beispielsweise Aufwendungen in Hotels, Gaststätten und Restaurants, kaufen Erinnerungsgegenstände, Bekleidung, Sportartikel, Ansichtskarten, Zeitschriften, Bücher, Briefmarken und benutzen Verkehrs-, Kultur-, Unterhaltungs- und Freizeiteinrichtungen. Dadurch werden viele unterschiedliche Wirtschaftssektoren einbezogen, die diese nachgefragten Güter und Dienstleistungen „produzieren" bzw. „anbieten". Aus den erzielten Umsätzen entsteht in diesen Unternehmen nach Abzug der Vorleistungen unmittelbar „Wertschöpfung". Dies wird in der Tourismusökonomie die direkte Wertschöpfung des Tourismus genannt (Tschurtschenthaler, 1993). Bei Betrachtung des möglichen Ausgabenspektrums wird damit klar, dass die Nächtigungsstatistik nur ein unvollkommenes Bild der Tourismusentwicklung liefern kann, zumal – bezogen auf die österreichischen Verhältnisse – nur knapp ein Drittel der touristischen Nachfrage auf den Beherbergungssektor entfällt.

Von den Aufwendungen der Touristen sind aber nicht nur die Unternehmen betroffen, bei denen Touristen ihre Ausgaben tätigen, sondern auch jene Unternehmen, von denen die Tourismusanbieter ihre Vorleistungen beziehen. Da die Vorlieferanten aber wiederum Güter- und Dienstleistungen von anderen nationalen (innerregionalen) und ausländischen (auswärtigen) Unternehmen beziehen müssen, ergeben sich komplexe Lieferverflechtungen, die für ein Land (die Tourismusregion) wertschöpfungsrelevant sind. Die Wertschöpfungskomponenten, die durch die Vorlieferverflechtungen entstehen, können als indirekte Beiträge zur Wertschöpfungswirkung des Tourismus interpretiert werden. Vorleistungen, die von anderen in- und/oder ausländischen Regionen bezogen werden müssen, stellen so genannte Importverluste dar, welche die gesamte (direkte und indirekte) potenzielle Wertschöpfung aus dem Tourismus reduzieren.

Da die im Land, bzw. in der Region, durch direkte und indirekte Wertschöpfungswirkungen des Tourismus entstandenen Einkommen weitgehend wieder für Konsumzwecke ausgegeben werden und daraus wieder Einkommen entstehen, die wieder zum Teil in den Konsum fließen, ist letztlich nach Abschluss dieses Multiplikatorprozesses das durch den Tourismus geschaffene Einkommen größer als am Beginn des Kreislaufes.

## Die Erfassung der direkten, indirekten und induzierten touristischen Wertschöpfung

### Direkte Wertschöpfung – Tourismus-Satellitenkonten

Die Entwicklung eines Tourismus-Satellitenkontos (TSA) wurde in Kooperation von World Tourism Organization (UNWTO), OECD und dem Statistischen Amt der Europäischen Union (EUROSTAT) unter Einbeziehung der Statistischen Kommission der Vereinten Nationen (UNSC) initiiert und laufend weiter verbessert (UN, 2001, 2008a und 2008b).

In Österreich haben die Statistik Austria und das Österreichische Institut für Wirtschaftsforschung (WIFO) die Aufgabe zur Entwicklung eines Tourismus-Satellitenkontos – basierend auf den methodologisch empfohlenen Grundlagen der oben genannten Organisationen – in einem gemeinsamen Projekt im Auftrag des Bundesministeriums für Wirtschaft und Arbeit (BMWA; seit 1.2.2009 Bundesministerium für Wirtschaft, Familie und Jugend – BMWFJ) übernommen. Das Tourismus-Satellitenkonto für Österreich wurde beginnend mit dem Basisjahr 1999 erstmals publiziert (Laimer/Smeral, 2002).

Grundsätzlich bezieht sich das TSA-Konzept in seinem Kernbereich auf die „Tourismusindustrien". Dazu zählen vor allem die Beherbergung und die Gastronomie, das Reisebüro-, Kultur-, Unterhaltungs- und Reiseversicherungswesen sowie die Bereiche Verkehr und Sport.

Das Hauptproblem bei den „tourismusspezifischen" Branchen, bzw. charakteristischen Tourismusindustrien, liegt vor allem darin, dass der Konsum touristischer Waren nicht immer eindeutig gemessen werden kann: So werden zum Beispiel Speisen im Restaurant auch von Nicht-Touristen konsumiert und andererseits nicht-touristische Waren (Bekleidung, Lebensmittel) auch von Touristen gekauft.

Das bedeutet, es können nicht einfach „tourismusspezifische" Branchen identifiziert und deren Output-Daten aggregiert werden. Um Aussagen über die Tourismusaktivitäten eines Landes zu tätigen, muss vielmehr der Output einer touristischen Ware mit jenem Anteil gewichtet werden, der dem Verhältnis der touristischen Ausgaben zu den Gesamtausgaben für das betreffende Gut entspricht. Im Prinzip hat jedes Produkt ein touristisches Gewicht: Für ein Hotelzimmer liegt dieses beispielsweise bei knapp 100%, andere Produkte wiederum haben weniger oder fast gar keine touristische Bedeutung.
Im Zuge der Erstellung von Tourismus-Satellitenkonten ist die Definition der Tourismusnachfrage von entscheidender Bedeutung. Maßgebend für die Bestimmung der Tourismusnachfrage sind (Laimer/Ostertag-Sydler/Smeral, 2012):

- Besucher
- hauptsächlicher Reisezweck
- gewohnte bzw. ungewohnte Umgebung
- touristischer Konsum

Besucher: Gemäß der Definition der UN Statistics Division (UNSD) „ist Tourismus die Tätigkeit von Personen, die zu Orten außerhalb ihrer gewohnten Umgebung reisen und sich dort höchstens ein Jahr lang als Urlauber, auf Grund von geschäftlichen oder anderen Zwecken aufhalten, ohne in einem gebietsansässigen Unternehmen zu arbeiten" (UN, 2008a).
Dabei müssen zunächst zwei grundlegende Kategorien von Besuchern unterschieden werden:

- Internationale Besucher, die ihren ordentlichen Wohnsitz nicht im Land der Reisedestination haben; dazu zählen auch Staatsbürger, die ihren Wohnsitz ständig im Ausland haben.
- Inländische Besucher, deren ordentlicher Wohnsitz sich im Reisezielland befindet, wobei es sich um Staatsbürger oder Ausländer handeln kann.

Ein Besucher kann entweder ein Tagesbesucher oder ein Tourist sein; Letzterer ist ein Besucher mit mindestens einer Übernachtung. Ferner kann eine Reise zu Geschäftszwecken oder aus anderen (persönlichen) Gründen stattfinden (wie der Besuch des Zweitwohnsitzes oder von Verwandten und Bekannten). Bestimmte Formen der Reise sind jedoch ausgenommen, nämlich jene von Grenzgängern (Pendlern), vorübergehend Zugezogenen, Einwanderern (Gastarbeitern), Flüchtlingen, Diplomaten und Militärpersonen im Zuge ihrer beruflichen Tätigkeit.

Hauptsächlicher Reisezweck: Beim Hauptreisezweck von Tagesbesuchern und Touristen kann nach folgenden Kategorien unterschieden werden:

- Private Reisen: Freizeit-, Erholungs- und Urlaubsreisen, Verwandten- und Bekanntenbesuche, (nicht-berufliche) Ausbildungsreisen, Gesundheitsurlaube, religiös motivierte Reisen, Einkaufsreisen, sonstige Reisen
- Dienst- und Geschäftsreisen

Gewohnte und ungewohnte Umgebung: Die gewohnte Umgebung bezieht sich auf die geografischen Grenzen, innerhalb derer sich jemand im täglichen Leben bewegt, und setzt sich aus der direkten Umgebung des Zuhauses, des Arbeitsplatzes oder der Ausbildungsstätte sowie aus anderen häufig frequentierten Orten zusammen.

Der Begriff „gewohnte Umgebung" umfasst zwei Dimensionen: Der TSA-Philosophie zufolge ist es entscheidend, ob das Reiseziel einer Person („des Besuchers") außerhalb ihrer gewohnten Umgebung liegt (weitere Entfernung, keine regelmäßigen oder häufigen Besuche). In diesem Fall zählt diese nicht zu den „einheimischen Konsumenten". Aus ökonomischer Sicht werden durch den Aufenthalt eines Besuchers bzw. Touristen zusätzliche Ausgaben und somit Wertschöpfung – über jene der einheimischen Konsumenten hinaus – generiert. Dieser von den Besuchern ausgelöste monetäre Effekt kann mit Hilfe des TSA gemessen werden.

Touristischer Konsum: Für die wirtschaftliche Bedeutung des Tourismus spielen Ausgaben eine zentrale Rolle. Von UN, EUROSTAT, OECD und UNWTO wird folgende Definition verwendet: „Ausgaben, die von einem oder für einen Besucher vor, während und nach einer Reise außerhalb der gewohnten Umgebung getätigt werden und mit dieser Reise in Zusammenhang stehen" (UN, 2008b). Im Rahmen des TSA-Konzepts werden auch die Ausgaben für verschiedene Produkte erfasst, die im Zuge einer Reise konsumiert werden.

### Indirekte und induzierte Wertschöpfung

Im Rahmen des TSA-Konzepts wird nur die direkte Tourismusnachfrage erfasst, das sind jene Aufwendungen, welche vom Besucher (oder an dessen Stelle) für Waren und Dienstleistungen vor, während und nach einer Reise getätigt werden.

Die auf direkte physische und wirtschaftliche Beziehungen eingeschränkte Tourismus-Definition laut TSA lässt die verschiedenen indirekten, durch wirtschaftliche Lieferverflechtungen ausgelösten Effekte außer Betracht (Smeral, 2006). Somit kann die nationale Tourismuswertschöpfung auf Basis eines TSA nur mit den TSA-Ergebnissen anderer Länder oder mit analog errechneten Satelliten anderer Sektoren verglichen werden. Eine Relativierung mit der gesamtwirtschaftlichen Wertschöpfung – die entscheidende wirtschaftspolitische Zielgröße – ist deshalb nicht korrekt, weil diese auch die Wertschöpfungseffekte der touristischen Zulieferindustrien (Nahrungsmittel, Wirtschaftsdienste et cetera) beinhaltet (Smeral, 2006). Aus diesem Grund ist bei gesamtwirtschaftlichen Vergleichen die Berücksichtigung der indirekten Effekte des Tourismus unerlässlich.

Diese indirekten Effekte der Auswirkungen des Tourismus auf die Gesamtwirtschaft eines Landes können durch die Input-Output-Analyse beschrieben werden (Smeral, 2003; Laimer/Ostertag-Sydler/Smeral, 2012).

Der Grundgedanke des Input-Output-Modells ist, dass die Nachfrage nach den Erzeugnissen eines Wirtschaftszweiges nicht nur direkt dessen Outputvolumen bestimmt, sondern auch indirekt Produktion in den vorgelagerten Produktionszweigen entstehen lässt (Smeral, 2003). Dieser so induzierte Output löst wieder Lieferungen anderer vorgelagerter Bereiche aus. Zusätzlich werden die vorgelagerten Bereiche auch Erzeugnisse der nachgelagerten Bereiche für ihre Produktion benötigen, wodurch im Zuge der Nachfrageeinflüsse auf die Produktion Kreislaufprozesse entstehen. Anders ausgedrückt löst beispielsweise eine autonome Nachfragesteigerung einen Prozess aus, der direkt und indirekt Einkommen und Beschäftigung schafft.

Neben der notwendigen Berücksichtigung der indirekten Effekte entsteht ein weiterer Korrekturbedarf bei der Erfassung von Dienst- und Geschäftsreisen. Auf TSA-Ebene werden Dienst- und Geschäftsreisen (richtigerweise) der touristischen Gesamtnachfrage zugerechnet und sind damit meso-ökonomisch wertschöpfungswirksam. Bei einem Vergleich der TSA-Wertschöpfungsdaten mit der gesamtwirtschaftlichen Wertschöpfung entsteht damit ein Korrekturbedarf, weil gesamtwirtschaftlich der Intermediärkonsum („Zwischennachfrage") – im Speziellen Dienst- und Geschäftsreisen der Inländer – als Vorleistung behandelt wird und daher von dem im TSA-Kontext ermittelten touristischen Inländer-Konsum in Abzug gebracht werden muss.

Nach den Stufen der direkten und indirekten Wertschöpfungsentstehung beginnt jedoch ein durch die Verausgabung der geschaffenen Einkommen induzierter neuer Multiplikatorprozess, der zu einer weiteren Einkommenserhöhung führt. Das zu Beginn direkt und indirekt geschaffene Einkommen ist nämlich Basis für neuerliche Konsumausgaben, wodurch wieder Einkommen geschaffen werden, die wiederum Konsumausgaben bewirken. Abflüsse aus dem System (Importe, Steuern) reduzieren die Multiplikatoreffekte.

### Ergebnisse

Für das Berichtsjahr 2010 wurde in Österreich ein Gesamtausgabevolumen für Urlaubs- und Geschäftsreisen sowie Verwandten- und Bekanntenbesuche in der Höhe von 29,48 Milliarden Euro ermittelt. Auf ausländische Reisende entfielen davon 51,9% und auf inländische Besucher 47,7% (siehe Tabelle 1). Die Ausgaben im Zuge des Aufenthaltes in Wochenendhäusern und Zweitwohnungen machen anteilsmäßig 0,4% aus.

Von den Ausgaben der inländischen Besucher für heimische Reiseziele in der Höhe von 14,07 Milliarden Euro waren 62,2% den übernachtenden Touristen und 37,8% den Tagesbesuchern zuzurechnen. Bei den ausländischen Besuchern lag der Ausgabenanteil des Übernachtungstourismus mit 84,3% deutlich darüber.

Geschäftsreisen beliefen sich mit 1,94 Milliarden Euro auf 13,8% des Gesamtaufkommens für Inlandsaufenthalte, für Urlaubsreisen gaben die Österreicher 2010 einen Anteil von 86,2% aus. Dabei dominierten die Aufwendungen übernachtender Touristen sowohl zu Geschäfts- als auch zu Urlaubszwecken (65,4% bzw. 61,7%), auf die Tagesbesucher entfiel jeweils gut ein Drittel.

# Die volkswirtschaftliche Bedeutung des Tourismus

*Tabelle 1: Hauptergebnisse des Tourismus-Satellitenkontos für Österreich, 2000–2011 (in Millionen Euro)*

| **Touristische Nachfrage** | **2000** | **2001** | **2002** | **2003** | **2004** | **2005** | **2006** | **2007** | **2008** | **2009** | **2010** | **2011** |
|---|---|---|---|---|---|---|---|---|---|---|---|---|
| | | | | | | **Mio. €** | | | | | | |
| Ausgaben ausländischer Besucher | 11.884 | 12.460 | 12.854 | 13.176 | 13.535 | 14.319 | 14.750 | 15.082 | 16.082 | 14.990 | 15.301 | 15.910 |
| Übernachtende Touristen | 10.415 | 10.871 | 11.091 | 11.397 | 11.731 | 12.392 | 12.702 | 12.851 | 13.352 | 12.378 | 12.894 | 13.345 |
| Tagesbesucher | 1.468 | 1.590 | 1.763 | 1.779 | 1.805 | 1.926 | 2.048 | 2.231 | 2.730 | 2.611 | 2.407 | 2.565 |
| Ausgaben inländischer Besucher | 10.553 | 10.899 | 11.407 | 11.608 | 12.344 | 12.691 | 13.353 | 13.842 | 14.262 | 13.920 | 14.074 | 14.567 |
| Urlaubsreisende | 8.716 | 8.917 | 9.385 | 9.520 | 10.285 | 10.585 | 11.002 | 11.260 | 11.495 | 11.650 | 12.130 | 12.506 |
| Übernachtende Touristen | 5.303 | 5.510 | 5.859 | 5.991 | 6.465 | 6.555 | 6.905 | 7.147 | 7.204 | 7.244 | 7.490 | 7.715 |
| Tagesbesucher | 3.414 | 3.408 | 3.526 | 3.529 | 3.819 | 4.030 | 4.097 | 4.113 | 4.292 | 4.406 | 4.640 | 4.791 |
| Geschäftsreisende | 1.837 | 1.981 | 2.021 | 2.088 | 2.059 | 2.106 | 2.351 | 2.582 | 2.767 | 2.270 | 1.944 | 2.061 |
| Übernachtende Touristen | 1.055 | 1.142 | 1.199 | 1.252 | 1.205 | 1.234 | 1.463 | 1.621 | 1.773 | 1.392 | 1.271 | 1.335 |
| Tagesbesucher | 782 | 839 | 823 | 836 | 854 | 872 | 887 | 961 | 994 | 877 | 673 | 726 |
| Ausgaben in Wochenendhäusern und Zweitwohnungen | 87 | 91 | 93 | 95 | 98 | 101 | 102 | 103 | 105 | 108 | 105 | 109 |
| **Gesamtausgaben** | **22.523** | **23.450** | **24.353** | **24.878** | **25.977** | **27.110** | **28.206** | **29.027** | **30.449** | **29.017** | **29.480** | **30.586** |

*Quelle: Statistik Austria, WIFO. Urlaubs- und Geschäftsreisen. 2000–2009: revidiert, 2010: vorläufig, 2011: Schätzung.*

Laut TSA-Methode wurden für das Jahr 2010, gleichbleibend mit dem Vorjahr, direkte Wertschöpfungseffekte des Tourismus in der Höhe von 15,09 Milliarden Euro ermittelt (ohne Dienst- und Geschäftsreisen; siehe Tabelle 2). Gemessen am Bruttoinlandsprodukt beliefen sich diese rein rechnerisch auf einen Anteil von 5,3%.

*Tabelle 2: Volkswirtschaftliche Bedeutung der direkten Effekte des Tourismus in Österreich, 2000–2011 (in Millionen Euro)*

| **Tourismus-Satellitenkonto – Direkte Wertschöpfung laut TSA** | **2000** | **2001** | **2002** | **2003** | **2004** | **2005** | **2006** | **2007** | **2008** | **2009** | **2010** | **2011** |
|---|---|---|---|---|---|---|---|---|---|---|---|---|
| | | | | | | **Mio. €** | | | | | | |
| Ohne Dienst- und Geschäftsreisen | 10.211 | 10.571 | 10.915 | 11.208 | 11.690 | 11.979 | 12.465 | 13.050 | 13.793 | 13.803 | 15.091 | 15.633 |
| Einschließlich Dienst- und Geschäftsreisen | 11.107 | 11.450 | 11.869 | 12.136 | 12.566 | 12.818 | 13.322 | 14.120 | 15.059 | 14.891 | 16.036 | 16.637 |
| | | | | | | **Veränderung gegen das Vorjahr in %** | | | | | | |
| Ohne Dienst- und Geschäftsreisen | – | +3,5 | +3,3 | +2,7 | +4,3 | +2,5 | +4,1 | +4,7 | +5,7 | +0,1 | +9,3 | +3,6 |
| Einschließlich Dienst- und Geschäftsreisen | – | +3,1 | +3,7 | +2,3 | +3,5 | +2,0 | +3,9 | +6,0 | +6,7 | −1,1 | +7,7 | +3,7 |
| | | | | | | **Anteil am BIP in %** | | | | | | |
| Ohne Dienst- und Geschäftsreisen | 4,9 | 4,9 | 4,9 | 5,0 | 5,0 | 4,9 | 4,8 | 4,8 | 4,9 | 5,0 | 5,3 | 5,2 |
| Einschließlich Dienst- und Geschäftsreisen | 5,3 | 5,3 | 5,4 | 5,4 | 5,4 | 5,2 | 5,1 | 5,2 | 5,3 | 5,4 | 5,6 | 5,5 |

*Quelle: Statistik Austria, WIFO. 2000–2009: revidiert, 2010: vorläufig, 2011: Schätzung.*

In einer Betrachtung nach Gütern und Dienstleistungen machten im Jahr 2010 das Beherbergungswesen mit knapp einem Drittel sowie die Restaurant- und Gaststättendienste mit rund einem Viertel die größten Positionen der touristischen Gesamtaufwendungen aus (für Details siehe Tabelle 3 sowie Laimer/Ostertag-Sydler/Smeral, 2012).

*Tabelle 3: Touristischer Konsum nach Produkten in Österreich 2010*

| **Aggregate** | **Mio. €** | **Anteil in %** |
|---|---|---|
| Tourismuscharakteristische Dienstleistungen | 23.810 | 80,8 |
| Beherbergung | 8.807 | 29,9 |
| Hotels und andere Unterkünfte[1)] | 8.702 | 29,5 |
| Zweitwohnungen/-häuser[2)] | 105 | 0,4 |
| Restaurant- und Gaststättendienste | 7.590 | 25,7 |
| Personentransport | 4.611 | 15,6 |
| Eisenbahn | 770 | 2,6 |
| Straßenverkehr[3)] | 511 | 1,7 |
| Wasserverkehr | 45 | 0,2 |
| Luftverkehr | 3.055 | 10,4 |
| Sonstige Hilfs- und Nebentätigkeiten für den Verkehr[4)] | 229 | 0,8 |
| Reisebüros bzw. -veranstalter[5)] | 95 | 0,3 |
| Kultur-, Unterhaltungs- und sonstige Dienstleistungen | 2.707 | 9,2 |
| Tourismusverwandte bzw. nicht-tourismusspezifische Waren bzw. Dienstleistungen | 5.670 | 19,2 |
| Waren | 2.289 | 7,8 |
| Dienstleistungen | 3.163 | 10,7 |
| Handelsspanne | 218 | 0,7 |
| Insgesamt | 29.480 | 100,0 |

*Quelle: Statistik Austria, WIFO. Urlaubs- und Geschäftsreisen; vorläufige Daten. Rundungen können Rechendifferenzen ergeben. [1)] Einschließlich Verwandten- und Bekanntenbesuche. [2)] Aufwendungen bzw. „fiktive" Miete. [3)] z. B. Taxi, Autobus, Straßenbahn, Schnellbahn. [4)] z. B. Parkhäuser, Betrieb von Bahnhöfen bzw. Flughäfen. [5)] Nur Spannen; Package-Teile sind in den jeweiligen Dienstleistungen enthalten (z. B. bei Buchung einer Schiffskreuzfahrt in einem Reisebüro: Die Dienstleistung wird dem „Wasserverkehr" zugerechnet, die Position „Spanne" verbleibt unter „Reisebüros bzw. -veranstalter").*

Die volkswirtschaftliche Bedeutung des Tourismus bzw. dessen Beitrag zur gesamtwirtschaftlichen Wertschöpfung ist eine wichtige Kennzahl für die Wirtschaftspolitik. Zur Ermittlung dieser zentralen Größe sind die TSA-Ergebnisse unter Berücksichtigung aller durch den Tourismus ausgelösten direkten und indirekten Effekte, jedoch unter Ausschluss der Dienst- und Geschäftsreisen, auszuweisen. Unter Anwendung der Multiplikatoren aus der Input-Output-Tabelle 2005 auf die TSA-Werte ergaben sich für das Jahr 2010 direkte und indirekte Wertschöpfungseffekte in der Höhe von 21,50 Milliarden Euro (Tabelle 4), der Tourismus trug somit 7,5% zur gesamtwirtschaftlichen Bruttowertschöpfung (BIP) bei (Laimer/Ostertag-Sydler/Smeral, 2012).

*Tabelle 4: Volkswirtschaftliche Bedeutung der Tourismus- und Freizeitwirtschaft in Österreich, 2000–2011*

| **TSA-Erweiterungen - Direkte und indirekte Wertschöpfung** | **2000** | **2001** | **2002** | **2003** | **2004** | **2005** | **2006** | **2007** | **2008** | **2009** | **2010** | **2011** |
|---|---|---|---|---|---|---|---|---|---|---|---|---|
| | **Mio. €** | | | | | | | | | | | |
| Tourismus[1)] | 16.155 | 16.766 | 17.439 | 17.797 | 18.678 | 19.526 | 20.191 | 20.652 | 21.618 | 20.888 | 21.504 | 22.276 |
| Freizeitkonsum der Inländer am Wohnort | 14.676 | 15.223 | 15.314 | 16.081 | 16.646 | 17.125 | 18.343 | 18.865 | 19.521 | 20.033 | 20.935 | 21.793 |
| Tourismus und Freizeitwirtschaft[1)] | 30.830 | 31.988 | 32.753 | 33.878 | 35.324 | 36.651 | 38.534 | 39.517 | 41.138 | 40.921 | 42.438 | 44.069 |
| | **Veränderung gegen das Vorjahr in %** | | | | | | | | | | | |
| Tourismus[1)] | – | +3,8 | +4,0 | +2,1 | +5,0 | +4,5 | +3,4 | +2,3 | +4,7 | –3,4 | +2,9 | +3,6 |
| Freizeitkonsum der Inländer am Wohnort | – | +3,7 | +0,6 | +5,0 | +3,5 | +2,9 | +7,1 | +2,8 | +3,5 | +2,6 | +4,5 | +4,1 |
| Tourismus und Freizeitwirtschaft[1)] | – | +3,8 | +2,4 | +3,4 | +4,3 | +3,8 | +5,1 | +2,6 | +4,1 | –0,5 | +3,7 | +3,8 |
| | **Beitrag zum BIP in %** | | | | | | | | | | | |
| Tourismus[1)] | 7,7 | 7,8 | 7,9 | 7,9 | 8,0 | 8,0 | 7,8 | 7,5 | 7,6 | 7,6 | 7,5 | 7,4 |
| Freizeitkonsum der Inländer am Wohnort | 7,0 | 7,1 | 6,9 | 7,1 | 7,1 | 7,0 | 7,1 | 6,9 | 6,9 | 7,3 | 7,3 | 7,2 |
| Tourismus und Freizeitwirtschaft[1)] | 14,8 | 14,9 | 14,9 | 15,1 | 15,1 | 14,9 | 14,9 | 14,4 | 14,5 | 14,9 | 14,8 | 14,6 |

*Quelle: Statistik Austria, WIFO. 2000–2009: revidiert, 2010: vorläufig, 2011: Schätzung. [1)]Ohne Dienst- und Geschäftsreisen.*

Durch die zusätzliche Berücksichtigung des nicht-touristischen Freizeitkonsums der Österreicher am Wohnort („gewohnte Umgebung") wird die volkswirtschaftliche Bedeutung der gesamten Tourismus- und Freizeitwirtschaft verdeutlicht (Smeral, 1990). Aktuelle Berechnungen ergaben für das Jahr 2010 diesbezügliche Aufwendungen von 26,81 Milliarden Euro. Nach Anwendung der Input-Output-Multiplikatoren beliefen sich dadurch direkte und indirekte Wertschöpfungseffekte auf 20,94 Milliarden Euro, welche ebenfalls 7,3% der gesamtwirtschaftlichen Wertschöpfung ausmachten.

Die Gesamtbetrachtung der inlandswirksamen Aufwendungen für den touristischen Konsum und den nicht-touristischen Freizeitkonsum am Wohnort verdeutlicht die beachtliche Dimension der gesamten Tourismus- und Freizeitwirtschaft in Österreich: Die direkten und indirekten Wertschöpfungseffekte beliefen sich 2010 auf 42,44 Milliarden Euro. Der Beitrag der gesamten Tourismus- und Freizeitwirtschaft zum BIP ist 2010 mit 14,8% (–0,06 Prozentpunkte gegenüber 2009) beinahe gleich geblieben. Bei Berücksichtigung der induzierten Effekte erhöhen sich die durch die Tourismus- und Freizeitwirtschaft generierten direkten und indirekten Einkommen um etwa weitere 30% (Smeral, 2003).

## Ausblick

Nach der Überwindung der Rezession 2009 sind die Einbußen in der Tourismusnachfrage zum Stillstand gekommen. Seitdem stagnieren die realen touristischen Umsätze. Gegenwärtig kann der österreichische Tourismus das Wachstum seiner Tourismusmärkte nur suboptimal nutzen und bleibt auch hinter der gesamtwirtschaftlichen Entwicklung zurück. Es scheint, dass der Tourismus in Österreich vor einem Scheideweg steht – entweder die Wachstumschancen zu nutzen oder laufend an Bedeutung in der Gesamtwirtschaft zu verlieren. Die Rückkehr zum Wachstumskurs wird zum Teil dadurch erschwert, dass die für die Erhaltung und Verbesserung der Wettbewerbsfähigkeit und die Verminderung der saisonalen Abhängigkeiten notwendigen Investitionen von den vielen Klein- und Mittelbetrieben mit beschränktem Zugang zum Kapitalmarkt nicht oder nur zum Teil getätigt werden können. Ferner ist auch zu bedenken, dass die Verlagerung der Wachstumspole der Weltwirtschaft in Richtung Brasilien, Russland, Indien und China (BRIC-Länder) neue bedeutende touristische Wachstumspotenziale entstehen lässt, so dass Investitionen in die Entwicklung neuer Märkte und die Schaffung entsprechender Angebotsstrukturen nicht außer Acht gelassen werden sollten. Verstärkt wird das Problem des Kapitalmangels durch die Produktivitätsschwäche des Beherbergungs- und Gaststättenwesens und der anderen personengebundenen Produktionsformen in der touristischen Dienstleistungskette. Neben dem Finanzierungs- und Rentabilitätsdruck hat auch die voranschreitende Globalisierung den Konkurrenzdruck erhöht. Die rasche technische Entwicklung steigert den Innovationsdruck, die stetigen Veränderungen im Konsumentenverhalten erhöhen den Anpassungs- und Qualitätsdruck. Notwendige strukturelle Veränderungen auf Grund des demografischen Wandels sowie die Heranbildung einer kritischen Masse an „Entrepreneurship“ stellen weitere wichtige Herausforderungen dar.

## Literatur

Laimer, P., Ostertag-Sydler, J., Smeral, E., „Ein Tourismus-Satellitenkonto für Österreich. Methodik, Ergebnisse und Prognosen für die Jahre 2000 bis 2012“, Studie von Statistik Austria und WIFO im Auftrag des Bundesministeriums für Wirtschaft, Familie und Jugend (BMWFJ), Wien, 2012.

Laimer, P., Smeral, E., „A Tourism Satellite Account for Austria. The Economics, Methodology and Results 1999–2003“, Statistik Austria, WIFO, Wien, 2002.

Smeral, E., „Die Freizeitmilliarden, Situation und Entwicklungsperspektiven von Tourismus und Freizeit in Österreich“, WIFO-Studie im Auftrag des Bundesministeriums für wirtschaftliche Angelegenheiten, der Bundessektion Fremdenverkehr und der Österreich Werbung, Wien, 1990.

Smeral, E., „The Economic Impact of Tourism in Austria“, The Tourist Review, 51(3), 1995.

Smeral, E., „Die Zukunft des internationalen Tourismus – Entwicklungsperspektiven für das 21. Jahrhundert", Linde Verlag, Wien, 2003.

Smeral, E., „Tourism Satellite Accounts: A Critical Assessment“, Journal of Travel Research, 45(1), 2006.

Tschurtschenthaler, P., „Methoden zur Berechnung der Wertschöpfung im Tourismus“, in: Haedrich, G. et al., „Tourismus-Management“, 2. Auflage, Berlin – New York, 1993.

UN (United Nations), „Tourism Satellite Account: Recommended Methodological Framework“, EUROSTAT, OECD, UN, UNWTO, New York, 2001.

UN (United Nations), „International Recommendations for Tourism Statistics 2008“, UNWTO, UNSD, New York, 2008 ILO, Madrid – New York, 2008a, http://unstats.un.org/unsd/publication/Seriesm/SeriesM_83rev1e.pdf, Download am 20.2.2012.

UN (United Nations), „Tourism Satellite Account: Recommended Methodological Framework 2008“, UNWTO, Madrid – New York, 2008b.

Quelle: Österreich Werbung, ©Diejun, Zillertaler Alpen, Blick vom Hintertuxer Gletscher auf den Alpenhauptkamm.

*Mag. Wolfgang Kleemann*

## Autor

Mag. Wolfgang Kleemann

## Kurz-Curriculum

„Praktiker für Praktiker“ war der Leitslogan, den Wolfgang Kleemann, geboren 1957, für seine Unternehmensberatung gewählt hat. Unter diesem Leitsatz agiert der „gelernte Hotelier“ jetzt als Geschäftsführer der Österreichischen Hotel- und Tourismusbank (ÖHT), in der er für Haftungen und Marktfolge zuständig ist. In der ÖHT-Tochtergesellschaft TIS ist er für jene Bereiche verantwortlich, die Bund, Ländern und Banken mit Beratungsleistungen zur Unterstützung kritischer Projekte, zur Unternehmenssanierung sowie zur Konzeption von Sonderfinanzierungsprojekten zur Verfügung stehen.

# Betriebswirtschaft und Betriebsmanagement

## Zusammenfassung

Der Artikel stellt anhand der Auswertung von 356 Jahresabschlüssen die betriebswirtschaftlichen Ergebnisse und die Profildaten der österreichischen 4-Stern-Ferienhotellerie dar und zeigt die Bedeutung des Benchmarkings, an solchen Reihenanalysen die Performance des eigenen Unternehmens zu messen und mit den Mitbewerbern zu vergleichen.

Über drei Kennzahlen – den Gross Operating Profit, die Eigenmittelquote und die fiktive Schuldentilgungsdauer – gelingt es nicht nur, einzelbetriebliche Erfolge und Unternehmensstabilität abzulesen, sondern sie sind auch geeignet, ein Branchenbild der Hotellerie zu zeichnen. Demnach sind die österreichischen Hotelbetriebe in den letzten Jahren deutlich stabiler geworden. Mit einer Eigenkapitalausstattung, die im Median der 4-Stern-Hotels in den letzten 10 Jahren von minus 3% auf knapp plus 9% verbessert werden konnte, liegen die Unternehmen auch hinsichtlich der vom Unternehmensreorganisationsgesetz (URG) geforderten Schwellenwerte „im grünen Bereich“. Die 3-Stern-Hotellerie hinkt noch nach, auch dort sind aber deutliche Verbesserungen feststellbar. Auch im Bereich der fiktiven Schuldentilgungsdauer, einer Kennzahl, der in der Hotellerie besondere Treffsicherheit in der Beurteilung der betrieblichen Bonität zukommt, ziehen die beobachtbaren Werte einen Konsolidierungspfad, wenn auch zu einem Teil vom derzeit niedrigen Zinsniveau unterstützt. Der vom URG definierte Schwellenwert von 15 Jahren wird im Median der 4-Stern-Betriebe erreicht, die 3-Stern-Hotellerie verfehlt ihn noch.

> **Es gelingt der Hotellerie zwar, die durchschnittlich erzielten Nächtigungspreise anzupassen, gleichzeitig steigen aber verschiedene Aufwandsarten – sei es strukturell oder durch massive Tariferhöhungen – stärker als die Erlöse und verknappen die betrieblichen Ergebnisse.**
>
> Wolfgang Kleemann

Die Zeiten sind vorbei, in denen die Errichtung und Eröffnung eines Hotelprojektes Garant für gute Geschäfte war. Der Wettbewerb im Tourismus ist knallhart geworden, die Ansprüche der Gäste ändern sich ständig, globaler Wettbewerb ist entstanden. Fundiertes kaufmännisches Wissen ist die Voraussetzung für Unternehmenserfolg, ständiges Beobachten des Marktes und seiner Entwicklungen wird zum Schlüsselfaktor.

Mit einer Vielzahl von Kennzahlen wird versucht, Tourismusunternehmen eine Status-Diagnose zu ermöglichen. Neben einer individuellen Kennzahlenbeobachtung, die in erster Linie dazu dient, Entwicklungen im Zeitablauf zu beobachten, ist – um die Position des eigenen Unternehmens im Branchenumfeld zu testen – regelmäßiges Benchmarking am Mitbewerb (Messen der eigenen Ergebnisse an unmittelbar vergleichbaren Branchenteilnehmern) ein Instrument, dem besondere Bedeutung zukommt. Ein Vergleich aus der Medizin sei gestattet: Ohne zu wissen, wie hoch „normaler Blutdruck" sein sollte, ist es keinem Arzt möglich, zu erkennen, ob sein Patient Hypertoniker ist oder unter zu niedrigem Blutdruck leidet.

Benchmarking ist umso effizienter, je genauer die Benchmark-Gruppe in Kategorie, Kapazität, Standort und Ausstattungsmerkmalen dem zu testenden Unternehmen angepasst wird. Branchen- und kategorieübergreifende Analysen sind daher in ihrer Aussagekraft nur eingeschränkt hilfreich; Vergleichsdaten zu sämtlichen denkmöglichen Unternehmensformen darzustellen würde den Umfang dieses Beitrages sprengen, die hier dargestellte Reihenanalyse beschränkt sich beispielhaft auf die österreichische 4-Stern-Ferienhotellerie und zeigt die dort beobachtbaren Werte für das Bilanzjahr 2010. Der Untersuchung liegen die Jahresabschlüsse von 356 inländischen 4-Stern-Hotels zugrunde; damit ist statistisch bereits eine recht hohe Signifikanz gegeben. Abweichungen anderer Betriebsformen zu den dargestellten Werten werden im Sinne von Tendenzen dargestellt. Als Zahlenbezug wurde nicht – wie meist üblich – der Mittelwert gewählt, sondern der Median (auch Zentralwert genannt). Der Median teilt eine Stichprobe in zwei Hälften, sodass alle Werte der einen Hälfte kleiner, die der anderen größer als der Median sind. Er ist gegenüber Extremwerten unempfindlicher und ist daher als Vergleichswert geeigneter. Zu interpretieren ist der Median etwa mit „... das sollte im eigenen Unternehmen jedenfalls erreicht werden...".

Als zweite Datenreihe wird das obere Quartil dargestellt – dies ist jener Beobachtungswert, der nur von einem Viertel aller in der Stichprobe vertretenen Unternehmen übertroffen wird. Auch hierzu eine Interpretationsmöglichkeit etwa wie „... wenn ich wirklich gut bin, schaffe ich in meinem Unternehmen das auch...".

Zahlenherleitung und Definitionen der nachfolgenden Tabelle beruhen auf dem Standard der Abrechung für Hotels und Restaurants – STAHR (Huber, 2009).

*Tabelle 1: Kennzahlen der österreichischen 4-Stern-Ferienhotellerie 2010*

| **Kapitalstruktur** (Werte in % der Aktiva) | **Median** 4-Stern-Ferienhotel-lerie | **TOP** 4-Stern-Ferienhotel-lerie | **Tendenz** 3-Stern-Ferienhotel-lerie | **Tendenz** 4-Stern-Stadthotel-lerie | **Tendenz** 3-Stern-Stadthotel-lerie | **Tendenz** Budget-konzepte |
|---|---|---|---|---|---|---|
| **AKTIVA (in 1.000 Euro)** | **4.308** | **7.932** | | | | |
| Anlagevermögen | 92% | 95% | → | ↗ | ↗ | ↘ |
| Umlaufvermögen | 8% | 5% | → | → | → | → |
| **AKTIVA** | **100%** | **100%** | | | | |
| Wirtschaftliches Eigenkapital (inkl. Rücklagen) | 8% | 28% | → | ↗ | ↗ | ↗ |
| Fremdkapital | 92% | 72% | → | ↘ | ↘ | ↘ |
| **PASSIVA** | **100%** | **100%** | | | | |

| **Gewinn- und Verlustrechnung** (Werte in % der Betriebseinnahmen) | | | | | | |
|---|---|---|---|---|---|---|
| Beherbergungs-, Pensionserlöse | 68% | 80% | ↘ | ↑ | ↑ | ↗ |
| Verpflegungserlöse | 21% | 20% | ↗ | ↓ | ↓ | ↓ |
| **BETRIEBSEINNAHMEN** (in 1.000 Euro) | **1.891** | **3.207** | | | | |
| **Betriebseinnahmen** | **100%** | **100%** | | | | |
| Wareneinsatz | 15% | 12% | ↘ | ↓ | ↓ | ↓ |
| Personalaufwand | 33% | 29% | ↘ | ↓ | ↓ | ↓ |
| Instandhaltung, inkl. GWG | 5% | 4% | → | ↗ | ↗ | ↗ |
| Energie | 5% | 4% | → | ↘ | ↘ | ↘ |
| Marketing, Kommunikation | 4% | 2% | ↗ | ↗ | ↗ | ↗ |
| **Deckungsbeitrag III** ( G O P ) | **23%** | **30%** | → | ↑ | ↑ | ↑ |
| Abschreibungen | 13% | 10% | → | → | → | → |
| **Deckungsbeitrag IV** (Betriebsergebnis) | **8%** | **15%** | → | ↑ | ↑ | ↑ |
| Finanzergebnis | 5% | 3% | → | ↗ | ↗ | ↓ |
| **Deckungsbeitrag V** ( E G T ) | **2%** | **10%** | → | ↗ | ↗ | ↗ |

| **Kennzahlen** (in % bzw. EUR) | | | | | | |
|---|---|---|---|---|---|---|
| Fremdkapitalintensität | 93% | 72% | → | ↗ | ↗ | → |
| Umsatzbezogene Verschuldung | 2,2 | 1,5 | → | ↗ | ↗ | → |
| Verschuldung/Zimmer | 84.000 | 52.000 | → | ↑ | ↑ | ↘ |
| Fremdkapital-Rückzahlung in Jahren | 13 | 8 | → | ↘ | ↘ | ↓ |
| Verpflegserlös/Sitzplatz | 2.400 | 4.100 | → | ↓ | ↓ | ↓ |
| Durchschnittlicher Pensionserlös | 62 | 85 | → | ↑ | ↑ | ↗ |
| Beherbergungserlöse/Zimmer | 22.000 | 33.000 | → | ↑ | ↑ | ↗ |
| RevPAR (Revenue per available room) | 80 | 126 | → | ↑ | ↑ | ↗ |
| Umsatz/Beschäftigem | 68.000 | 83.000 | → | ↗ | ↗ | ↑ |
| Vollbelegstage | 178 | 223 | → | ↑ | ↑ | ↑ |
| Bettenauslastung in % der Offenhaltungszeit | 65% | 81% | → | ↑ | ↑ | ↑ |
| GOP/Zimmer | 8.400 | 12.800 | → | ↑ | ↑ | ↑ |
| Kapazität in Betten | 100 | 150 | | | | |

*Quelle: ÖHT-Bilanzauswertung, Stand 31.1.2012.*

Legende: Die ausgewiesenen Relationen sind statistisch belegbar für österreichische Ferienhotels der 4-Stern-Kategorie. Die mit Piktogrammen gezeigten Trends für andere Betriebstypen schätzen Abweichungen, wobei → „ähnlich innerhalb einer Bandbreite von +/– einem Prozentpunkt", ↗ und ↘ „abweichend mit einer Bandbreite zwischen ein und zwei Prozentpunkten" und ↑ und ↓ „abweichend um mehr als zwei Prozentpunkte" meint. Die dargestellten Trends beruhen nicht auf statistischen Messungen, sondern auf Erfahrungswerten der Tourismusbank bzw. des Autors.

Aus diesem „Zahlenfriedhof" sticht als wohl bedeutendste Kennzahl der Deckungsbeitrag III bzw. „fachchinesisch" GOP – Gross Operating Profit (operatives Unternehmensergebnis) – hervor. Er ist die am häufigsten zu Benchmarkvergleichen herangezogene Kennzahl – durchaus auch eine der aussagekräftigsten – und stellt eine der wesentlichsten Zielgrößen unternehmerischen Wirtschaftens dar. Speziell in älterer touristischer betriebswirtschaftlicher Literatur wird der GOP oft auch als Brutto-Cashflow oder Cashflow vor Zinsen und Abschreibung bezeichnet (Hentschel, 2008).

Die Berechnung des GOP geht – sehr vereinfacht dargestellt – von folgender Überlegung aus: Ein Unternehmen erzielt operative Erlöse (Umsätze) – im Falle eines Hotelbetriebes aus Logis, aus F&B (food and beverage) und aus sonstigen Bereichen (zum Beispiel aus Wellnessanwendungen, Garagennutzung, Shop-Verkäufen oder was auch immer). Diesen Erlösen stehen operative Aufwendungen gegenüber wie Löhne und Gehälter samt Nebenkosten (Personalaufwand), Aufwendungen für den Bezug von Waren (Wareneinsatz), Energieaufwendungen, Instandhaltungen und eine Vielzahl sonstiger operativer Aufwendungen.

Als GOP bzw. operatives Unternehmensergebnis berechnet man nun den jährlichen Überschuss aus betrieblichen Einnahmen und betrieblichen Ausgaben. Finanzierungskosten (Zinsen) werden dabei ebenso zunächst nicht berücksichtigt wie Abschreibungen.

Es scheint verständlich, dass es Ziel erfolgreichen Wirtschaftens ist, ein möglichst hohes operatives Ergebnis zu erzielen. Verfolgt man in Tabelle 1 die Herleitung des GOP, wird erkennbar, dass diese Kennzahl die unternehmensbezogenen Gegebenheiten sehr vielschichtig abbildet. Der GOP reflektiert zum Beispiel die Preispolitik eines Unternehmens, weil je höher die erzielten Preise – desto höher die Erlöse – desto höher der GOP. Er reflektiert über den erzielten Umsatz auch den Standplatz des Hauses – je attraktiver dieser ist und je prominenter die umliegende Region, in der das Hotel steht, umso höhere Preise sind am Markt durchsetzbar, umso höher ist die Gästefrequenz und damit die Auslastung und umso höher wird der Umsatz ausfallen. Natürlich bildet sich im GOP auch die Unternehmerqualifikation ab – ein guter Unternehmer wird ein strafferes und konsequenteres Kostenmanagement umsetzen können und wird daher niedrigere betriebliche Aufwendungen haben.

In Spitzenunternehmen der 4-Stern-Hotellerie können also laut Tabelle 1 rund 30% der betrieblichen Erlöse als GOP erzielt werden – anders betrachtet, werden rund 70% der als Umsätze vereinnahmten Beträge dazu benötigt, Mitarbeiter zu entlohnen, Wareneinsatz für Speisen und Getränke anzuschaffen, Strom-, Gas- und sonstige Energierechnungen zu bezahlen, Putz- und Reinigungsmittel zu kaufen, gepflegte und saubere Wäsche bereitzustellen, die Honorare des Steuerberaters zu begleichen, den Kleinbus, mit dem die Gäste am Flughafen abgeholt werden, zu betanken und so weiter und so fort. Und es bleibt „nur" der GOP – also die rund 30% des Umsatzes – um was damit zu tun? Richtig! Da steht ja ein supertolles großes Hotel! Das ist ja mit einigen Krediten finanziert, die kosten Zinsen, da müssen Rückzahlungen getätigt werden. Und jedes Jahr wollen die Gäste irgendwelche Neuerungen sehen – das Hallenbad steht zur Sanierung an, auch an einigen anderen Ecken des Hauses sollte wieder investiert werden! Und am Jahresende kommt der Steuerbescheid (je nach gewählter Rechtsform wird Einkommens- oder Körperschaftssteuer fällig) und schließlich braucht auch die Hoteliersfamilie Privatentnahmen, um damit den Lebensunterhalt zu bestreiten (na ja, schon richtig, gegessen wird im Hotel und auch das Auto „gehört der Firma", aber Schulgeld, Kleidung, Urlaube, private Versicherungen müssen auch Herr und Frau Hotelier zahlen).

Übrigens: In der zahlenmäßigen Betrachtung der vergangenen Jahre sinkt der GOP. Es gelingt der Hotellerie zwar, die Erlöse durch Preisanpassungen über der Inflationsrate zu steigern, wesentliche Positionen in der Aufwandsstruktur steigen aber deutlich stärker an, weshalb das operative Ergebnis tendenziell sinkt.

Die Hotellerie zählt zu den anlageintensivsten Wirtschaftsformen. Ein Vergleich (diesen bitte aber mit einem leichten Augenzwinkern verstehen): Ein Unternehmensberater braucht, um seine ersten Umsätze zu erzielen – abgesehen von einer guten Ausbildung und Erfahrung – einen Laptop samt Drucker und sonstigem Zubehör, Internetzugang, ein Handy, einen Schreibtisch in seiner Wohnung oder in einem angemieteten Büro und allenfalls noch ein Auto, um seine Kunden zu besuchen. Ein Hotelier braucht ebenfalls eine gute Ausbildung und Erfahrung, bevor bei ihm aber Umsätze entstehen, muss er ein ganzes Hotel errichten. Investitionskosten von 120.000 Euro pro Zimmer gelten in der Regel als absolute Untergrenze, ein halbwegs vernünftig dimensioniertes Hotel mit 50 Zimmern/100 Betten wird also kaum unter sechs Millionen Euro herzustellen sein, da ist das notwendige Grundstück noch gar nicht berücksichtigt. Und da nur in wenigen Ausnahmefällen zur Errichtung dieses Hotels ausreichende Eigenmittel vorhanden sind und in aller Regel derartige Investitionen zumindest zu einem großen Teil über Bankkredite finanziert werden, zeigt sich die nächste „Spezialität“ der Hotel-Industrie, die hohe Abhängigkeit von Fremdkapital; auch hierzu der Verweis auf Tabelle 1: Zwischen 92% (Median) und 72% (bei den besten Betrieben) der Bilanzsumme stellt Fremdkapital dar.

Um hier die richtigen Kennzahlenrelationen zu finden, hilft das Unternehmensreorganisationsgesetz (URG), das zwei Kennzahlen samt den jeweiligen Schwellenwerten definiert, nach denen ein Unternehmen feststellen kann, ob es stabil oder ausfallsgefährdet ist, also Reorganisationsbedarf (Sanierungsbedarf) aufweist.

Das URG definiert einerseits die erforderliche Eigenmittelquote; verkürzt und ohne die Definition unverständlich zu machen, ist darunter der Anteil der Eigenmittel/des Eigenkapitals (also jener Vermögenswerte, die eigentümerseitig dem Unternehmen zur Verfügung gestellt werden) am Gesamtkapital (also am gesamten Vermögen des Unternehmens) zu verstehen. Diese Eigenmittelquote darf gemäß § 22 URG nicht unter 8% liegen.

Die Eigenmittelausstattung der österreichischen Hotellerie hat sich – zumindest bilanztechnisch – in den letzten Jahren deutlich verbessert und liegt im oberen Quartil deutlich und auch im Median über den URG-Erfordernissen.

*Abbildung 1: Eigenkapitalausstattung der Hotellerie 2000–2010 (in %)*

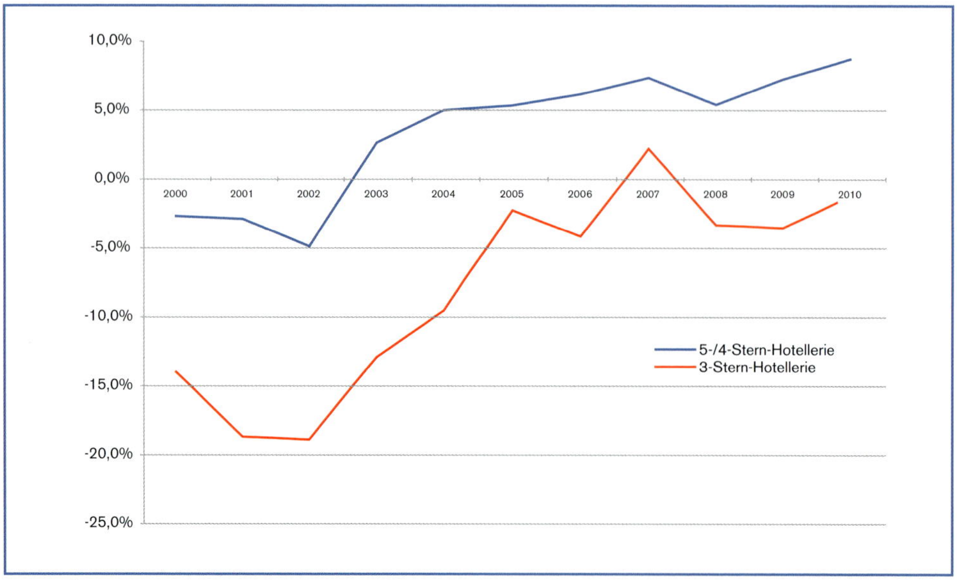


*Quelle: ÖHT-Bilanzauswertung, Stand 22.11.2011.*

Weiters zieht das URG die fiktive Schuldentilgungsdauer als Kriterium heran. Zwar differenziert das URG weder in der Kennzahlendefinition noch in den Schwellenwerten nach Wirtschaftssektoren, aber bei aller Skepsis gegenüber branchenübergreifenden Relationen ist doch festzustellen, dass insbesondere diese Schuldentilgungsdauer auch im Tourismus eine sehr hohe Treffergenauigkeit aufweist und tatsächlich in der Lage ist, wirtschaftlich stabile Unternehmen von solchen in Schieflage zu unterscheiden.

Um Zugang und Interpretation kurz zu erläutern – auch hier sei wieder im Sinne einer verständlichen Interpretation auf eine allzu detaillierte Darstellung verzichtet – noch einmal zurück zum GOP: Aus diesem operativen Betriebsergebnis sind in erster Linie die Zinsaufwendungen für die bestehenden Kredite eines Unternehmens zu zahlen – eventuell auch Mieten oder Pachtzahlungen, wenn Teile der Betriebsanlage nicht im Unternehmenseigentum, sondern über Bestandverträge zur Verfügung stehen.

Verkürzt man den GOP um die Zins-, Miet- und Pachtzahlungen, errechnet sich ein Wert, der hier als NOP – Net Operating Profit (früher gerne auch Netto-Cashflow oder Cashflow nach Zinsen genannt) bezeichnet wird. Die Berechnung der fiktiven Schuldentilgungsdauer unterstellt, dass der gesamte NOP dazu verwendet wird, die bestehenden Schulden zu tilgen – formelmäßig also „Verbindlichkeiten dividiert durch NOP“. Das Ergebnis dieser Berechnung ist jene Dauer in Jahren, die ein Unternehmen benötigt, um (unter dieser Modellannahme) seine Verbindlichkeiten zu tilgen.

Erfreulicherweise sinkt in der Hotellerie die fiktive Schuldentilgungsdauer. Bei den Vergleichsbetrieben der 4-Stern-Hotellerie liegt sie derzeit bei 13 Jahren im Medien bzw. bei acht Jahren im oberen Quartil, womit die Vorgaben des URG branchenweit erfüllt sind. Aber Achtung: Die Schuldentilgungsdauer reagiert sensibel auf das Zinsniveau. Je niedriger die Zinsen sind, desto mehr vom GOP bleibt als NOP zur Schuldentilgung über – oder umgekehrt: Steigen die Zinsen – angesichts des aktuell sehr niedrigen Zinslevels nicht unwahrscheinlich – sinkt das Tilgungspotential und die Schuldentilgungsdauer steigt wieder.

Klar sein muss auch, dass „fiktive Schuldentilgungsdauer 13 Jahre" genau das heißt, was weiter vorne steht, nämlich dass ein Hotelbetrieb dreizehn Jahre lang nichts anderes tut, als sein gesamtes operatives Ergebnis dazu zu verwenden, um zunächst für seine Bankkredite Zinsen zu zahlen, und mit dem Rest seine Kredite zu tilgen. Es bleibt in dieser Betrachtung nichts für den Privatbedarf der Unternehmerfamilie, es bleibt nichts, um eventuelle Investitionsrückstände im Objekt zu beheben, und es bleibt auch nichts, um Investitionsrücklagen zu bilden und das Hotel regelmäßig den Kundenwünschen anzupassen. Angesichts der immer kürzer werdenden Produktlebenszyklen – man denke nur daran, wie schnell sich Ausstattungsansprüche an Hotel-Wellnessanlagen und deren Design in den letzten Jahren geändert haben – ist die Hotellerie dadurch doch stark mit Altlasten beschwert.

*Abbildung 2: Fiktive Schuldentilgungsdauer der 5-/4-Stern-Hotellerie 2000–2010*

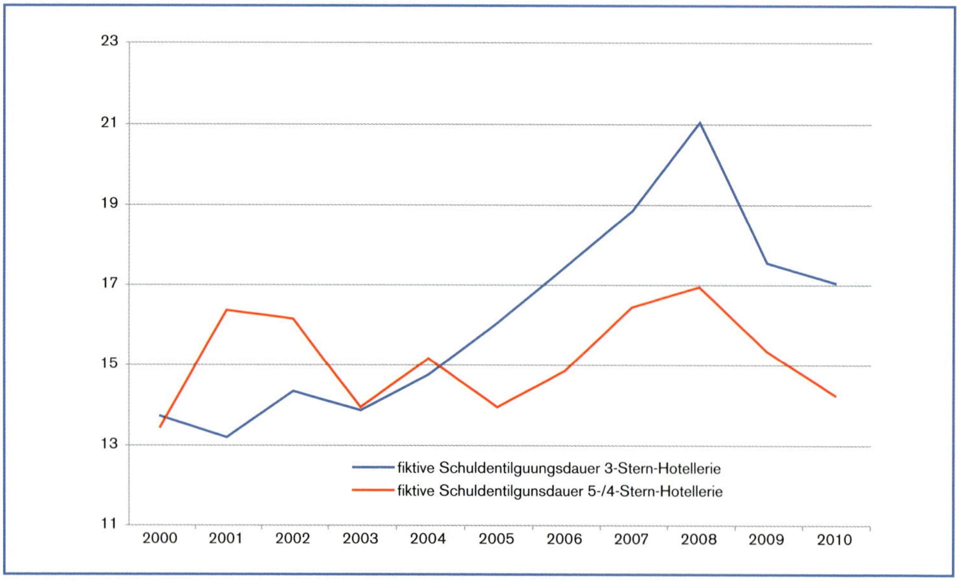


*Quelle: ÖHT-Bilanzauswertung, Stand 22.11.2011.*

## Ausblick

Wenngleich die Entwicklung der österreichischen Hotellerie anhand von Reihenanalysen insgesamt positiv gesehen werden kann, sieht sich die Branche doch beträchtlichen Herausforderungen und Risken gegenüber. Die operativen Erträge sinken im Zeitablauf. Es gelingt der Hotellerie zwar, die durchschnittlich erzielten Nächtigungspreise anzupassen, gleichzeitig steigen aber verschiedene Aufwandsarten – sei es strukturell oder durch massive Tariferhöhungen – stärker als die Erlöse und verknappen die betrieblichen Ergebnisse.

Geändertes Freizeitverhalten, der Trend zu kürzeren und spontan gebuchten Urlaubsreisen, vor allem aber das immer höhere Anspruchsniveau der Gäste verstärken den (Ersatz-)Investitionsbedarf und lassen eine Verkürzung im Produktlebenszyklus erkennen. Eingeschlagene Trends – zum Beispiel der Hang zu überbordenden, kostenintensiven Wellnessanlagen – kommen zwar bei den Gästen gut an, brauchen aber in recht kurzen Zeitabständen Modernisierungen, um attraktiv zu bleiben, und lassen sich nicht mehr ausreichend in Erhöhungen der Zimmerpreise umsetzen. Dieser Entwicklung kann die Hotellerie angesichts ihrer Ausgangsverschuldung und äußerst schwieriger Finanzierungsbedingungen kaum mehr gerecht werden. Käme es dazu noch zu einer deutlichen Erhöhung des Zinsniveaus, hätte das fatale Auswirkungen und brächte viele Unternehmen der besonders anlageintensiven Hotellerie in Bedrängnis.

## Literatur

Hentschel, U. K., „Hotelmanagement“, Oldenbourg, Jänner 2008.

Huber, H., „STAHR, Standard der Abrechnung für Hotels und Restaurants“, Wien 2009.

*Mag. Dr. Franz Hartl*

## Autor

Mag. Dr. Franz Hartl

## Kurz-Curriculum

Geboren 1952 in Neufelden, OÖ, studierte nach Absolvierung der Bundeshandelsakademie Handelswissenschaft mit spezieller Betriebswirtschaftslehre, Revision und Treuhandwesen an der Wirtschaftsuniversität Wien. Seine Dissertation über „Die Ursachen von Finanzkrisen in gastgewerblichen Betrieben“ wurde mit dem Rudolf-Sallinger-Preis ausgezeichnet.

1977 trat er in die Österreichische Hotel- und Tourismusbank GesmbH ein, ein Kreditinstitut, das auf geförderte Finanzierung in der Tourismus- und Freizeitwirtschaft spezialisiert ist, und avancierte in der Folge zum Geschäftsführer. Jüngster Schwerpunkt seiner beruflichen Tätigkeit ist die Konzeption von alternativen Finanzierungsinstrumenten für die hauptsächlich von Klein- und Mittelbetrieben dominierte Tourismuswirtschaft.

Neben seinen beruflichen Tätigkeiten ist er Lektor am Fachhochschulstudiengang Tourismus- & Freizeitwirtschaft am MCI in Innsbruck und Autor verschiedener Fachpublikationen.

# Finanzierung und Förderungen

## Zusammenfassung

Die wirtschaftlichen Rahmenbedingungen für Unternehmen haben sich geändert. Sie sind zwar größer und auch professioneller geworden, aber Konkurrenz und Kostensteigerungen haben für rückläufige Erträge und eine kaum verbesserte wirtschaftliche Stabilität der Unternehmen gesorgt.

Die Finanzierung der Tourismuswirtschaft war schon seit jeher fremdkapitalbetont und Eigenkapital ist nach wie vor Mangelware, auch wenn Verbesserungen zu verzeichnen sind. Neue regulatorische Vorschriften und die derzeit aktuelle Staatsschuldenkrise lassen Beeinträchtigungen erwarten, welche den Zugang zur Finanzierungsquelle Bankkredit erschweren und dessen Kosten verteuern werden. Dies gilt umso mehr, als die Fremdenverkehrswirtschaft aufgrund der langen Amortisationszeiten Kredite mit langen Laufzeiten benötigt, die der Verteuerung besonders ausgesetzt sind. Angesichts der befürchteten Dimension der Verteuerung werden auch bestehende Förderinstrumente nur in geringem Umfang dazu beitragen können, die zu erwartenden Kosten wesentlich zu kompensieren.

Die Unternehmen können durch Einbeziehen alternativer Kapitalquellen wie Beteiligungs- oder Mezzaninkapital und durch unter Kosten- und Risikogesichtspunkten gesteuerte Zusammenstellung der Passivseite dazu beitragen, sowohl die Finanzierungskosten zu reduzieren als auch die Stabilität des Unternehmens zu stützen.

Für die Weiterentwicklung der Unternehmen ist eine kosten- und risikooptimiert gestaltete Passivseite gerade dann von Bedeutung, wenn Krisen zu durchleben sind. Ein guter Eigen- bzw. Risikokapitalpolster ist allemal der beste Garant dafür, auch einige Saisonen mit schlechter Auslastung oder hohen Zinsen unbeschadet überstehen zu können.

**Ein guter Eigen- bzw. Risikokapitalpolster ist allemal der beste Garant dafür, auch einige Saisonen mit schlechter Auslastung oder hohen Zinsen unbeschadet überstehen zu können.**

Franz Hartl

# Finanzierung und Förderungen

## Einleitung

Seit Beginn dieses Jahrzehnts haben sich die wirtschaftlichen Daten der Unternehmen der Hotellerie deutlich geändert. Die Betriebe sind größer geworden, sind durchwegs besser ausgelastet und erzielen im Durchschnitt heute einen Umsatz, der – über die Inflation hinaus – um einiges höher ist als vor zehn Jahren.

Da blieben allerdings die Erträge zurück. Der Grund dafür liegt in enormen Steigerungen von einzelnen Aufwandspositionen (Werbung, Personalaufwand, Energie), die überdurchschnittlich ausgefallen sind und nicht in vollem Umfang in den Preisen weitergegeben werden konnten. Die Erosion der Erträge hat den finanziellen Spielraum der Unternehmen eingeengt. Aufgrund vermehrter nationaler und internationaler Konkurrenz konnten die verrechneten Preise nicht der Inflation der Kosten angepasst werden.

Es ist somit wohl gelungen, jährlich bessere Ergebnisse zu erzielen. Diese Zuwächse sind jedoch mit einem immer größer werdenden Bedarf an Investitionen und Kapitaleinsatz erkauft worden. Dieses Auseinanderdriften von Investitionskosten und wirtschaftlichem Ergebnis hat die Verzinsung des eingesetzten Kapitals reduziert.

Bei sich derzeit nur langsam verbessernden Rahmenbedingungen wird das im Durchschnitt knappe Ergebnis auf der Auslastungs- und vor allem auch auf der Preisseite unter Druck kommen. Dies wird die wirtschaftliche Stabilität einiger Unternehmen auf eine harte Probe stellen.

## Finanzierung der Tourismuswirtschaft

Die Tourismus- und Freizeitwirtschaft war schon seit jeher sehr einseitig mit Bankkrediten finanziert. Die Chancen, als Familienunternehmen Eigenkapital zu bilden oder aufzunehmen, waren gering. Sie wurden auch aufgrund des reichlich vorhandenen und meist günstigen Fremdkapitals kaum genützt.

Obwohl das Eigenkapital seit dem Beginn dieses Jahrzehnts zugenommen hat, ist die Ausstattung nach wie vor verbesserungsfähig. Aber auch in Hinblick auf die Entschuldungsdauer werden die gesetzlichen Anforderungen über weite Strecken verfehlt. Da hat nämlich der Gesetzgeber im Unternehmensreorganisationsgesetz die Empfehlung abgegeben, dass die bestehenden Verbindlichkeiten in höchstens 15 Jahren aus dem erwirtschafteten Cashflow abzuzahlen sein sollten. Nur etwa die Hälfte der Unternehmen schafft die Fremdkapitalrückzahlung in den vorgesehenen 15 Jahren. Die sehr auf Fremdkapitalfinanzierung ausgerichtete Kapitalausstattung drohte zum Pferdefuß der Tourismuswirtschaft zu werden und in der Folge hat man der Ausstattung mit Eigenkapital mehr Aufmerksamkeit geschenkt. Die nachstehende Abbildung 1 zeigt die Eigenkapitalausstattung der Hotellerie zwischen 2000 und 2010.

*Abbildung 1: Eigenkapitalausstattung der Hotellerie 2000–2010 (in %)*

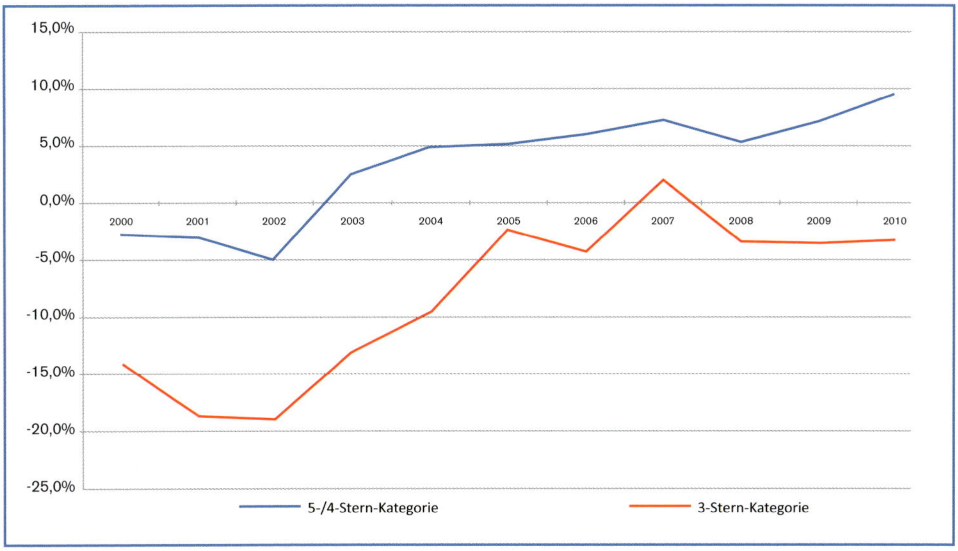


*Quelle: Tourismusbank.*

Gegen Ende der 1990er-Jahre wurde unter Hinweis auf die mit Basel II kommenden neuen Regulative für die Unternehmensfinanzierung klar, dass eine schlechte Eigenkapitalausstattung negative Folgen für die Versorgung eines Unternehmens mit Fremdkapital und dessen Kosten haben würde. Die Unternehmen hatten aber schon Jahre vor diesen neuen Bestimmungen begonnen an der Verbesserung des Bilanzbildes zu arbeiten, sodass heute die Hotellerie über eine knapp positive Eigenkapitalausstattung verfügt. Die vom Unternehmensreorganisationsgesetz geforderte Eigenkapitalausstattung von zumindest 8% wird im Durchschnitt allerdings nach wie vor verfehlt.

Es ist zu erwarten, dass die gegenwärtige wirtschaftliche Lage auch am Bankensektor die Kalkulation mit Fristigkeit, Risiko- und Eigenkapitalunterlegungskosten weiter in den Vordergrund rücken wird. Dann wird es sich auch für die kapitalsuchende Fremdenverkehrswirtschaft mehr denn je lohnen, über eine stabile Finanzstruktur zu verfügen und als Quelle des Kapitals nicht nur den Bankkredit in Betracht zu ziehen.

Sollten sich die finanziellen Rahmenbedingungen für die investierende Tourismuswirtschaft verschlechtern, werden auch andere Branchen in Mitleidenschaft gezogen. Bisher und vor allem auch in der vergangenen Zeit des Konjunkturabschwunges haben Hotellerie und Gastronomie als Konjunkturlokomotive gewirkt und mit ihren Investitionsausgaben vor- und nachgelagerte Wirtschaftszweige belebt – fließen doch rund die Hälfte des Investitionsbudgets an Firmen, die im Umkreis von 30 Kilometer ihren Sitz haben.

### Veränderung der Finanzierungskosten

Schon vor einiger Zeit haben die Banken begonnen, die Konditionengestaltung unter den Gesichtspunkten von Basel II (Rating des Unternehmens, angebotene Sicherheiten bei der Kreditaufnahme) umzustellen. Risken, Sicherheiten und die notwendige Eigenkapitalunterlegung durch die Kreditinstitute selbst wurden akribischer als früher berechnet und in die Zinskondition einbezogen. Diese Vorgangsweise hat sich in einer deutlichen Spreizung der Aufschläge auf die jeweiligen Zinsparameter je nach Bonitäts- und Risikoklasse geäußert.

Aus Gründen der Konjunkturstimulation wurden im Euroraum die Zinsen in den Jahren 2009 und 2010 durch die Notenbanken bewusst niedrig gehalten. Das hat den Zinsaufwand der Unternehmen entlastet und so konnten trotz rückläufiger operativer Ergebnisse die Unternehmen eine weitgehend stabile wirtschaftliche Lage halten. Die niedrigen Zinsen haben in den vergangenen Jahren wesentlich dazu beigetragen, die Fremdkapitallast erträglich zu gestalten.

Der nachstehenden Abbildung 2 ist zu entnehmen, dass in den Jahren 2004 und 2005 im Zusammenhang mit der Basel-II-Diskussion die Banken begannen, die Aufschläge zu erhöhen. Da dies in eine Zeit sinkender Zinsen fiel, wurde das von den Unternehmen hingenommen, da die Gesamtzinsbelastung erträglich war. In den Jahren 2007 und 2008 konnten bei einem hohen Marktzinsniveau einerseits nicht alle gewünschten Aufschläge durchgesetzt werden, andererseits begann der Wettbewerb am Kreditsektor bereits wieder zu greifen. Mit Ausbruch der Wirtschaftskrise 2009 und 2010 wurde von der Kreditwirtschaft versucht, Erträge um jeden Preis zu erzielen, und es wurde auch ein neuer Zinskostenbestandteil maßgeblich, der bisher keine wesentliche Rolle gespielt hatte – der so genannte Liquiditätsaufschlag. Er ist der Preis für das Bereitstellen von Kapital für eine lange Frist und verteuerte in der Folge gerade Kredite für die Tourismuswirtschaft.

*Abbildung 2: Entwicklung von 3-Monats-Euribor und Zinsaufschlag in Basispunkten (Hotels der 5-/4-Stern-Kategorie)*

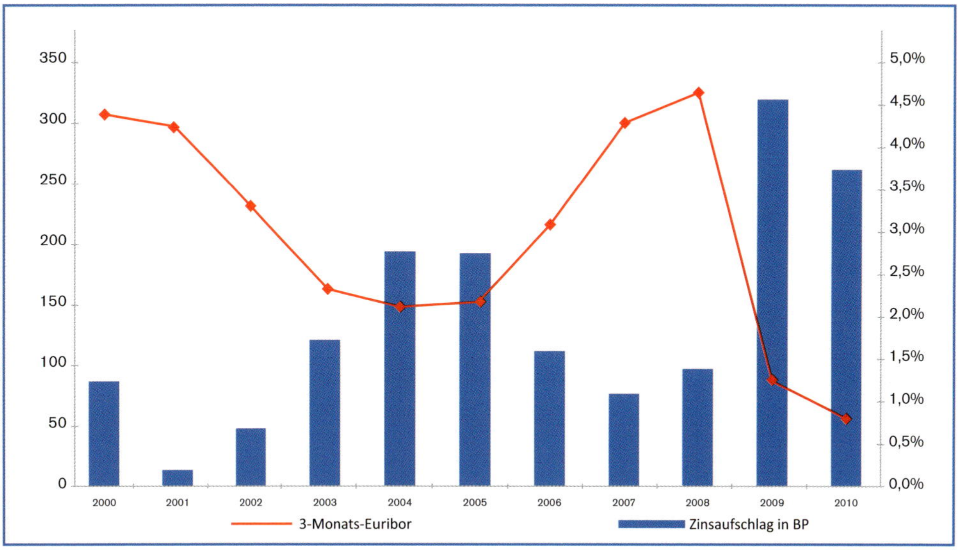


*Quelle: Tourismusbank. Anmerkung: Der 3-Monats-Euribor gibt den durchschnittlichen Zinssatz (Laufzeit drei Monate) an, zu dem rund 60 europäische Panel-Banken einander Anleihen in Euro gewähren. Er gilt als Richtwert für verschiedene abgeleitete Zinsprodukte.*

Derzeit ist eine Änderung in den Kalkulationsgrundlagen für Finanzierungen nicht in Sicht. Ein Ansteigen der Finanzierungskosten scheint mittelfristig unvermeidlich. Gründe hierfür liegen unter anderem in den zwischenzeitlich sehr eingeschränkten Möglichkeiten von Fremdwährungsfinanzierungen (vor allem auch mit Tilgungsträgern), in zusätzlichen Aufschlägen wie der Stabilitätsabgabe oder Liquiditätsaufschlägen bei langen Kreditlaufzeiten, vor allem aber in der sich verändernden Zinspolitik der Europäischen Zentralbank, die ein Ende des billigen Geldes bringen wird.

# Finanzierung und Förderungen

## Ziele der Förderungsreform

Gerade wenn sich die Rahmenbedingungen für investierende Unternehmer verschlechtern, kann das Förderungswesen notwendige Sicherheiten bieten und die Rahmenbedingungen für investierende Unternehmer in einem schwierigen Umfeld verbessern. Vor kurzem wurde eine Förderungsreform verabschiedet, die vor allem das Zusammenspiel zwischen Bund und den Ländern, aber auch neue Schwerpunktsetzungen zum Ziel hat. Die Förderungsmaßnahmen des Bundes sind nun vor allem auf größere Projekte und solche mit innovativem Inhalt ausgerichtet. Einen Überblick über die derzeit gültigen Förderungsmaßnahmen gibt die nachstehende Tabelle 1. Weitere Informationen sind der Homepage der Österreichischen Hotel- und Tourismusbank Ges.m.b.H. (www.oeht.at) zu entnehmen.

*Tabelle 1: Fördermaßnahmen, -ziele und -instrumente auf Bundesebene*

| Maßnahme | Ziel | Instrument |
|---|---|---|
| Investitionsförderung (TOP-Tourismus, Teil A) | Qualitätsverbesserung bei Beherbergungs- und Verpflegungsbetrieben, Errichtung von Infrastruktur, Saisonverlängerung, Betriebsgrößenoptimierung, Innovation, Personalunterkünfte | Zuschuss (bis 1 Million Euro Kosten), zinsgestützter Kredit |
| Jungunternehmerförderung, Neugründung (TOP-Tourismus, Teil B) | Neugründung von Unternehmen, Erleichterung der Betriebsübergabe | Zuschuss für Gründungs- und Investitionskosten, Haftung |
| Kooperationsförderung (TOP-Tourismus, Teil C) | Mittels nachhaltiger Kooperationen auf regionaler und betrieblicher Ebene kann virtuelles großes Unternehmen aus mehreren KMU gebildet werden | Zuschuss |
| Restrukturierung (TOP-Tourismus, Teil D) | Restrukturierung: Neben der Verbesserung der Finanzstruktur soll auch eine inhaltliche kommen (Kooperation, Neuausrichtung) | Zuschuss |
| ERP-Richtlinie | Qualitätsverbesserung bei Beherbergungs- und Verpflegungsbetrieben, Errichtung von Infrastruktur, Saisonverlängerung | ERP-Kredit |
| ERP-Kleinkredit | Investitionsfinanzierung für kleine Unternehmen, Projekte bis max. 100.000 Euro | ERP-Kredit |
| Haftungs-Richtlinie | wie TOP-Tourismus-Richtlinie (Teile A, B, C, D) zusätzlich Stärkung der Eigenkapitalaufbringung, Einsatz neuer Technologien, Belebung des Incomingtourismus | Haftung |
| Schwerpunktaktion | Schwerpunkte der Tourismuspolitik mit wechselnden Themen | Zuschuss |

*Quelle: Tourismusbank.*

## Die Passivseite als gesteuerte Größe

Eine empfehlenswerte Kapitalstruktur ist aber nicht nur unter dem Gesichtspunkt eines gesunden Verhältnisses von Eigen- zu Fremdkapital zu beurteilen. Die Palette der verfügbaren Finanzierungen umfasst unter anderem Eigenkapital oder Quasi-Eigenkapital, Mezzaninkapital, Darlehen mit unterschiedlicher Besicherung und Laufzeit, nachrangige Darlehen, geförderte Finanzierung oder Leasingfinanzierung. Ein optimaler Finanzierungsmix wird einerseits vor allem unter den Gesichtspunkten der wirtschaftlichen Stabilität und der damit im Zusammenhang stehenden Liquidität zu beurteilen sein. Andererseits sind auch die Kosten sowohl für das Eigen- als auch das Fremdkapital im Hinblick auf deren Rentabilität aber auch der wirtschaftlichen Unabhängigkeit in Betracht zu ziehen. Liquidität ist gewährleistet, wenn die gegen das Unternehmen gerichteten berechtigten Forderungen zu jedem Zeitpunkt in voller Höhe beglichen werden können und damit den Zahlungsverpflichtungen nachgekommen werden kann. Dies setzt zu unterschiedlichen Zeitpunkten einen adäquaten Zahlungsmittelbestand voraus. Ausreichende Liquidität kollidiert daher mit dem wirtschaftlichen Ziel der Rentabilität. Tabelle 2 bietet einen Überblick über Funktion und Besonderheiten einzelner Kapitalqualitäten.

*Tabelle 2: Funktion und Besonderheiten von Kapitalqualitäten*

| Kapitalqualität | Funktion | Bemerkung |
|---|---|---|
| Eigenkapital | Voraussetzung für weitere Mittelaufbringung, Risikotragefunktion | Knappheit durch Kosten und Möglichkeit der Aufbringung, 8% Untergrenze aufgrund der URG-Kriterien gefordert |
| Beteiligungskapital | Finanzierung mit Risikotragefunktion, Laufzeit meist unbegrenzt, teilweise Anteil am Unternehmenswert bei Ausscheiden | erweitert Eigen- bzw. Risikokapitalbasis und sichert Gesamtfinanzierung, Funktionen und Verzinsung können je nach Rechtsform und Vertrag sehr unterschiedlich ausfallen |
| Mezzaninkapital (Risikokapital) | Finanzierung mit Risikotragefunktion, verbesserter Gläubigerschutz | risikotragendes Kapital (Eigen- und Mezzaninkapital) sollte etwa 20% der Gesamtfinanzierung erreichen; der Umfang des Risikokapitals sollte auf die zinskonditionenverbessernde Wirkung auf das Fremdkapital beschränkt werden, da Kosten von Risikokapital deutlich über den Zinsen der Bankfinanzierung liegen |
| kommerzielles, langfristiges Fremdkapital | Finanzierungsfunktion ohne Risikoübernahme | fristenadäquate Finanzierungsmittel mit spezifischem Besicherungsbedarf (meist in Form von Hypotheken in unterschiedlichen Rängen) |
| gefördertes Fremdkapital | zinsgünstiges Fremdkapital | Umfang durch Erfüllung von Förderungsrichtlinien beschränkt |
| nachrangiger Kredit | Fremdkapital mit teilweise Risikotragefunktion | aufgrund der Risikoübernahme weist er höhere Kosten auf als ein durch Hypotheken besicherter Kredit; Zinsen werden zum Teil über Financial Covenants geregelt, die einen Zusammenhang zwischen dem Erreichen von Kennzahlen und den Kapitalkosten herstellen |
| Leasing | Finanzierung konkreter leasingfähiger Sachgüter (Fuhrpark) | erleichtert die Besicherung, weil Leasinggeber Eigentümer bleibt |
| Betriebsmittelfinanzierung | Bereitstellen eines Rahmens zur Durchführung der Geschäftstätigkeit | dient der Finanzierung des Umlaufvermögens und des kurzfristigen Liquiditätsbedarfes |
| Lieferantenkredit (kurzfristige Verbindlichkeiten) | Finanzierung von Umlaufvermögen | Lieferverbindlichkeiten beschränkt auf Umfang des Umlaufvermögens |

*Quelle: Tourismusbank.*

Die unterdurchschnittliche Ausstattung der Tourismuswirtschaft mit Eigenkapital wird schon seit Jahren diskutiert. Sie hat sich erst im Zuge der Basel-II-Diskussion etwas entschärft, wobei nach wie vor erhebliches Verbesserungspotential besteht. Vor dem Hintergrund der Eigenkapitaldiskussion wird gerne das Argument der „stillen Reserven" ins Treffen geführt, das auf einer möglichen Unterbewertung einzelner Aktivpositionen (etwa durch Grundstücke zu historischen Anschaffungswerten) fußt. Dieses Argument mag im Einzelfall zutreffen. So mancher Kreditgeber musste allerdings feststellen, dass es vor allem im Falle von Unternehmen mit zweitklassigen Standorten oder suboptimalen Betriebsgrößen bei weitem nicht möglich ist, die in der Bilanz angesetzten Werte im Veräußerungsfall zu erzielen, und man somit mit negativen stillen Reserven konfrontiert war. Vor diesem Hintergrund und auch vor der Tatsache, dass auch ausgelöst durch die Basel-II-Diskussion mittlerweile vielfach stille Reserven offen gelegt wurden, muss die Existenz beträchtlicher weiterer stiller Reserven bei einem Großteil der Tourismuswirtschaft bezweifelt werden.

Beteiligungskapital, Mezzaninkapital oder eigenkapitalähnliche Finanzierungen von institutionellen Kapitalgebern führen – trotz nach wie vor unzureichender Ausstattung mit Eigenkapital – ein Schattendasein. Aus einer Stichprobe von Jahresabschlüssen von Unternehmen der 5-/4-Stern-Kategorie im Jahr 2010 wiesen 5,4% der Unternehmen „Finanzierungen mit Eigenkapitalcharakter" auf, die 7% der gesamten Passiva ausmachten. Auch wenn man davon ausgehen kann, dass auch bei den Darlehen, die nicht von Kreditinstituten kommen und etwa 3% der Passiva ausmachen, ein Teil Risikokapitalcharakter aufweist, ist doch festzustellen, dass eigenkapitalähnliche, risikotragende Finanzierungen in den Tourismus noch nicht wirklich Eingang gefunden haben. Diese Kapitalqualität könnte gerade bei jenen Unternehmen, die ein negatives Eigenkapital aufweisen, die finanzwirtschaftliche Stabilität erhöhen, wenn die Vereinbarung über die Verzinsung des eingesetzten Risikokapitals tatsächlich so gestaltet ist, dass es in Verlustjahren zu keinen Zinszahlungen kommt, eine ausreichende Fristigkeit gewährleistet ist und die Nachrangigkeit gegenüber den anderen Gläubigern vereinbart wird.

Kommerzielles, langfristiges Fremdkapital wird fast ausschließlich von Kreditinstituten angeboten und dominiert seit Jahren die Passivseite der Bilanz. Bedingt durch die lange Laufzeit, die aufgrund der langen Kapitalbindung erforderlich ist, wird auch ein hoher Anspruch an die Qualität der Sicherheiten gestellt. Der hohe Anteil von Familienbetrieben in der heimischen Tourismuswirtschaft, die sowohl Eigentümer der Liegenschaft als auch Betreiber des Wirtschaftsunternehmens sind, macht hypothekarische Sicherheiten zu einem häufig genutzten Instrument. Da die Hypotheken in manchen Fällen nicht das Sicherstellungsbedürfnis der Gläubiger zur Gänze befriedigen können, müssen in einer zunehmenden Zahl von Fällen auch zusätzliche Sicherheiten (etwa in Form von Haftungen der Gebietskörperschaften) herangezogen werden.

Investitionsförderungen oder gefördertes Fremdkapital haben eine zinsstabilisierende und -senkende Wirkung im Rahmen der Gesamtfinanzierung. Allenfalls angesprochene Haftungsübernahmen können dazu beitragen, die Projektfinanzierung überhaupt zu ermöglichen oder auch vorhandene Sicherstellungslücken zu schließen.

Der nachrangige Kredit mit ausgewiesener Risikoträgerfunktion (und ohne klassische Besicherung) ist noch die Ausnahme, kommt jedoch als Instrument vor allem bei Projektfinanzierungen größeren Umfanges vor. Auch er ist – ähnlich wie Mezzaninkapital – eine hybride Finanzierungsform, deren Verzinsungshöhe in manchen Fällen an den wirtschaftlichen Erfolg gebunden ist (Financial Covenants).

Leasingfinanzierungen, insbesondere für Mobilien (Fuhrpark, Möbel, Kücheneinrichtungen et cetera), spielen eine zunehmende Rolle, während Leasingfinanzierungen von Immobilien nach wie vor von untergeordneter Bedeutung sind.

Betriebsmittelfinanzierungen mittels Kontokorrentkredit bzw. Lieferantenkredit dienen der Finanzierung eines kurzfristigen Liquiditätsbedarfes bzw. des Umlaufvermögens.

Die derzeitige Gestaltung der Passivseite der Bilanz in der österreichischen Tourismuswirtschaft ist weitgehend ein Zufallsprodukt und weniger das Ergebnis einer langfristig und bewusst angelegten Steuerung von Risiko und Kosten, die mit dem eingesetzten Kapital verbunden sind. Die gezielte Gestaltung der Passivseite unter dem Gesichtspunkt von Unternehmensstabilität und Kosten der Kapitalaufbringung ist eine wichtige Funktion der Unternehmensführung, der nach wie vor wenig Beachtung geschenkt wird.

Die Notwendigkeit dazu war bisher auch nur beschränkt vorhanden, weil die Banken auch eine gute Ausstattung mit Risikokapital nicht im entsprechenden Umfang mit reduzierten Risikoaufschlägen auf die von ihnen eingeräumten Finanzierungslinien honorierten. Das kann teilweise mit vorhandenen Sicherheiten oder aber schlicht mit unzureichender Risikokalkulation erklärt werden.

Der hohe Anteil der Fremdfinanzierung wurde nicht bewusst gestaltet. Vielmehr ist es ein Mangel an anderen Finanzierungsquellen, der den Bankkredit als ein bisher leicht anzusprechendes und vergleichsweise günstiges Finanzierungsinstrument und vielfach auch als einzig realistische Quelle in den Mittelpunkt gerückt hat.

## Ausblick

Eine Analyse auf Basis der bei der Tourismusbank vorliegenden Bilanzdaten zeigt ein uneinheitliches Bild: Die Unternehmen sind zwar größer und professioneller geworden. Bei der Entwicklung der Ertragskraft und der wirtschaftlichen Stabilität ist jedoch noch Raum für Verbesserungen. Diese Eigenschaften sind in einer Branche mit starkem Gewicht auf Fremdfinanzierung für den Zugang zu den Kreditmärkten entscheidend.

Es ist zu erwarten, dass die gegenwärtigen Neuregelungen am Bankensektor die Kalkulation mit Fristigkeit, Risiko- und Eigenkapitalunterlegungskosten weiter in den Vordergrund rücken werden. Dann wird es sich auch für die kapitalsuchende Fremdenverkehrswirtschaft mehr denn je lohnen, über eine gesunde Finanzstruktur zu verfügen und eine gute Ertragskraft vorzuweisen.

Aufgrund der Kleinstrukturiertheit der Unternehmen, aber auch aufgrund der mangelnden Bereitschaft der Unternehmer zur Aufnahme von Beteiligungskapital waren alternative Finanzierungen im Tourismus bisher eher die Ausnahme. Demgegenüber können in Zukunft neue, eigenkapitalähnliche Finanzierungen, die den Charakter von Risikokapital aufweisen und als „Eigenkapital auf Zeit" zur Verfügung gestellt werden, helfen die Bilanzrelationen zu verbessern. Sie können den Besicherungsspielraum der Unternehmen für anderweitige Finanzierungen freihalten und haben vielfach auch den Vorteil einer klar beschränkten zeitlichen Dimension.

Für die Weiterentwicklung der Unternehmen ist eine unter Risikogesichtspunkten gestaltete Passivseite mit guter Eigen- oder Risikokapitalausstattung gerade dann von besonderer Bedeutung, wenn Krisen zu durchleben sind. Ein guter Eigen- bzw. Risikokapitalpolster ist allemal der beste Garant dafür, auch einige Saisonen mit schlechter Auslastung oder hohen Zinsen unbeschadet überstehen zu können.

Allerdings ist zu befürchten, dass die Fülle von Veränderungen, die auf die Kreditwirtschaft zukommen, spürbare Auswirkungen auf die verrechneten Aufschläge und damit die von der Wirtschaft zu tragenden Zinsen haben wird. Die gewünschte Eigenkapitalverbesserung für Banken und die Rückführung der in Anspruch genommenen Staatshilfe sind in den meisten Fällen wohl nur über den Kapitalmarkt möglich. Dieser wiederum braucht attraktive Ausschüttungen, um dem ins Gerede gekommenen Wirtschaftszweig das gewünschte Kapital zur Verfügung stellen zu können. All diese Zahlungserfordernisse, aber auch die Bankensonderabgabe und die durch Staatsaufsicht verursachten Kosten können wohl nur über verbesserte Erträge verdient werden und diese kommen allemal aus der Zinsspanne. Bankkunden werden sich daher darauf einstellen müssen, dass die Kosten für Bankdienstleistungen in Zukunft steigen werden.

Noch ist das Zinsniveau am Kapitalmarkt niedrig und die mit der Fremdfinanzierung verbundenen Kosten sind noch verkraftbar. Die Zinsen werden sich wohl wieder auf einem etwas höheren Niveau einpendeln, dabei allerdings das vergangene Niveau der Hochzinsphasen nicht mehr erreichen. Insgesamt werden wir uns an ein höheres Niveau an Aufschlägen gewöhnen müssen, wobei die Tourismuswirtschaft – soweit sie langfristige Finanzierungen in Anspruch nimmt – zusätzlich mit den neu aufgetauchten Liquiditätsaufschlägen konfrontiert ist. Die Belastung für den nach wie vor stark von Fremdfinanzierung geprägten Wirtschaftszweig wird teilweise durch die Abschaffung der Kreditvertragsgebühr und durch die Hoffnung auf ein langfristig stabiles Finanzsystem im Euroraum kompensiert. Die Gestaltung der Finanzierung und der möglichen Alternativen wird daher in Zukunft wieder vermehrt in den Mittelpunkt der Überlegungen treten.

## Literatur

Bundesministerium für Wirtschaft, Familie und Jugend, „Bericht über die Lage der Tourismus- und Freizeitwirtschaft in Österreich 2010“, Wien, 2010.

Bundesministerium für Wirtschaft, Familie und Jugend und Bundesministerium für Finanzen, „Wirtschaftsbericht Österreich 2011“, Wien, 2011.

Mag. Matthias Koch

## Autor

Mag. Matthias Koch

## Kurz-Curriculum

1966 geboren in Brüssel. Nach absolviertem Studium der Rechtswissenschaften in Wien und diversen Auslandspraktika in London und Paris war Matthias Koch 1996–2002 Euro-Beauftragter der Wirtschaftskammer Österreich. 2002–2003 war er Leiter des Koordinationsbüros für Österreich der Deutschen Telekom AG, 2003–2006 Referent Internationaler Knowhow Transfer und Unternehmerservice am WIFI Österreich und 2006–2007 Geschäftsführer der Initiative „i2b – ideas to business". Seit 2008 ist er Geschäftsführer der Fachverbände Hotellerie und Freizeit- und Sportbetriebe in der Wirtschaftskammer Österreich.

# Hotelklassifizierung

## Österreichs Hotelsterne auf dem Weg nach Europa

Noch vor wenigen Jahren wurde die heimische Hotelklassifizierung des Fachverbandes Hotellerie in der Wirtschaftskammer Österreich von vielen Beobachtern und Tourismusexperten totgesagt. Mit den zahlreichen Bewertungsplattformen im Internet und deren Schnelllebigkeit schien dieses System nicht mehr zeitgemäß. Nun – nach dem ersten Jahrzehnt des 3. Jahrtausends – hat sich die Wahrnehmung wieder gedreht. Der Branchenverband stellte sich der Herausforderung. Das zuvor bestehende traditionsreiche System wurde den Erfordernissen der neuen Zeit angepasst. Wie war es möglich, dass ein Bewertungssystem, dem vielerorts die eigene Zukunft abgesprochen wurde, wieder fit gemacht werden konnte?

Folgende Beobachtungen gingen der nunmehr offensichtlichen Renaissance einer offiziellen Hotelklassifizierung voraus. In fast allen europäischen Ländern gab und gibt es Hotelsterne. Diese werden – sei es behördlich, sei es durch Branchenverbände – nach bestimmten Verfahrensregeln und inhaltlichen Vorgaben vergeben. Darüber hinaus kopierten gerade die meisten der zahlreichen Bewertungsplattformen im Internet, von denen die größte Gefahr der Erosion der etablierten Hotelklassifizierungen ausging, die Vergabe von Sternen.

Weiter half ein Blick in die Vergangenheit, um festzustellen, dass die Hotelsterne zutiefst menschliche Gefühle ansprechen: Sterne stehen seit jeher für die Sehnsucht nach Aufbruch und das Bedürfnis nach einem sicheren Hafen. Der altgriechische „Sternkatalog“ von Ptolemäus war mit seinen von Alexandria aus sichtbaren 1022 Sternen über tausend Jahre der Standardkatalog in der westlichen und arabischen Welt. Reisen wäre damals ohne Sternenkunde nicht möglich gewesen. Daran erinnert uns auch der Stern von Bethlehem, der – folgt man der Legende – den „Heiligen Drei Königen“ den Weg wies.

> **„Das Besondere an den neuen Hotelsternen im Rahmen der Hotelstars Union ist nicht nur die gelungene Transparenz und Professionalisierung des Systems, sondern der bisher einzigartige Beitrag von Branchenverbänden zu einem gemeinsamen Europa.“**
>
> Matthias Koch

# Hotelklassifizierung

„Reise“ stammt aus dem Althochdeutschen und bedeutet „aufstehen, sich erheben“. Damit wird Reisen mit einer Ortsveränderung gleichgesetzt, welche lange Zeit mit Gefahren und Unwägbarkeiten verbunden war. Auch heute noch – im Zeitalter des Massentourismus – ist Reisen für den Einzelnen mit nicht unwesentlichen Risiken behaftet. Man hat lange gespart und möchte im Urlaub in kürzester Zeit ein Höchstmaß an Abwechslung oder Erholung bekommen. Die Zeit für Experimente fehlt. Zwei Drittel aller Reiseentscheidungen basieren auf dem Vertrauen auf Empfehlungen durch Freunde, jede zweite Hotelentscheidung ist auf die offiziellen Hotelsterne zurückzuführen. An dritter Stelle folgt der Markenname des Hotels. Häufig werden die einzelnen Zuschreibungen miteinander verglichen und in Einklang gebracht. Die Motivation des Gastes ist unterschiedlich. Er muss für sich die Prioritäten zwischen Abenteuer und Komfort, zwischen Planung und Überraschung, zwischen Standard und Authentizität richtig setzen. In diesem Zusammenhang sprechen wir heute im Zuge der Reisemotivation verstärkt von der „Destination Ich“. Gerade vor dem Hintergrund der Vielfalt von Beweggründen und Motivationen zeigt sich, dass ein verlässliches Koordinatensystem unerwünscht hohe und vermeidbare Transaktionskosten für den Einzelnen verhindern kann.

Doch bei der Marke „Hotelsterne“ nur den Gast ins Auge zu fassen greift zu kurz. Die Hotelsterne schlagen nämlich die Brücke zwischen dem Touristen und dem Hotelier. Die Einstufung in eine bestimmte Kategorie spiegelt die betriebliche Positionierung im Marktumfeld wider. Damit sind die offiziellen Hotelsterne als unternehmerische Verortung noch vor dem Gast die zentrale Feedbackschleife für den Hotelier. Jeder besuchte Ort – geographisch und ideell – unterliegt Prozessen sozialer Zuschreibungen, Positionierungen und Abgrenzungen. Die für den Hotelier im Zuge der Hotelklassifizierung wichtigste Erkenntnis ist: „Der Gast will immer alles. Aber was will und kann ich als Hotelier?“ Diese Ausdifferenzierung und deren Notwendigkeit haben sich gerade in den letzten Jahren verstärkt. Anstelle der früheren Reisemotivation vor dem Hintergrund der Erholung oder des Geschäftemachens sind heute höchst individuelle Beweggründe wie Persönlichkeitsentfaltung und Erlebnissuche hinzugetreten. Diese wollen am Markt – folgend den Gesetzen von Nachfrage und Angebot – gestillt werden.

Der Vorteil an der bestehenden heimischen Hotelklassifizierung liegt auch in ihrer langen und erfolgreichen Tradition. Österreich war neben der Schweiz das erste Land in Europa, in dem Ende der 1950er-Jahre der beginnende Wintertourismus gezielt beworben wurde und damit zusammenhängend eine Bewertung der Hotelbetriebe einsetzte, anfänglich noch mit den Großbuchstaben A1, A, B, C, D für die einzelnen Kategorien. Ein Problem der Klassifizierung lag damals darin, dass man im Ausland die österreichische

Buchstabenfolge nicht wirklich einordnen konnte. In den Jahren 1982/83 erarbeitete ein Arbeitsausschuss des Fachverbandes Hotellerie jene Richtlinien, die schließlich mit Anfang 1984 in Kraft traten und für die nächsten 25 Jahre Geltung hatten. Zu jener Zeit wurden auch die international bekannten „Hotelsterne" eingeführt.

Allerdings war dieses System mit der Internationalisierung im Reiseverkehr und der bereits skizzierten Zunahme von Gästebewertungen im Internet bereits vor einigen Jahren gefordert, seine Transparenz und Akzeptanz auch grenzüberschreitend auszurichten. 2008 führte der Fachverband Hotellerie in der Wirtschaftskammer Österreich diesbezügliche Gespräche mit den Partnerverbänden in Deutschland und in der Schweiz. Die Ausarbeitung eines gemeinsamen Kriterienkatalogs zur Vergabe von Hotelsternen war die Folge. Bereits im Sommer 2009 beteiligten sich die Nachbarländer Tschechien und Ungarn an diesem Projekt. Am 14.12.2009 wurde in Prag die Hotelstars Union zusätzlich gemeinsam mit den Niederlanden und Schweden gegründet. Dieser Zusammenschluss von Hotelverbänden in den genannten sieben europäischen Ländern zum 1.1.2010 war ein weiterer wichtiger Meilenstein der nunmehr unbestritten einzigartigen Initiative. Heute, etwa zwei Jahre nach Gründung der Hotelstars Union, nehmen bereits elf europäische Länder an dieser harmonisierten Hotelklassifizierung teil. Der Teilnehmerkreis umfasst neben den Pionieren nun auch die drei baltischen Staaten sowie Luxemburg. Auch der europäische Dachverband HOTREC (Association representing Hotels, Restaurants and Cafés in Europe) hat die Tragweite dieses Verbundes erkannt und unterstützt die Hotelstars Union in Form ihrer Schirmherrschaft als wesentlichen Beitrag zur Qualitätssicherung in der Branche.

Die Vorteile der Hotelstars Union liegen auf der Hand. Neben einer Verankerung in weiten Teilen Europas zeichnet sich das neue Verfahren durch eine zunehmende Professionalisierung aus. Insgesamt 270 Kriterien unterscheiden zwischen Pflicht und Kür. Entsprechend gibt es nun in jeder Sternekategorie die Zwischenstufe „Superior". Diese steht vor allem für das Dienstleistungsangebot, welches auch eine lokale Differenzierung des Angebots ermöglicht. Als weiterer Vorteil, nicht nur aus österreichischer Sicht, ist der neue Kriterienkatalog gegenüber dem Hotelier und Gast lesefreundlicher und transparenter. Die Erfordernisse werden einzeln aufgezählt und machen jede Kommissionsentscheidung nachvollziehbar. Eine gemeinsame Datenbank ermöglicht eine Auswertung in Echtzeit. Das neue System bestraft nicht, was fehlt, sondern belohnt, was angeboten wird. Darüber hinaus motiviert es zu einer Verbesserung des Angebots. Dieser wichtige Schritt lässt sich wie folgt zusammenfassen: „Weg vom K.O., hin zum O.K."

Die Hotelsterne sind seit mehr als 20 Jahren eine geschützte Marke. Aktuell sind zehn Bildmarken (pro Stern eine Bildmarke + Superiorstufen 1-5*) geschützt. Die eingetragene Marke gewährt ihrem Inhaber ein Ausschließungsrecht gegenüber Dritten. Heute stehen wir vor einer Harmonisierung der Wort-Bild-Marke in allen Ländern der Hotelstars Union. Damit wird der weite und erfolgreich zurückgelegte Weg zur Neupositionierung der offiziellen Hotelsterne allgemein sichtbar. Es zeichnet sich ab, dass sowohl nationale als auch internationale Bewertungsplattformen verstärkt auf die neue gemeinsame Marke verweisen. Dafür stellt die Hotelstars Union eine eigens installierte Datenschnittstelle zur Verfügung.

Das Besondere an den neuen Hotelsternen im Rahmen der Hotelstars Union ist nicht nur die gelungene Transparenz und Professionalisierung des Systems, sondern der bisher einzigartige Beitrag von Branchenverbänden zu einem gemeinsamen Europa. Wenn auch viele – berechtigt oder unberechtigt – über das „Diktat aus Brüssel" klagen, die Hotelstars Union zeigt, dass es auch anders geht. Qualität und Wertschöpfung anstelle von Regulierung und Substanzverzehr. Damit leistete der Fachverband Hotellerie gemeinsam mit seinen Partnerverbänden im Rahmen der Hotelstars Union einen Beitrag zu mehr Selbstbestimmung, der – will man die Zivilgesellschaft in Europa stärken – mit seinen Folgen nicht hoch genug eingeschätzt werden kann. Alle elf Länder der Hotelstars Union stehen für mehr als 160 Millionen Einwohner. Die Initiative zeigt, dass eine Standardisierung des touristischen Angebots sehr wohl Hand in Hand mit der gewünschten Vielfalt an der Basis gehen kann bzw. – unter Berücksichtigung der Vielschichtigkeit unseres Kontinents – wahrscheinlich gehen muss.

## Literatur

HOTREC, Association Representing Hotels, Restaurants and Cafés in Europe, http://www.hotrec.eu

Hotelstars Union, http://www.hotelstars.eu/de/

Quelle: Österreich Werbung, ©Gruenert, Fernsteinsee (bei Nassereith), Fernpass-Straße Tirol.

Mag. Bernhard Gerstberger

## Autor

Mag. Bernhard Gerstberger

## Kurz-Curriculum

Mag. Bernhard Gerstberger

Bernhard Gerstberger wurde am 12.8.1970 in Ried im Innkreis geboren, er ist Jurist und Absolvent des Post Graduate Management Universitätslehrganges an der Wirtschaftsuniversität Wien und Experte für Arbeits- und Sozialrecht sowie Arbeitsmarktpolitik in der Bundessparte Tourismus und Freizeitwirtschaft (WKÖ). Ab 1.7.2012 ist er Geschäftsführer der Fachverbände Gesundheitsbetriebe sowie Kino-, Kultur- und Vergnügungsbetriebe (WKÖ).

Mag. Dominik Walch, MA

Mag. Gerlinde Titelbach

## Autoren

Mag. Dominik Walch, MA
Mag. Gerlinde Titelbach

## Kurz-Curriculum

### Mag. Dominik Walch, MA

Nach Abschluss des Studiums der Volkswirtschaftslehre an der Universität Wien erwarb Dominik Walch einen Master of Arts in Economics an der University of Arizona (USA). Seit 2006 arbeitet er als Forscher in der Abteilung für Ökonomie und Finanzwirtschaft am Institut für Höhere Studien Wien. Seine Forschungsschwerpunkte sind die Erforschung des österreichischen Arbeitsmarktes sowie die Weiterentwicklung und Implementierung statistischer und ökonometrischer Methoden zur Analyse sozialversicherungsbasierter Individualdatensätze.

### Mag. Gerlinde Titelbach

Gerlinde Titelbach ist seit 2010 wissenschaftliche Forscherin am Institut für Höhere Studien. Sie absolvierte an der Universität Wien das Bakkalaureats- und Magisterstudium der Soziologie. Ihre thematischen und methodischen Arbeitsschwerpunkte am Institut für Höhere Studien sind Arbeits(markt)-Soziologie, Sozialpolitik und Ungleichheitsforschung sowie die Konstruktion von Erhebungsinstrumenten, die statistische Auswertung von quantitativen (Administrativ-)Daten und die Analyse qualitativer Interviews.

# Der touristische Arbeitsmarkt

## Zusammenfassung

Die Bedeutung des Tourismus hat in den letzten 25 Jahren kontinuierlich zugenommen: Das Wachstum der Tourismusbranche hat vor allem quantitative Auswirkungen. Die Nachfrage nach Tourismusdienstleistungen ist gestiegen und in der Folge die Beschäftigung (mehr oder weniger) proportional dazu angewachsen, die Grundstruktur der Beschäftigung blieb dabei stabil.

Die Muster der Arbeitsmarktintegration im Tourismus (und damit auch die Unterschiede zu anderen Branchen) sind eine direkte Folge der Charakteristika touristischer Dienstleistungen. Das Zusammenspiel schwankender Nachfrage einerseits und der Unmittelbarkeit – die bei der Erbringung der touristischen Dienstleistung gefordert ist – andererseits stellt die bestimmenden Kräfte für die Arbeitsmarktmuster in der Branche dar.

Bei der Analyse des Gesamtanmeldevolumens aller Beschäftigten zeigen sich deutliche Unterschiede zu anderen Branchen. So sind Tourismusbeschäftigte beispielsweise im Jahresverlauf öfter und länger auch außerhalb der Branche erwerbstätig als Beschäftigte in anderen Wirtschaftszweigen. Ebenso ist der Anteil geringfügig Beschäftigter höher als in anderen Branchen. Die Gesamtjahresarbeitsleistung wird im Vergleich zu anderen Branchen von deutlich mehr unterschiedlichen unselbstständig Beschäftigten erbracht.

Die individuelle Arbeitsmarktintegration der Tourismusbeschäftigten ist von starker Heterogenität geprägt. Die Integration variiert stark in Folge des Auseinanderfallens von Kern- und Randbelegschaft. Eine Kernbelegschaft (meist stabil und langfristig beschäftigt) wird also in den Spitzenzeiten durch zusätzliche Arbeitskräfte, die oft nur kurzfristig und einmalig in der Branche tätig sind, ergänzt.

Die Branchenbindung der Kernbelegschaft ist sehr stabil, der Großteil arbeitet langfristig im Tourismus und verfügt über eine branchenspezifische Ausbildung (also Absolventen Mittlerer und Höherer Schulen und im Besonderen Personen, die eine Lehre im Tourismus absolviert haben), sie stellen das personelle Rückgrat der Branche dar.

Die Branchenbindung der kurzfristig Beschäftigten ist dagegen auch global betrachtet eher gering. Im Laufe ihrer Gesamtberufslaufbahn sind sie meist nur ein einziges Mal im Tourismus tätig. Ihr Erwerbsmittelpunkt liegt weder kurz- noch mittel- oder langfristig im Tourismus.

## Einleitung

Im folgenden Artikel wird die unselbstständige Beschäftigung in den Kernbranchen des Tourismus, Beherbergung (ÖNACE 55) und Gastronomie (ÖNACE 56), untersucht.

Die Tourismusbranche unterscheidet sich von anderen Branchen durch das Zusammenspiel folgender Charakteristika: (i) Der Tourismus ist eine personalintensive Dienstleistungsbranche, (ii) die Produktion erfolgt (fast immer) just-in-time und (iii) die Nachfrage nach Tourismusdienstleistungen unterliegt starken Schwankungen im Zeitverlauf mit prononcierten Auslastungsspitzen im Tages-, Wochen- und Jahresverlauf. Diese besonderen Merkmale schlagen sich direkt in den Arbeitsmarktmustern der Branche nieder.

Die Grundlage dieses Beitrages bilden anonymisierte Daten aus dem österreichischen Sozialversicherungssystem, wie sie wissenschaftlichen Institutionen im Rahmen der Arbeitsmarktdatenbank (AMDB) des Bundesministeriums für Arbeit, Soziales und Konsumentenschutz (bmask) und des Arbeitsmarktservice (AMS) zu Zwecken wissenschaftlicher Forschung zu Verfügung stehen. Diese Datenquellen bieten zwei entscheidende Vorteile:

Erstens umfassen sie alle in Österreich sozialversicherten Personen (die Untersuchungen basieren also auf einer Vollerhebung und nicht auf Stichproben). Zweitens sind alle Versicherten im Zeitverlauf erfasst, womit Analysen von Arbeitsmarktkarrieren möglich werden. Viele der Indikatoren und Kennzahlen, die in diesem Artikel erstmals publiziert werden, konnten erst durch die Verwendung dieser Datenquellen erstellt werden.

**„Aufgrund der demografischen Veränderung stehen mittel- und langfristig alle Wirtschaftsbereiche vor dem Problem eines abnehmenden Arbeitskräftepotentials. Für den Tourismus bedeutet diese Entwicklung eine zusätzliche Herausforderung, insbesondere weil bracheninhärente Arbeitsmarktmuster auch mitunter schwierige Arbeitsbedingungen bedeuten können.“**

Bernhard Gerstberger,
Dominik Walch, Gerlinde Titelbach

## Branchenwachstum und Nachfrageschwankungen

Das Branchenwachstum sowie die Schwankungen der Nachfrage im Zeitverlauf stellen die beiden wesentlichen Charakteristika der Tourismusbranche dar, die sich direkt in den Arbeitsmarktmustern niederschlagen.

Abbildung 1 fasst die Entwicklung des Beschäftigtenstandes seit Anfang 2000 zusammen. Abgebildet werden alle unselbstständig Beschäftigten pro Tag (inklusive Lehrlinge und geringfügig Beschäftigte) sowie der jeweilige Jahresdurchschnitt. Seit dem Jahr 2000 hat die Anzahl der Beschäftigten (inklusive Lehrlinge und geringfügig Beschäftigte) im Jahresdurchschnitt um 31,5% zugenommen. Im Jahr 2000 waren im Durchschnitt über 170.000 Personen pro Tag unselbstständig beschäftigt. Zehn Jahre später, im Jahr 2010, belief sich die Zahl der unselbstständig Beschäftigten auf fast 224.000 Personen. Sogar im Krisenjahr 2009 konnte die Zahl der Beschäftigten im Tourismus gesteigert werden.

*Abbildung 1: Täglicher Beschäftigtenstand sowie Jahresdurchschnitt im Tourismus 2000–2010*

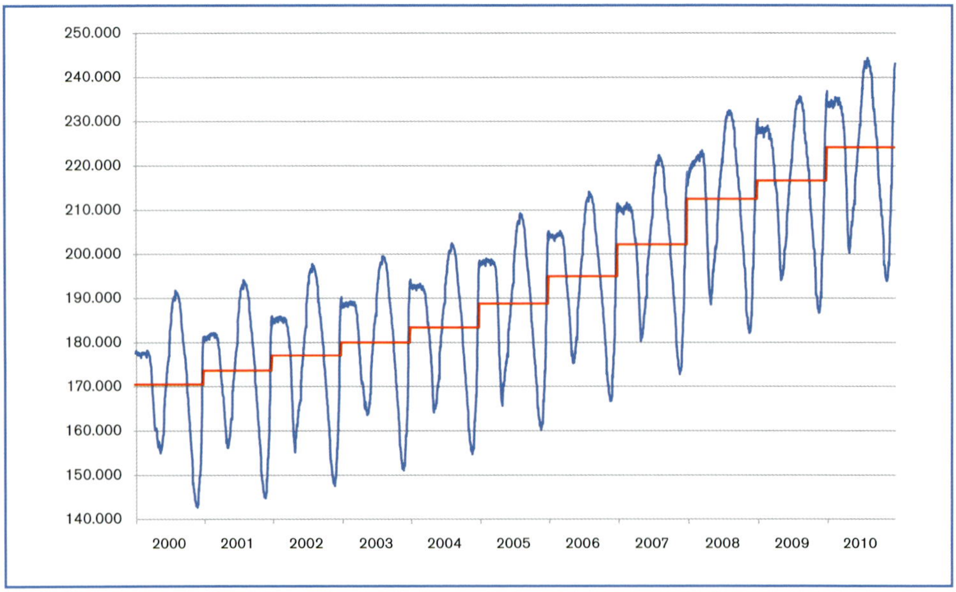


*Quelle: AMDB, IHS, eigene Berechnungen und Darstellung.*

Neben dem Beschäftigungswachstum lassen sich in Abbildung 1 auch die Schwankungen des Beschäftigtenstandes im Zeitverlauf ablesen. Generell kann beobachtet werden, dass die ausgeprägten Nachfrageschwankungen im Zeitverlauf eine große Herausforderung für die Tourismusbranche darstellen – wobei diese Schwankungen nicht nur im Jahresverlauf, sondern selbst im Tages- und Wochenverlauf auftreten. Zusätzlich zeigen diese Beschäftigungsschwankungen auch die regionalen Eigenheiten im Tourismus an. Die unterschiedlichen regionalen Ausrichtungen des Tourismus schlagen sich in unterschiedlichen Arbeitsmarktmustern nieder.

In Abbildung 2 werden die Schwankungen der Beschäftigtenstände im Jahresverlauf 2010 exemplarisch anhand von drei Bundesländern dargestellt. Wien, Tirol und Kärnten weisen starke regionale Eigenheiten der Beschäftigtenstände auf. Während in Tirol sowohl im Winter als auch im Sommer die Beschäftigungsspitzen über dem Tiroler Jahresmittel liegen, konzentrieren sich die Auslastungsspitzen in Kärnten im Sommer. Auch in Wien können im Sommer höhere Beschäftigungsstände als im Winter beobachtet werden, allerdings sind die Unterschiede gering. In Wien pendeln die Beschäftigungsstände zwischen 95% und 105% des Jahresmittels, das bei 100% liegt, hingegen liegen die Extreme in Tirol zwischen 65% und 130%.

*Abbildung 2: Täglicher Beschäftigtenstand im Tourismus 2010 – Kärnten, Tirol, Wien*

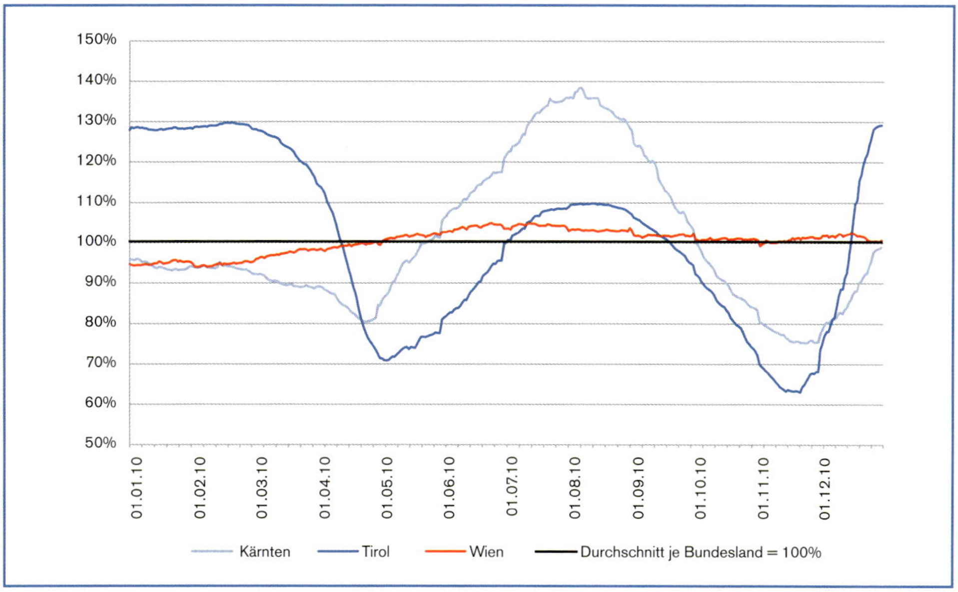


*Quelle: AMDB, IHS, eigene Berechnungen und Darstellung.*

Der unterschiedlich hohe Bedarf an Beschäftigten im Jahresverlauf (und im Tages- und Wochenverlauf) prägt also den touristischen Arbeitsmarkt. Viele Eigenheiten der Tourismusbranche und Unterschiede zu anderen Branchen lassen sich auf diesen Umstand zurückführen.

## Anzahl unselbstständig Beschäftigter

Im Jahr 2010 waren insgesamt rund 405.600 Personen im Tourismus unselbstständig beschäftigt. Im Jahresdurchschnitt waren das rund 223.800 Personen pro Tag. Exkludiert man geringfügig Beschäftigte und Lehrlinge, so waren durchschnittlich 172.200 Personen unselbstständig beschäftigt.

*Tabelle 1: Übersichtstabelle Anzahl Personen, Beschäftigte im Jahresdurchschnitt 2010*

| | **Anzahl unterschiedliche Personen*** | **Frauenanteil in %** | **Männeranteil in %** | **Beschäftigte pro Tag im Jahresdurchschnitt** | **Arbeiter/Angestellte/FD pro Tag im Jahresdurchschnitt** |
|---|---|---|---|---|---|
| **Österreich gesamt** | **405.582** | **61,2%** | **38,8%** | **223.772** | **172.157** |
| Beherbergung | 171.435 | 63,9% | 36,1% | 90.911 | 76.209 |
| Gastronomie | 256.643 | 59,1% | 40,9% | 133.402 | 96.091 |
| **Nach Bundesländern**** | | | | | |
| **Wien** | **89.296** | **51,4%** | **48,6%** | **51.127** | **39.568** |
| Beherbergung | 20.266 | 55,4% | 44,6% | 11.549 | 10.160 |
| Gastronomie | 73.057 | 49,9% | 50,1% | 39.655 | 29.432 |
| **Tirol** | **73.974** | **59,7%** | **40,3%** | **36.298** | **30.394** |
| Beherbergung | 52.432 | 60,5% | 39,5% | 24.577 | 21.336 |
| Gastronomie | 28.370 | 56,8% | 43,2% | 11.809 | 9.087 |
| **Salzburg** | **51.110** | **59,6%** | **40,4%** | **24.466** | **19.663** |
| Beherbergung | 33.605 | 61,9% | 38,1% | 15.273 | 12.886 |
| Gastronomie | 22.990 | 55,0% | 45,0% | 9.263 | 6.789 |
| **Niederösterreich** | **50.673** | **63,5%** | **36,5%** | **28.397** | **21.010** |
| Beherbergung | 12.722 | 67,7% | 32,3% | 7.047 | 5.653 |
| Gastronomie | 40.575 | 61,7% | 38,3% | 21.396 | 15.366 |
| **Steiermark** | **48.442** | **67,0%** | **33,0%** | **26.595** | **18.969** |
| Beherbergung | 17.857 | 69,9% | 30,1% | 9.392 | 7.473 |
| Gastronomie | 33.763 | 64,9% | 35,1% | 17.261 | 11.509 |
| **Oberösterreich** | **42.987** | **67,1%** | **32,9%** | **22.742** | **16.210** |
| Beherbergung | 12.303 | 69,6% | 30,4% | 6.468 | 5.062 |
| Gastronomie | 33.170 | 65,6% | 34,4% | 16.322 | 11.159 |
| **Kärnten** | **35.106** | **65,5%** | **34,5%** | **15.690** | **11.727** |
| Beherbergung | 18.193 | 66,4% | 33,6% | 7.708 | 6.284 |
| Gastronomie | 20.415 | 63,9% | 36,1% | 8.021 | 5.450 |
| **Vorarlberg** | **24.467** | **61,1%** | **38,9%** | **11.972** | **9.044** |
| Beherbergung | 13.731 | 60,9% | 39,1% | 6.225 | 5.036 |
| Gastronomie | 12.820 | 60,1% | 39,9% | 5.768 | 4.015 |
| **Burgenland** | **10.822** | **63,3%** | **36,7%** | **6.243** | **5.070** |
| Beherbergung | 4.408 | 63,6% | 36,4% | 2.647 | 2.283 |
| Gastronomie | 7.117 | 61,8% | 38,2% | 3.603 | 2.790 |

*Quelle: Arbeitsmarktdatenbank (AMDB), Institut für höhere Studien (IHS), eigene Berechnungen und Darstellung.*

** Anmerkung: Alle Personen, die im Jahresverlauf 2010 zumindest einen Tag innerhalb der Branche (ÖNACE 55/56) unselbstständig beschäftigt waren (inkl. Lehre und Geringfügigkeit).*

*** Anmerkung: Die einzelnen Zeilen geben die Informationen für die verschiedenen Bundesländer sowie nach Beherbergung und Gastronomie getrennt an (jeweils aus der Sicht des betroffenen Bundeslandes). Da eine gewisse Anzahl von Personen innerhalb der Branche mobil ist (sowohl zwischen den Bundesländern als auch zwischen Beherbergung und Gastronomie), übersteigt die Summe der einzelnen Zeilen die Gesamtanzahl (Doppelzählungen).*

In Tabelle 1 ist die Anzahl der unselbstständig Beschäftigten in der Tourismusbranche getrennt nach Bundesland und Beherbergung oder Gastronomie ausgewiesen. Darüber hinaus werden der Frauen- und Männeranteil, sowie die durchschnittliche Beschäftigung pro Tag aller unselbstständigen Beschäftigungen (inklusive Lehre und Geringfügigkeit) und der Durchschnittswert 2010 von Arbeitern/Angestellten/freien Dienstnehmern (FD) pro Tag dargestellt.

## Beschäftigte mit anderer Staatsbürgerschaft

Die Tourismusbranche ist ein Wirtschaftszweig mit einem deutlichen Anteil an Beschäftigten mit Migrationshintergrund. Im Jahr 2010 hatten rund 150.400 Personen oder 37% der 405.600 Tourismusbeschäftigen nicht die österreichische Staatsbürgerschaft. Die größte Gruppe von Personen mit ausländischer Staatsbürgerschaft stellen Personen aus so genannten Drittstaaten dar, die im Jahr 2010 rund 17,5% aller Tourismusbeschäftigten umfasste. Eine EU-14/EWR oder Schweizer Staatsbürgerschaft wiesen 2010 rund 10,5% aller Tourismusbeschäftigten auf. Rund 9% aller Tourismusbeschäftigten kamen aus den neuen EU-Mitgliedstaaten. Tabelle 2 stellt die Beschäftigtenanzahl und -anteile der zehn personenstärksten Nationen dar. Traditionell spielen Beschäftigte aus Ex-Jugoslawien (ohne Slowenien) hier eine wichtige Rolle. In den letzten Jahren hat der Anteil von unselbstständig Beschäftigten mit deutscher Staatsbürgerschaft stark zugenommen. Im Jahr 2010 waren 7,8% aller Tourismusbeschäftigten Bundesdeutsche, das ist bereits

*Tabelle 2: Anzahl Personen und Beschäftigte im Jahresdurchschnitt 2010 nach Nationalität*

| | **unterschiedliche Personen** | | **Beschäftigte pro Tag im Jahresdurchschnitt** | | **Arbeiter/Angestellte/ FD pro Tag im Jahresdurchschnitt** | |
|---|---|---|---|---|---|---|
| **Nationalität** | **Anzahl absolut** | **Anteil in %** | **Anzahl absolut** | **Anteil in %** | **Anzahl absolut** | **Anteil in %** |
| **Österreich** | **255.153** | **62,9%** | **145.808** | **65,2%** | **106.981** | **62,1%** |
| **Ex-Jugoslawien (ohne Slowenien)** | 35.388 | 8,7% | 20.327 | 9,1% | 16.835 | 9,8% |
| **Deutschland** | 31.586 | 7,8% | 14.240 | 6,4% | 11.746 | 6,8% |
| **Ungarn** | 14.438 | 3,6% | 6.987 | 3,1% | 6.579 | 3,8% |
| **Türkei** | 13.604 | 3,4% | 7.269 | 3,2% | 5.730 | 3,3% |
| **Slowakei** | 6.781 | 1,7% | 3.500 | 1,6% | 3.171 | 1,8% |
| **Rumänien** | 5.704 | 1,4% | 2.870 | 1,3% | 2.354 | 1,4% |
| **V-Rep. China** | 3.758 | 0,9% | 2.719 | 1,2% | 2.259 | 1,3% |
| **Polen** | 3.679 | 0,9% | 1.875 | 0,8% | 1.509 | 0,9% |
| **Italien** | 3.655 | 0,9% | 1.621 | 0,7% | 1.341 | 0,8% |
| **Tschechische Republik** | 2.511 | 0,6% | 1.368 | 0,6% | 1.220 | 0,7% |
| **162 andere Nationalitäten** | 29.325 | 7,2% | 15.188 | 6,8% | 12.429 | 7,2% |
| **Gesamt** | **405.582** | **100%** | **223.772** | **100%** | **172.152** | **100%** |

*Quelle: AMDB, IHS, eigene Berechnungen und Darstellung.*

mehr als ein Drittel aller Arbeitnehmer mit ausländischer Staatsbürgerschaft. Regional gibt es starke Unterschiede in der Zusammensetzung der nationalen Herkunft. Während in Wien Personen aus Ex-Jugoslawien (ohne Slowenien) die größte Gruppe ausländischer Beschäftigter darstellen, so sind es in Tirol, Vorarlberg und Salzburg deutsche Staatsbürger, im Burgenland hingegen vorwiegend Personen mit ungarischer Staatsbürgerschaft.

### Lehrlinge im Tourismus

Die Lehrlingsausbildung bildet neben Mittleren und Höheren Schulen die wichtigste branchenspezifische Ausbildungsschiene in den Kernbranchen des Tourismus. Per 31.12.2010 waren gemäß Lehrlingsstatistik 12.552 Lehrlinge in den Bereichen der Tourismus- und Freizeitwirtschaft gemeldet, wobei sich die Verteilung der Lehrausbildung wie folgt darstellt:

*Tabelle 3: Lehrlinge in den einzelnen Bereichen der Tourismus- und Freizeitwirtschaft (Stichtag 31.12.2010)*

| | Anzahl der Lehrlinge | Anteil in Prozent |
|---|---|---|
| **Koch/Köchin** | 4.180 | 33,3% |
| **Restaurantfachmann/-frau** | 2.711 | 21,6% |
| **Gastronomiefachmann/-frau**** | 2.663 | 21,2% |
| **Hotel- u. Gastgewerbeassistent/-in** | 1.444 | 11,5% |
| **Systemgastronomiefachmann/-frau** | 495 | 3,9% |
| **Doppell. Rest.fachmann/-frau, Koch/Köchin** | 4 | 0,0% |
| **Sonstige** | 262 | 2,1% |
| **Reisebüroassistent/-in** | 233 | 1,9% |
| **Fitnessbetreuer/-in** | 219 | 1,7% |
| **Bürokaufmann/-frau** | 168 | 1,3% |
| **andere Doppellehren*** | 173 | 1,4% |
| **Gesamt** | **12.552** | **100** |

*Quelle: Lehrlingsstatistik 2010, Wirtschaftskammern Österreichs.*
** Inkl. Doppellehren in Kombination mit Gewerbe und Handel*
*** Ab 2005 neu, entspricht der früheren Doppellehre Restaurantfachmann/Koch*

Von den 12.552 Lehrlingen in der gesamten Tourismus- und Freizeitwirtschaft waren per Stichtag 31.12.2010 rund 11.162 in den beiden Kernbranchen des Tourismus, Beherbergung (ÖNACE 55) und Gastronomie (ÖNACE 56), aktiv.

Im Jahresverlauf 2010 waren in allen Betrieben der Kernbranchen insgesamt 17.379 Personen als Lehrlinge gemeldet. Die Differenz zum Stichtag bilden Personen, die ihre Lehre erfolgreich beendet haben, und jene, die eine Lehre begonnen, aber im Jahresverlauf vorzeitig beendet haben.

Aufgrund der Betriebsgrößenstruktur in den Kernbranchen des Tourismus findet die Lehrlingsausbildung vor allem in kleinen Unternehmen statt. Rund zwei Drittel aller Lehrlinge in der Gastronomie werden in Betrieben mit weniger als 20 Mitarbeitern ausgebildet, 40% sogar in Betrieben mit weniger als 10 Mitarbeitern. Im Einzelhandel dagegen werden zwei Drittel der Lehrlinge in Betrieben mit 20 oder mehr Mitarbeitern ausgebildet, 36% sogar in Betrieben mit über 250 Mitarbeitern.

### Beschäftigung und erwerbsferne Zeiten

Im Folgenden wird das Gesamtanmeldevolumen aller Tourismusbeschäftigten analysiert und mit dem Anmeldevolumen der Beschäftigten im Groß- und Einzelhandel sowie in der Bauwirtschaft verglichen.

Bei dieser Analyse wurden sämtliche Anmeldetage aller Personen, die im Jahresverlauf zumindest einen Tag im Tourismus als unselbstständig Beschäftigte angemeldet waren, in die Analyse einbezogen (für 2010 waren das rund 405.600 Personen). Im Jahresverlauf konnten die Beschäftigten innerhalb oder außerhalb der Branche angemeldet sein oder aber auch Anmeldetage aufweisen, an denen sie nicht arbeitsmarktaktiv waren. Die Beschäftigten der einzelnen Branchen wurden in ihrer Gesamtheit betrachtet und verglichen.

Die errechneten Werte können als (Zeit-)Anteile eines Kalenderjahres, die ein durchschnittlicher Beschäftigter der jeweiligen Branche in den verschiedenen Arbeitsmarktstatus verbracht hat, interpretiert werden. Die Analyse dieses fiktiven, durchschnittlichen Beschäftigten stellt keine Aussage über die individuelle Arbeitsmarktkarriere dar. Die Durchschnittswerte aller Beschäftigten im Tourismus unterscheiden sich unter anderem auch deshalb von denen der beiden Vergleichsbranchen, weil eine vergleichsweise hohe Anzahl von Personen nur kurzzeitig und/oder einmalig im Tourismus erwerbstätig war (beispielsweise Ferialpraktikanten). Allein im Jahr 2010 waren rund 66.000 Tourismusbeschäftigte (oder ein Anteil von 16,2% der 405.600 beschäftigten Personen) weniger als einen Monat in der Branche tätig. Ihr Beitrag zum gesamten Anmeldevolumen in der Branche betrug unter 1% der Gesamtjahresarbeitsleistung.

#### Arbeitsmarktintegration

Bei der Analyse der Arbeitsmarktintegration wird im Folgenden zwischen arbeitsmarktaktiven Zeiten, also Zeiten selbstständiger und unselbstständiger Beschäftigung, und Zeiten, in denen eine Person nicht arbeitsmarktaktiv ist, unterschieden. In Tabelle 4 ist die Verteilung der Anteile der Zeiten, die Erwerbstätige im Jahresdurchschnitt 2010 innerhalb und außerhalb des Erwerbssystems verbracht haben, dargestellt. Die Zahlen des Tourismus werden jenen der Vergleichsbranchen Bauwirtschaft sowie Groß- und

Einzelhandel gegenübergestellt. Diese Branchen wurden als Vergleichsbranchen gewählt, da sie in bestimmten Aspekten Ähnlichkeiten in den Rahmenbedingungen aufweisen: Zum einen sind Teile der Bauwirtschaft ebenso wie Teile des Tourismus mit witterungsbedingter Saisonalität konfrontiert, zum anderen weisen Dienstleistungen in Tourismus und Handel gewisse Ähnlichkeiten in den Charakteristika der Erstellung auf.

*Tabelle 4: Anteile arbeitsmarktaktiver und nicht-arbeitsmarktaktiver Zeiten am Gesamtjahresanmeldevolumen 2010 – Tourismus, Bau und Handel*

| | **Tourismus** | | **Bauwirtschaft** | | **Handel** | |
|---|---|---|---|---|---|---|
| **Anzahl Personen gesamt** | | **405.582** | | **339.978** | | **644.303** |
| **arbeitsmarktaktive Zeiten** | **68,6%** | | **82,5%** | | **84,3%** | |
| in der Branche unselbstständig beschäftigt | | 55,2% | | 75,2% | | 76,3% |
| Erwerbstätig, aber nicht unselbstständig in der Branche beschäftigt | | 13,4% | | 7,3% | | 8,0% |
| **nicht-arbeitsmarktaktive Zeiten** | **31,4%** | | **17,5%** | | **15,7%** | |
| Arbeitslosigkeit | | 8,2% | | 8,2% | | 4,8% |
| Kinderbetreuungszeiten | | 1,4% | | 0,3% | | 1,4% |
| Präsenz- und Zivildienst/Rente | | 4,0% | | 2,3% | | 3,0% |
| Meldelücken/ Mitversicherungszeiten | | 17,9% | | 6,8% | | 6,4% |
| **Gesamt** | **100%** | **100%** | **100%** | **100%** | **100%** | **100%** |

*Quelle: AMDB, IHS, eigene Berechnungen und Darstellung.*

Der gesamte (Zeit-)Anteil arbeitsmarktaktiver Zeiten betrug 2010 für Tourismusbeschäftigte durchschnittlich 68,6%, für jene in der Bauwirtschaft 82,5% und für Beschäftige im Groß- und Einzelhandel 84,3%. Demnach verbringen Tourismusbeschäftigte im Schnitt insgesamt weniger Zeit innerhalb des Erwerbssystems als Beschäftigte der beiden Vergleichsbranchen.

Ein weiterer deutlicher Unterschied zwischen den Tourismusbeschäftigen und jenen der beiden anderen Branchen zeigt sich beim (Zeit-)Anteil arbeitsmarktaktiver Zeiten außerhalb der Branche. Tourismusbeschäftigte waren im Jahr 2010 mit einem Anteil von durchschnittlich 13,4% des Jahres in anderen Branchen erwerbstätig, bei Beschäftigten in der Bauwirtschaft und im Handel beträgt dieser Zeitanteil 7,4% bzw. 8%. In Tabelle 5 werden die zehn wichtigsten Branchen, in denen jene Tourismusbeschäftigten, die im Jahresverlauf 2010 auch in anderen Branchen erwerbstätig waren, tätig waren, getrennt nach Frauen und Männern, ausgewiesen.

*Tabelle 5: Erwerbstätigkeit von Tourismusbeschäftigten in anderen Branchen im Jahr 2010 – Anteile unterschiedlicher Branchen am Gesamtarbeitsvolumen, das Tourismusbeschäftigte außerhalb der Branche arbeitsmarktaktiv verbringen*

| **Frauen** | **Anzahl der Lehrlinge** | **Männer** | **Anteil in Prozent** |
|---|---|---|---|
| **Branche ÖNACE 2008** | Anteil in % | **Branche ÖNACE 2008** | Anteil in % |
| **1. Einzelhandel** | 17,9% | **1. Einzelhandel** | 8,8% |
| **2. Öffentliche Verwaltung, Verteidigung; Sozialversicherung** | 8,9% | **2. Vermittlung und Überlassung von Arbeitskräften** | 8,1% |
| **3. Gebäudebetreuung; Garten- und Landschaftsbau** | 6,3% | **3. Vorbereitende Baustellenarbeiten, Bauinstallation und sonstiges Ausbaugewerbe** | 6,7% |
| **4. Gesundheitswesen** | 5,3% | **4. Landverkehr und Transport in Rohrfernleitungen** | 6,7% |
| **5. Großhandel** | 4,4% | **5. Öffentliche Verwaltung, Verteidigung; Sozialversicherung** | 6,4% |
| **6. Vermittlung und Überlassung von Arbeitskräften** | 4,2% | **6. Großhandel** | 5,3% |
| **Anteil restliche Branchen (ohne Beherbergung/Gastronomie)** | 53,1% | **Anteil restliche Branchen (ohne Beherbergung/Gastronomie)** | 58,1% |
| **Gesamt** | **100%** | **Gesamt** | **100%** |

*Quelle: AMDB, IHS, eigene Berechnungen und Darstellung.*

Der Zeitanteil im Jahr 2010, den Beschäftigte arbeitsmarktaktiv innerhalb der eigenen Branche verbracht haben, ist im Tourismus mit 55,2% deutlich niedriger als in der Bauwirtschaft (75,2%) oder im Groß- und Einzelhandel (76,3%). Zum einen sind Tourismusbeschäftigte insgesamt weniger in den Arbeitsmarkt integriert, zum anderen verbringen sie mehr arbeitsmarktaktive Zeit in anderen Branchen.

Betrachtet man nun die unselbstständige Erwerbstätigkeit innerhalb der jeweiligen Branche genauer, so kann zwischen den Beschäftigungsstatus „Lehre", „geringfügige Beschäftigung" und „Arbeiter/Angestellte/freie Dienstnehmer" unterschieden werden (siehe Tabelle 6).

Der Anteil der geringfügigen Beschäftigung ist im Tourismus mit 18,5% deutlich höher als in der Bauwirtschaft oder im Handel. Die durchschnittliche Anteilsverteilung der drei Beschäftigungsarten hat sich seit dem Jahr 2000 in der Tourismusbranche leicht verschoben und der Anteil der geringfügigen Beschäftigung hat sich mehr als verdoppelt. Allerdings konnten zeitgleich die ganzjährigen Arbeiter- und Angestelltenverhältnisse bis zum Jahr 2010 um 23,3% gesteigert werden. Das bedeutet, dass das Beschäftigungsvolumen in den letzten zehn Jahren insgesamt stark angewachsen ist.

*Tabelle 6: Anteile unterschiedlicher Beschäftigungsarten innerhalb der jeweiligen Branche im Jahr 2010*

| Beschäftigungsstatus | Tourismus | Bauwirtschaft | Handel |
|---|---|---|---|
| **Geringfügige Beschäftigung** | 18,5% | 4,7% | 9,9% |
| **Lehre** | 5,1% | 8,8% | 4,6% |
| **Arbeiter/Angestellte/FD** | 76,5% | 86,5% | 85,5% |
| **Gesamt** | **100%** | **100%** | **100%** |

*Quelle: AMDB, IHS, eigene Berechnungen und Darstellung.*

## Nicht-arbeitsmarktaktive Zeiten

Der durchschnittliche Anteil nicht-arbeitsmarktaktiver Zeiten ist im Tourismus mit 31,4% fast doppelt so hoch wie in den beiden Vergleichsbranchen. Neben Zeiten der Arbeitslosigkeit (Vormerkung beim AMS) handelt es sich dabei vor allem um erwerbsferne Zeiten wie Kinderbetreuungszeiten, Präsenz-/Zivildienst oder Rentenzeiten sowie Meldelücken und Zeiten der Mitversicherung (beispielsweise bei Angehörigen wie Ehe- oder Lebenspartnern).

Wie in Tabelle 4 gezeigt werden kann, betrugen im Jahr 2010 Meldelücken oder Mitversicherungszeiten den größten Anteil an der nicht-arbeitsmarktaktiven Zeit. Zieht man die Zusammensetzung der Beschäftigten in Betracht, so ist dies nicht weiter überraschend, weil 2010 knapp 66.000 oder 16,2% der 405.600 Beschäftigten weniger als einen Monat im Tourismus erwerbstätig waren. In dieser Gruppe sind viele junge Personen (Studenten, Ferialpraktikanten) und Personen, die sonst gering oder überhaupt nicht in den Arbeitsmarkt integriert sind.

Der durchschnittliche Jahresanteil, den Tourismusbeschäftigte 2010 im Status der Arbeitslosigkeit (Vormerkung beim AMS) verbracht haben, beträgt 8,2% und ist somit gleich hoch wie der durchschnittliche Arbeitslosigkeitsanteil der Beschäftigten in der Bauwirtschaft. Zum einen können diese Werte aufgrund der saisonalen Beschäftigungsschwankungen in den beiden Branchen erklärt werden und zum anderen sind Tourismusbeschäftigte im Jahresverlauf häufig auch in anderen Branchen tätig. Insbesondere bei diesen Branchenwechseln kann es zu einem Zwischenstatus von (kurzzeitiger) Arbeitslosigkeit kommen.

So folgt in 31,8% aller Fälle einer Arbeitslosigkeitsperiode, die nach einer Tourismusbeschäftigung liegt, eine Beschäftigung außerhalb des Tourismus. Oder umgekehrt: Bei über einem Viertel aller Arbeitslosigkeitsperioden, die vor einer Beschäftigung im Tourismus liegen, lag zuvor eine Beschäftigung in anderen Branchen vor.

## Mobilität

Setzt man die Anzahl unterschiedlicher Personen mit der Anzahl durchschnittlicher Beschäftigter in Beziehung, so ergibt sich ein deutlicher Unterschied zwischen den Branchen. Im Tourismus kommen auf 223.800 ganzjährige Beschäftigungsverhältnisse rund 405.600 unterschiedliche Personen und somit auf einen ganzjährigen Arbeitsplatz 1,8 Personen. Im Vergleich dazu beträgt dieses Verhältnis in der Bauwirtschaft und im Handel 1 zu 1,2. Diese Zahlen implizieren eine erhöhte Mobilität von Tourismusbeschäftigten.

Im Jahr 2010 hatten knapp 76.000 Tourismusbeschäftigte mehr als einen Dienstgeber in der Tourismusbranche. 13.300 Personen waren innerhalb eines Bundeslandes zwischen Beherbergung und Gastronomie mobil, knapp 15.000 Personen waren zwischen den Bundesländern mobil und 7.600 Beschäftigte waren innerhalb eines Jahres sowohl in mehreren Bundesländern als auch in der Beherbergung und der Gastronomie erwerbstätig.

Mobilität von Tourismusbeschäftigten lässt sich nicht nur in Form von Mobilität innerhalb der Branche beobachten, sondern auch in Form von Mobilität in oder aus anderen Branchen oder von Mobilität, die mit einer Bewegung zwischen arbeitsmarktaktivem und nicht-arbeitsmarktaktivem Status verbunden ist. In Tabelle 7 ist für diese drei Mobilitätsdimensionen der jeweilige Anteil der Beschäftigten dargestellt, die diese Muster aufweisen, getrennt nach Tourismusbeschäftigten und Beschäftigten der beiden Vergleichsbranchen.

*Tabelle 7: Anteile von Beschäftigten mit verschiedenen Mobilitätsdimensionen. Vergleich Tourismus, Bauwirtschaft, Handel im Jahr 2010*

| Branche | Jeweils Anteil in % aller Beschäftigten der entsprechenden Branche | | |
|---|---|---|---|
| | Mobilität innerhalb der Branche | Mobilität in und/oder aus anderer Branche innerhalb des Arbeitsmarktes | Mobilität in und aus dem Arbeitsmarkt |
| Tourismus | 18,7% | 32,0% | 64,7% |
| Bauwirtschaft | 8,8% | 20,4% | 50,7% |
| Handel | 7,8% | 23,0% | 34,7% |

*Quelle: AMDB, IHS, eigene Berechnungen und Darstellung.*

Bei jeder der drei Mobilitätsdimensionen weist die Tourismusbranche den höchsten Anteil an Beschäftigten auf. So waren 2010 rund 18,7% der Tourismusbeschäftigten innerhalb der Branche mobil, 32% waren im Jahresverlauf auch in anderen Branchen erwerbstätig und 64,7% waren zumindest einen Tag im Jahr 2010 nicht-arbeitsmarktaktiv.

## Heterogenität der Beschäftigten

Vorangehend wurde mit der Analyse des Gesamtanmeldevolumens die Branche im Überblick beschrieben. Betrachtet man nun die Individualebene, zeigen sich starke Unterschiede in den Arbeitsmarktmustern einzelner Tourismusbeschäftigter. Die Bandbreite der Arbeitsmarktmuster reicht von Beschäftigten, die nur einen einzigen Tag in der Branche tätig sind, über Saisonkräfte bis zu ganzjährig im Tourismus Beschäftigten. Umfasst sind auch Personen, die im Tourismus lediglich nebenbeschäftigt sind, sowie Personen, die über viele Jahre ihren Erwerbsmittelpunkt in der Beherbergung und Gastronomie haben. Hinsichtlich der Branchen- und Arbeitsmarktintegration weisen Tourismusbeschäftigte eine starke Heterogenität auf.

Ausgehend vom Auslastungsmuster der Branche kann grundsätzlich zwischen einer Kernbelegschaft und einer Randbelegschaft unterschieden werden. Um die Vielfältigkeit dieser Arbeitsmarktmuster interpretieren zu können und deren Komplexität zu reduzieren, wurden folgende drei Beschäftigtengruppen definiert:

Als Typ 1 – ganzjährige Kernbelegschaft – wurden jene Beschäftigten definiert, die das ganze Jahr 2010 ausschließlich und durchgehend (365 Tage) in der Tourismusbranche unselbstständig beschäftigt waren.

Zu Typ 2 – saisonale Kernbelegschaft – wurden jene Tourismusbeschäftigten zusammengefasst, die ausschließlich in der Branche beschäftigt waren und eine hohe Brancheninintegration aufweisen (über 6 Monate). Beschäftigte dieses Typs waren vorwiegend in den tourismusspezifischen Saisonen erwerbstätig.

Neben der Kernbelegschaft wurde eine so genannte „Randbelegschaft" identifiziert, die als Gruppe in sich sehr heterogen ist und zu Typ 3 zusammengefasst wurde. Dazu zählen Tourismusbeschäftigte, die entweder ihren Erwerbsmittelpunkt in anderen Branchen hatten, oder Personen, die insgesamt nur gering in den Arbeitsmarkt integriert waren. Diese „Randbelegschaft" spielt insbesondere in den Spitzenzeiten eine wichtige Rolle. Der Erwerbsmittelpunkt dieser Personen liegt aber weder kurz- noch mittel- oder langfristig im Tourismus.

*Abbildung 3: Altersverteilung der Tourismusbeschäftigten im Jahr 2010 nach Typ 1–3*

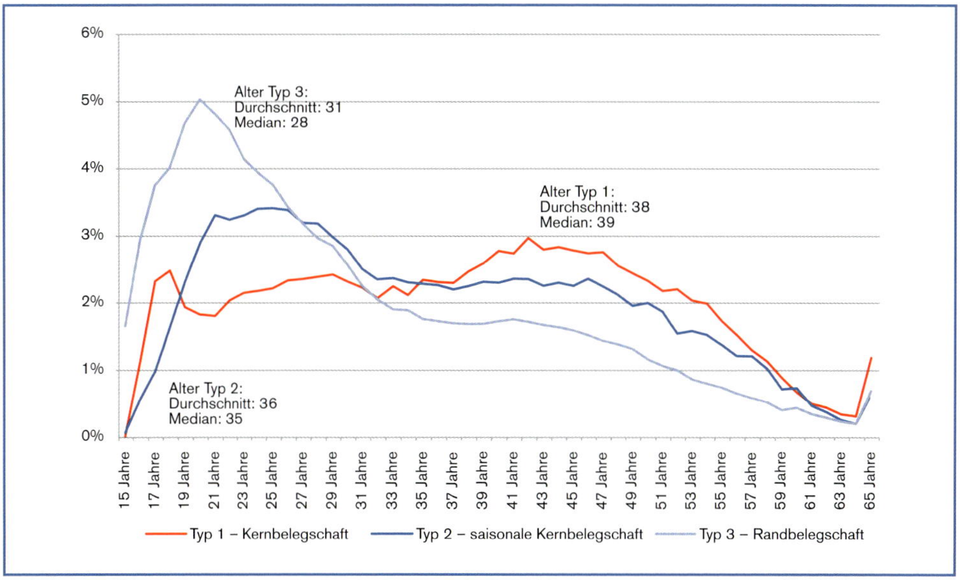


*Quelle: AMDB, IHS, eigene Berechnung und Darstellung.*

Die drei Beschäftigungstypen wiesen im Jahr 2010 eine völlig unterschiedliche Altersverteilung auf. Das mittlere Alter der „ganzjährigen Kernbelegschaft" (Typ 1) lag bei 39 Jahren, das der „saisonalen Kernbelegschaft" (Typ 2) betrug 34 Jahre und das der „Randbelegschaft" (Typ 3) 26 Jahre. Somit stellte die Kernbelegschaft die älteste Beschäftigtengruppe dar (siehe Abbildung 3).

### Arbeitsmarktintegration

Vergleicht man die Beschäftigungstypen hinsichtlich ihrer Arbeitsmarktintegration, so ergibt sich folgendes Bild (siehe Abbildung 4):

Die „ganzjährige Kernbelegschaft" (Typ 1) umfasste im Jahr 2010 rund 98.400 Beschäftigte oder anders ausgedrückt rund 24,3% aller Tourismusbeschäftigten. Diese Beschäftigtengruppe – ein gutes Viertel – generierte zugleich mit 44% etwas weniger als die Hälfte des Anmeldevolumens in der Branche.

Im Vergleich dazu entfielen auf die „saisonale Kernbelegschaft" (Typ 2), die mit rund 81.400 Personen 20,1% aller Tourismusbeschäftigten stellte, 27,5% des gesamten Anmeldevolumens im Jahr 2010.

Obwohl die „Randbelegschaft" (Typ 3) zwar die personenstärkste Beschäftigtengruppe mit rund 225.800 Personen oder 55,7% der Tourismusbeschäftigten war, wurden lediglich 28,5% des Anmeldevolumens durch Typ 3 generiert. Im Jahresschnitt 2010 war die so genannte „Randbelegschaft" gut drei Monate in der Tourismusbranche erwerbstätig.

*Abbildung 4: Anteil an den Gesamtbeschäftigten im Vergleich zum Anteil am Gesamtmeldevolumen. Typ 1, Typ 2 und Typ 3 im Jahr 2010*

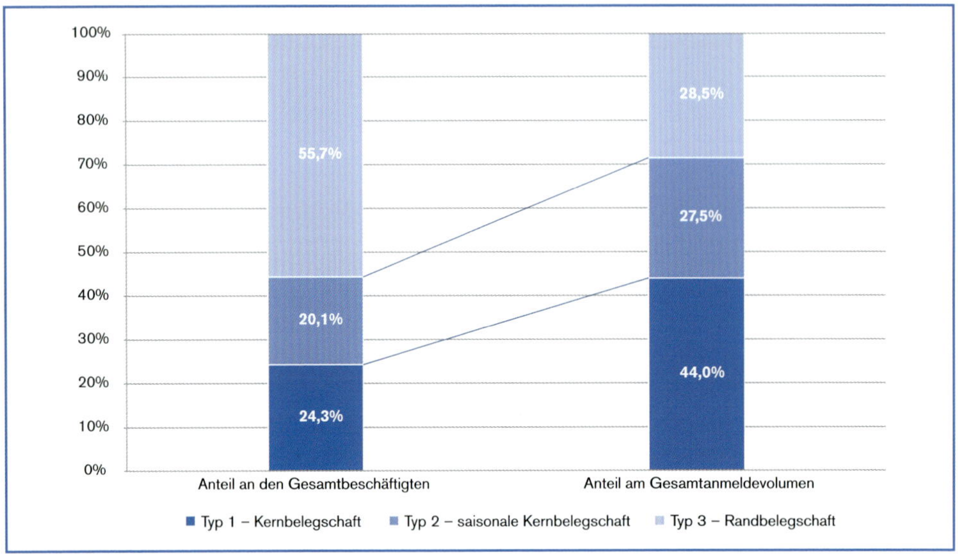


*Quelle: AMDB, IHS, eigene Berechnungen und Darstellung.*

## Brancheneinkommen der Beschäftigten

Angesichts des uneinheitlichen Beschäftigungsausmaßes in der Tourismusbranche (siehe oben) stellt ein mittleres Brancheneinkommen, ohne Berücksichtigung der individuellen Arbeitsmarktintegration, eine verzerrte Größe dar.

Im Folgenden wird deshalb das Bruttojahreseinkommen der „ganzjährig Beschäftigten" (Typ 1), die den Arbeitsmarktstatus Arbeiter oder Angestellte im Kalenderjahr 2009 innehatten, genauer dargestellt (die vollständigen Einkommensdaten für das Jahr 2010 waren bei Redaktionsschluss noch nicht verfügbar). Diese Beschäftigtengruppe erzielte im Jahr 2009 in der Tourismusbranche ein mittleres Bruttoeinkommen von 18.642 Euro. Die Arbeiter und Angestellten des Typ 1 erwirtschafteten 45,5% des gesamten Brancheneinkommens und stellten einen Anteil von 23,5% aller im Tourismus Beschäftigen (mit gültigen Einkommen) dar.

Bei der Interpretation der Einkommensinformationen muss noch angemerkt werden, dass keine Informationen über Trinkgelder sowie allfällige freie Kost und Logis vorliegen, die bei einer Reihe von Tourismusbeschäftigungsverhältnissen wesentliche implizite Lohnbestandteile darstellen.

### Branchenbindung

Zwischen den drei Beschäftigungstypen gibt es nicht nur hinsichtlich der Arbeitsmarktintegration im Jahr 2010 und der jeweiligen Altersstruktur deutliche Unterschiede. Die drei Typen unterscheiden sich auch im Hinblick auf die längerfristige Branchenbindung. In Abbildung 5 werden die Anteile der Personen mit unterschiedlicher Branchenbindung von Typ1 (ganzjährige Kernbelegschaft) und die Anteile der Personen mit unterschiedlicher Branchenbindung von Typ 3 (Randbelegschaft) einander gegenübergestellt. Dabei zeigen sich auch hinsichtlich einer längerfristigen Branchenbindung deutliche Unterschiede zwischen der Kern- und der Randbelegschaft: Kernbeschäftigte sind der Branche langfristig verbunden. Randbeschäftigte sind dagegen nicht nur innerhalb eines Kalenderjahres weniger im Tourismus arbeitsmarktaktiv, sondern weisen auch in der langfristigen Betrachtung eine deutlich geringere Branchenbindung auf.

Während lediglich ein kleiner Anteil der Kernbeschäftigten eine kurze Branchenbindung aufweist, sind über 40% der Beschäftigten von Typ 1 bereits 10 Jahre und länger in der Branche tätig. Der größte Anteil von Typ 3 – den Randbeschäftigten – besteht aus Personen, die kürzer als ein Jahr in der Branche erwerbstätig sind. Lediglich 12% von Typ 3 sind 10 Jahre oder länger in der Branche beschäftigt.

### Bedeutung branchenspezifischer Ausbildungen

Die Bedeutung branchenspezifischer Ausbildungen für den Tourismus zeigt sich, wenn man die Anteile der Beschäftigten mit derartigen Ausbildungen untersucht. Insbesondere in der Kernbelegschaft und unter Mitarbeitern mit langjähriger Branchenbindung sind Beschäftigte mit branchenspezifischer Fachausbildung stark vertreten. Über 40% der langjährig im Tourismus Beschäftigten haben eine Lehre in der Branche absolviert, inkludiert man Absolventen von Mittleren und Höheren Schulen, so macht der Anteil branchenspezifisch Ausgebildeter mehr als 50% der langjährigen Belegschaft aus.

*Abbildung 5: Anteile von Beschäftigten mit unterschiedlich langer Branchenbindung – Vergleich Typ 1 und Typ 3 im Jahr 2010*

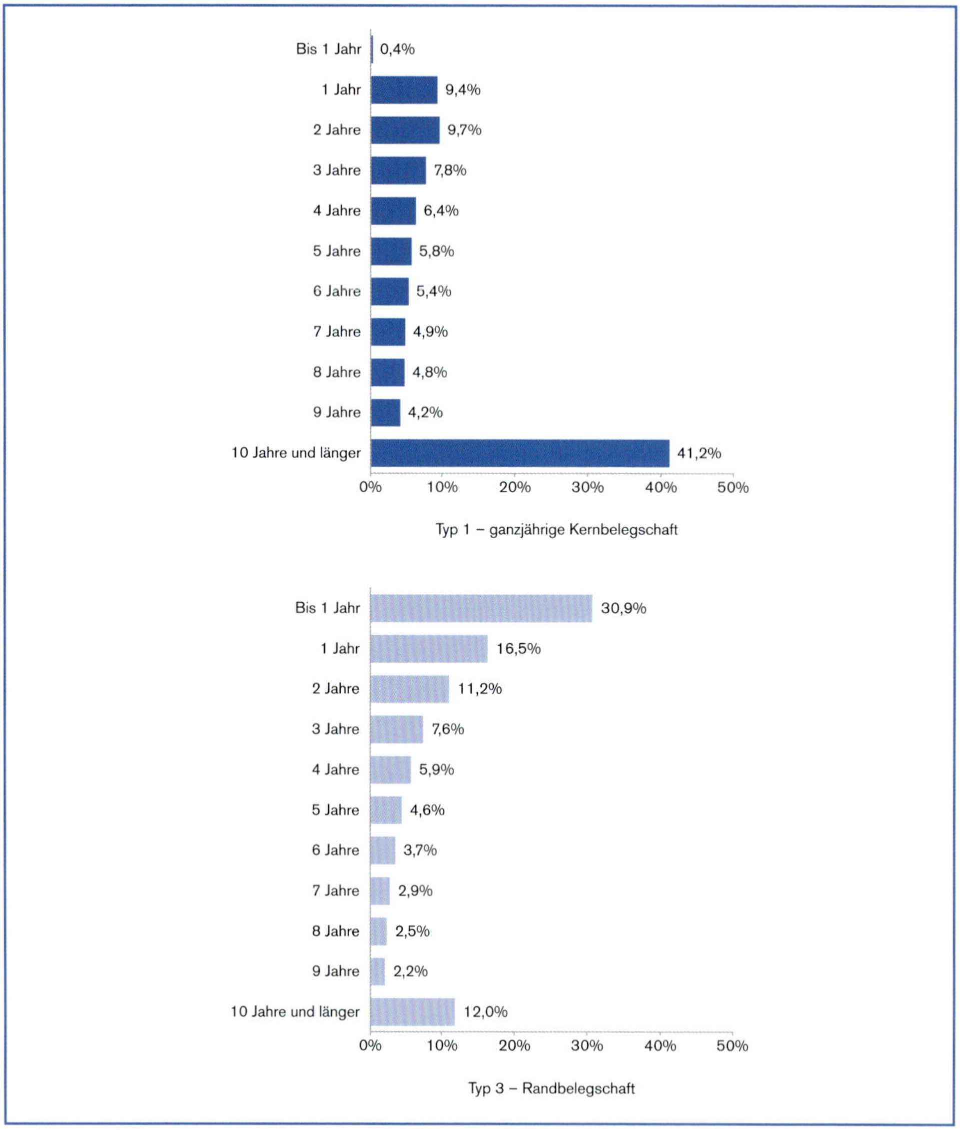


*Quelle: AMDB, IHS, eigene Berechnungen und Darstellung.*

## Ausblick

Trotz stetigen Wachstums des Tourismus ist es bisher weitgehend gelungen, den damit einhergehend ebenfalls gestiegenen Arbeitskräftebedarf zu decken. Aufgrund der demografischen Veränderung stehen jedoch mittel- und langfristig alle Wirtschaftsbereiche vor dem Problem eines abnehmenden Arbeitskräftepotentials. Für den Tourismus als wachsende, personalintensive Dienstleistungsbranche mit einem ausgeprägten Bedarf an jungen Arbeitskräften bedeutet diese Entwicklung eine zusätzliche Herausforderung, insbesondere da brancheninhärente Arbeitsmarktmuster auch mitunter schwierige Arbeitsbedingungen bedeuten können.

Auf betrieblicher und nicht zuletzt auf individueller Ebene bedeuten Nachfrageschwankungen eine besondere Herausforderung für die Betriebe und die einzelnen Mitarbeiter. Zu den Spitzenzeiten ist der Personalbedarf besonders hoch. Neben der Konzentration der Nachfrage zu den Auslastungsspitzen sind es vor allem die Arbeitszeiten, die in der Freizeitwirtschaft der Tourismusbranche meist auch Abend-, Nacht- oder Wochenendarbeit erforderlich machen und nicht immer mit den jeweiligen individuellen Lebensumständen kompatibel sind.

Ein Teil der Verantwortung, den Arbeitskräftebedarf zu decken, liegt auf betrieblicher Ebene, wobei diese Herausforderung bereits bisher bestand. Ein anderer Teil der Verantwortung liegt auf überbetrieblicher und politischer Ebene. Für die politische Ebene ergibt sich der Auftrag, stärker als bisher die Rahmenbedingungen für die Beschäftigten und die Betriebe in der Branche so zu verbessern, dass der Tourismus auch in Zukunft eine wichtige Rolle für die österreichische Wirtschaft und somit den Arbeitsmarkt spielen kann.

Aufgrund der Betriebsgrößen im Tourismus spielen kleine Betriebe bei der Lehrlingsausbildung eine stärkere Rolle als in anderen Wirtschaftszweigen. Betrachtet man die Bedeutung branchenspezifisch ausgebildeter Mitarbeiter, so könnte eine Unterstützung der Betriebe in der Erfüllung ihrer Ausbildungsfunktion eine zentrale Maßnahme zur Deckung des künftigen Arbeitskräftebedarfs (und damit zur Absicherung der Gesamtbranche) darstellen.

Mag. (FH) Kerstin Freudenthaler, MA

## Autor

Mag. (FH) Kerstin Freudenthaler, MA

## Kurz-Curriculum

Kerstin Freudenthaler ist Generalsekretärin der Österreichischen Gesellschaft für Angewandte Forschung in der Tourismus- und Freizeitwirtschaft (ÖGAF) und Lehrende an der FH Krems und der FH Kufstein. An der FH Krems war sie unter anderem für den Auf- und Ausbau von internationalen Bildungsprojekten zuständig und maßgeblich an der Durchführung einer Machbarkeitsstudie für ein touristisches Ausbildungszentrum im Golf von Aqaba (Jordanien) beteiligt. Fragestellungen in Verbindung mit diesen Aufgaben veranlassten sie dazu, sich als Fulbright Stipendiatin in den Staaten mit Zusammenhängen zwischen (Aus-)Bildung und Entwicklung zu beschäftigen. Derzeit arbeitet sie an der Fertigstellung ihrer Dissertation.

# (Aus-)Bildung und Forschung im Tourismus

## Zusammenfassung

Die Tourismuswirtschaft gilt als Jobmotor und sichert unzählige Arbeitsplätze in Österreich. Die Ausbildungswege in der Branche sind mannigfaltig und vollziehen sich auf unterschiedlichen Ebenen. In der Sekundarstufe 2 können eine klassische Lehre absolviert sowie Berufsbildende Mittlere und Höhere Schulen besucht werden. Im Bereich der dualen Lehrausbildung, die großteils praxisorientiert im Betrieb stattfindet und durch (meist geblockte) Unterrichtszeiten an der Berufsschule ergänzt wird, stehen acht Lehrberufe zur Verfügung. Berufsbildende Mittlere Schulen, die an die 8. Schulstufe anschließen, dauern drei Jahre und ermöglichen ebenfalls den Zugang zum Fachgewerbe. Die berufsbildenden Höheren Schulen vermitteln darüber hinaus eine höhere allgemeine Bildung und schließen nach fünf Jahren mit der Reifeprüfung ab. Sie ermöglichen den Zutritt zu einem tertiären Bildungsangebot an einer Fachhochschule oder Universität. Dort können tourismusspezifische Bachelor- und Masterprogramme absolviert werden. An öffentlichen Universitäten kann ein tourismusspezifisches Doktorat angeschlossen werden. Hier sind auch die Universitätslehrgänge beheimatet, die jedoch eher dem post-sekundären Bereich zuzuordnen sind. In diesen post-sekundären Bereich fallen auch Aufbaulehrgänge (für Absolventen der Mittleren Schulen) oder Kolleg-Ausbildungen (für Absolventen von Gymnasien) an Berufsbildenden Höheren Schulen.

> **Die Tourismusbranche muss sich dafür einsetzen, dass die Lehrausbildung auf höchstem Niveau mit aktualisierten Lehrplänen durchgeführt wird, sowie dafür, dass klare Karrierewege kommuniziert werden, die für Absolventen attraktiv sind. Um die Ausbildung auf höchstem Niveau sicherzustellen, muss der Tourismus auch auf universitärem Level fest verankert bleiben.**
>
> Kerstin Freudenthaler

# (Aus-)Bildung und Forschung im Tourismus

## Einleitung

In Österreich arbeiten aktuell mehr als 260.000 Personen in der Tourismus- und Freizeitwirtschaft (WKO, 2011b). Rechnet man die geringfügig Beschäftigten und die Lehrlinge dazu, sind es über 400.000 Personen. 2010 waren insgesamt über 170.000 Personen in der Beherbergung und über 250.000 Personen in der Gastronomie tätig (Mehrfachzählungen aufgrund von Branchenmobilität). Global betrachtet wird bis 2021 laut World Travel & Tourism Council die Zahl der Arbeitsplätze, die direkt oder indirekt auf den Tourismus zurückzuführen sind, um 25% steigen – das kommt einer Steigerung am Anteil an der Gesamtbeschäftigung von 8,8% auf 9,7% gleich (ÖHV, 2011).

Diese Zahlen zeigen deutlich, dass der Tourismus einen wesentlichen Anteil an der wirtschaftlichen Entwicklung hat und viele Arbeitsplätze und dadurch Einkommen schafft. Einen nicht zu unterschätzenden Anteil am wirtschaftlichen Erfolg der Branche und der Betriebe haben die gut ausgebildeten Mitarbeiter. Grund genug, sich die möglichen (Aus-)Bildungswege in der Tourismus- und Freizeitwirtschaft im Detail anzusehen.

## Tourismus(aus-)bildung in Österreich: ein Überblick

Die Ausbildung für eine berufliche Laufbahn im Tourismus vollzieht sich in Österreich auf unterschiedlichen Ebenen: In der Sekundarstufe 2 stehen an der Tourismusbranche Interessierten grundsätzlich folgende Möglichkeiten offen: eine praxisorientierte Ausbildung in einem Betrieb (Lehre) oder der Besuch von fachspezifischen Berufsbildenden Mittleren (ohne Matura) oder Höheren (mit Matura) Schulen. Die Berufsbildenden Mittleren Schulen umfassen beispielsweise die Hotelfachschulen, Gastgewerbefachschulen und Fachschulen für Tourismus und dienen der Vermittlung von fachspezifischem Basiswissen. Sie dauern drei Jahre und schließen mit einer Abschlussprüfung ab. Die Berufsbildenden Höheren Schulen wie beispielsweise die Höheren Lehranstalten für Tourismus (HLTs) vermitteln auch höhere allgemeine Bildung und schließen nach insgesamt fünf Jahren mit der Reifeprüfung (Matura/Abitur) ab. Sie ermöglichen den Zugang sowohl zur Hochschule (Universität/Fachhochschule) als auch zum Fachgewerbe. Höhere Schulen bieten aber auch Aufbaulehrgänge für Absolventen der Mittleren Schulen oder Kolleg-Ausbildungen in der post-sekundären Stufe (beispielsweise für Absolventen von Gymnasien nach der Reifeprüfung) an. Weiters gibt es im post-sekundären Bereich Universitätslehrgänge im Fachbereich Tourismus.

Im tertiären Sektor besteht schließlich die Möglichkeit, einen tourismusspezifischen Bachelor- oder Master-Abschluss an einer Fachhochschule oder Universität zu erwerben. An den Universitäten kann auch ein Doktoratsstudium absolviert werden.

Abbildung 1 gibt einen Überblick über die möglichen (Aus-)Bildungswege im Tourismus.

*Abbildung 1: Überblick über die (Aus-)Bildungsmöglichkeiten im Tourismus in Österreich*

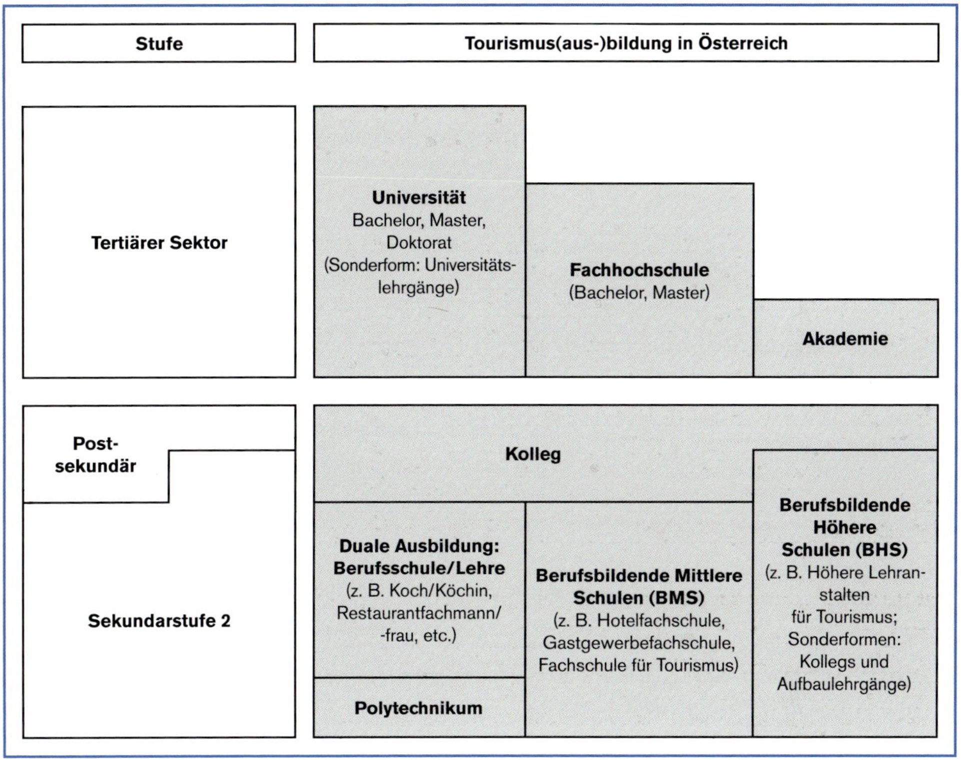


*Quellen: BMUKK/BWF, 2007; WKO, 2011a.*

Im Folgenden finden sich Details über die jeweiligen Ausbildungswege.

## Duale Ausbildung (Lehre)

Die Basis der Ausbildung im touristischen Bereich stellen zweifelsohne die klassischen Lehrberufe dar. 2010 waren insgesamt 12.552 Lehrlinge in einer tourismusspezifischen Lehre gemeldet, was auch zahlenmäßig die Dominanz der Lehrberufe unterstreicht (WKO, 2011b). Die Lehrlinge beginnen mit ihrer Ausbildung am Ende der Schulpflicht nach der 9. Schulstufe und absolvieren die Ausbildung großteils im Ausbildungsbetrieb, mit dem ein Lehrvertrag abgeschlossen wird. Parallel dazu besuchen sie die Berufsschule (entweder einen Tag pro Woche oder geblockt, das heißt fünf Wochen im Jahr am Stück). Am Ende der meist dreijährigen Ausbildung (Ausnahme: Doppellehre „Gastronomiefachmann/-frau“) steht die Lehrabschlussprüfung, die zur Berufsausübung qualifiziert.

Grundsätzlich stehen folgende Lehrberufe in Tourismusbetrieben zur Auswahl:

- Koch/Köchin
- Restaurantfachmann/-frau

} Als „Doppellehre" möglich bis 2005, dann „Gastronomiefachmann/-frau"

- Gastronomiefachmann/-frau
- Hotel- und Gastgewerbeassistent/-in
- Systemgastronomiefachmann/-frau
- Reisebüroassistent/-in
- Fitnessbetreuer/in/Sportadministrator/in
- Bürokaufmann/-frau

Von den insgesamt 12.552 Lehrlingen, die 2010 in der Tourismus- und Freizeitwirtschaft eine Lehre ausübten, entfiel circa ein Drittel auf den Lehrberuf „Koch/Köchin" (insgesamt 4.180 Lehrlinge). Mit 22% folgt an zweiter Stelle der Beruf „Restaurantfachmann/-frau" mit insgesamt 2.711 Lehrlingen. An dritter Stelle liegt die „Doppellehre" „Gastronomiefachmann/-frau" mit 21% (WKO, 2011b).

Die nachfolgenden Darstellungen (Tabelle 1 und Abbildung 2) bieten eine Übersicht über die Entwicklung der Lehrlinge nach Lehrberufen in absoluten Zahlen im Zeitraum 2004–2010 sowie eine Illustration der Verteilung der Lehrberufe im Jahr 2010.

*Tabelle 1: Lehrlinge nach Lehrberufen 2004–2010*

| | **2004** | **2005** | **2006** | **2007** | **2008** | **2009** | **2010** |
|---|---|---|---|---|---|---|---|
| Koch/Köchin | 4.384 | 4.662 | 4.903 | 4.974 | 4.795 | 4.468 | 4.180 |
| Restaurantfachmann/-frau | 3.180 | 3.307 | 3.301 | 3.274 | 3.180 | 2.945 | 2.711 |
| Gastronomiefachmann/-frau | | 1.097 | 2.450 | 2.935 | 3.135 | 2.934 | 2.663 |
| Hotel- u. Gastgewerbeassistent/-in | 1.503 | 1.469 | 1.524 | 1.529 | 1.600 | 1.535 | 1.444 |
| Systemgastronomiefachmann/-frau | 476 | 570 | 587 | 591 | 602 | 564 | 495 |
| Doppell. Rest.fachmann/-frau/Koch/Köchin | 3.269 | 2.410 | 1.015 | 437 | 39 | – | 4 |
| Sonstige | 183 | 178 | 207 | 240 | 270 | 267 | 262 |
| Reisebüroassistent/-in | 366 | 333 | 316 | 315 | 318 | 249 | 233 |
| Fitnessbetreuer/-in | 144 | 164 | 190 | 218 | 229 | 237 | 219 |
| Bürokaufmann/-frau | 156 | 152 | 171 | 199 | 201 | 182 | 168 |
| andere Doppelllehren | 87 | 99 | 92 | 106 | 126 | 165 | 173 |
| **Insgesamt** | **13.748** | **14.441** | **14.756** | **14.818** | **14.495** | **13.546** | **12.552** |

*Quelle: WKO, 2011b.*

*Abbildung 2: Lehrlinge in der Tourismus- und Freizeitwirtschaft 2010 (Anteile in %)*

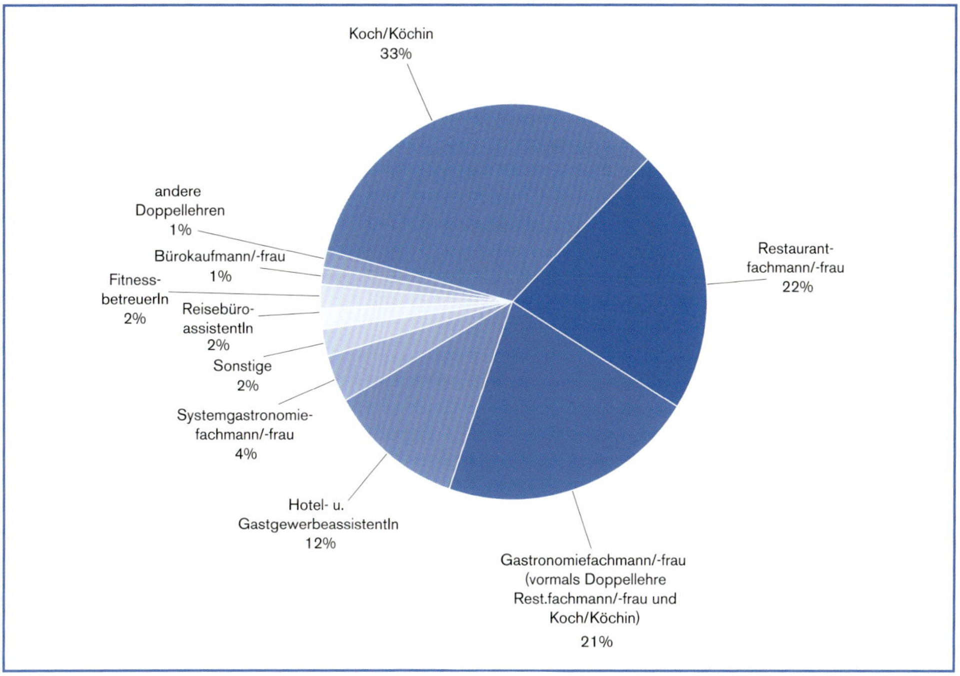


*Quelle: WKO, 2011b.*

Die Entwicklung einiger dieser Lehrberufe wird in untenstehender Abbildung noch einmal grafisch verdeutlicht. Unabhängig vom Ausgangsniveau in absoluten Zahlen wird die Entwicklung relativ (in Prozent) seit 2004 dargestellt. Während einige, wie beispielsweise die Reisebüroassistenten, deutlich stärker abfallen als andere, lässt sich doch insgesamt beobachten, dass die Tendenz bei den Lehrberufen nach unten zeigt. Über dem Ausgangsniveau halten konnten sich nur die Systemgastronomen.

*Abbildung 3: Entwicklung ausgewählter, tourismusspezifischer Lehrberufe seit 2004 (in %)*

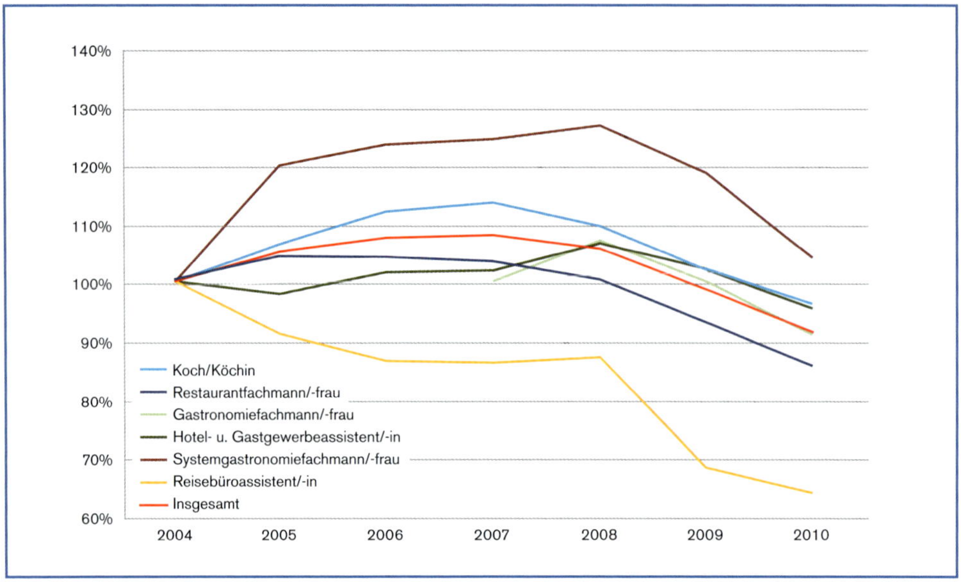


*Quelle: WKO, 2011b.*

## Berufsbildende Mittlere Schulen (BMS) und Berufsbildende Höhere Schulen (BHS)

Die Berufsbildenden Mittleren Schulen schließen an die 8. Schulstufe an und dauern drei Jahre. Sie umfassen gewerbliche, technische und kunstgewerbliche Fachschulen, Handelsschulen und Fachschulen für Wirtschafts- und Sozialberufe. Darunter fallen im Tourismusbereich beispielsweise die Hotelfachschulen, Gastgewerbefachschulen und Fachschulen für Tourismus. Aufgabe der Berufsbildenden Mittleren Schulen ist die Vermittlung von theoretischem und praktischem fachlichen Basiswissen, das unmittelbar zur Berufsausübung befähigt. Darüber hinaus soll die Allgemeinbildung vertieft und erweitert werden (WKO, 2011a). Im Rahmen der Ausbildung sind Pflichtpraktika zu absolvieren, die (kumuliert) insgesamt vier bis sechs Monate ausmachen. Am Ende der Ausbildung steht eine Abschlussprüfung, die den Zugang zum Fachgewerbe ermöglicht (BMUKK/BMWF, 2007).

Die Berufsbildenden Höheren Schulen schließen ebenfalls an die 8. Schulstufe an, dauern aber fünf Jahre und schließen mit der Reifeprüfung (Matura/Abitur) ab. Zu den Berufsbildenden Mittleren Schulen gehören höhere gewerbliche und technische Lehranstalten, Handelsakademien und höhere Lehranstalten für wirtschaftliche Berufe, beispielsweise Höhere Lehranstalten für Tourismus (HLTs). Die Berufsbildenden Höheren Schulen haben das Ziel einer höheren allgemeinen und fachlichen Bildung. Während der schulischen Ausbildung sind ebenfalls Pflichtpraktika zu absolvieren. Die Höheren Schulen befähigen außerdem zu einem Studium der gleichen oder verwandten Fachrichtung an einer Universität oder Fachhochschule (WKO, 2011a).

Ebenso haben Aufbaulehrgänge, die an Berufsbildenden Höheren Schulen angeboten werden, das Ziel, Absolventen von Berufsbildenden Mittleren Schulen zum Abschluss einer Höheren Schule zu befähigen (WKO, 2011a). Sie dauern in der Regel drei Jahre und schließen mit einer Reife- und Diplomprüfung ab (BMUKK/BMWF, 2007).

Darüber hinaus werden an Berufsbildenden Höheren Schulen postsekundäre Kolleg-Ausbildungen (Ausbildungen nach der Reifeprüfung, aber ohne Universitätsabschluss) für Absolventen von allgemein bildenden Höheren Schulen angeboten, die innerhalb von zwei Jahren das berufsspezifische Fachwissen einer Berufsbildenden Schule vermitteln und mit Diplom abschließen (BMUKK/BMWF, 2007). Kollegs vermitteln Absolventen Höherer Schulen ergänzend das Bildungsgut einer Berufsbildenden Höheren Schule (WKO, 2011a).

Im Jahr 2009 besuchten insgesamt 10.793 Schüler eine Mittlere oder Höhere Schule im Tourismusbereich. Tabelle 2 bietet einen Überblick über die Entwicklung der absoluten Schüleranzahl in Österreichs Tourismusschulen in den Jahren 2006–2009.

*Tabelle 2: Schüler im Ausbildungsbereich Tourismus- und Freizeitwirtschaft 2006–2009*

| | **2006** | **2007** | **2008** | **2009** |
|---|---|---|---|---|
| **Mittlere Schulen** | 2.875 | 2.846 | 2.767 | 2.731 |
| **Höhere Schulen** | 7.845 | 7.903 | 8.134 | 8.062 |
| Höhere Lehranstalten | 6.572 | 6.789 | 7.027 | 7.002 |
| Kollegs | 810 | 651 | 626 | 564 |
| Aufbaulehrgänge | 463 | 463 | 481 | 496 |
| **Insgesamt** | **10.720** | **10.749** | **10.901** | **10.793** |

*Quelle: WKO, 2011b.*

## Fachhochschulen und Universitäten

An insgesamt sechs Fachhochschulen können tourismusspezifische Studien auf Bachelor- oder Masterniveau abgeschlossen werden. Der überwiegende Anteil der Studierenden absolviert das Grundstudium (Bachelor) in der Vollzeitvariante, aber immerhin fast 28% der Studierenden an den Tourismus-Fachhochschulen betreiben das Studium berufsbegleitend. Der Anteil der berufsbegleitenden Studierenden steigt im Master-Studium deutlich an und beträgt hier annähernd 50%. Insgesamt sind derzeit laut den vom Fachhochschulrat veröffentlichten Zahlen 1.727 Studienplätze (in allen Jahrgängen) an den Tourismus-Fachhochschulen verfügbar. Im Vorjahr schlossen 560 Studierende eine Tourismus-Fachhochschule ab (ÖHV, 2011).

Tabelle 3 gibt einen Überblick über die verfügbaren Studienplätze (immer kumuliert für alle aktiven Studierenden in allen Jahrgängen einer Fachhochschule) je Institution. Die Plätze sind je Studienrichtung und Organisationsvariante (BA = Bachelor/MA = Master/ VZ = Vollzeit/BB = Berufsbegleitend) aufgelistet.

*Tabelle 3: Studienangebot und -plätze an Österreichs Tourismus-Fachhochschulen*

| | | BA | | MA | | Insgesamt |
|---|---|---|---|---|---|---|
| **Institution** | **Studienrichtung** | **BB** | **VZ** | **BB** | **VZ** | |
| FH Wien | Tourismus | | 204 | | | 204 |
| | Tourismus Management | | | 69 | | 69 |
| FH Krems | Tourismusmanagement und Freizeitwirtschaft | 60 | 180 | | 60 | 300 |
| FH Salzburg | Innovation und Management im Tourismus | 198 | | 72 | | 270 |
| MCI Innsbruck | Entrepreneurship und Tourismus | | | | 87 | 87 |
| | Unternehmensführung in der Tourismus- und Freizeitwirtschaft | | 242 | | | 242 |
| FH Kufstein | Sport-, Kultur- und Veranstaltungsmanagement | 94 | 158 | 78 | | 330 |
| FH Joanneum | Gesundheitsmanagement im Tourismus | | 145 | | 80 | 225 |
| **Insgesamt** | | 352 | 929 | 219 | 227 | **1.727** |
| | | 1.281 | | 446 | | **1.727** |

*Quelle: Fachhochschulrat, 2011.*

An den öffentlichen Universitäten ist derzeit ein Trend weg von der Spezialisierung hin zu einer eher allgemeinen Studienausrichtung zu beobachten. Im Moment besteht an zwei öffentlichen Universitäten (noch) die Möglichkeit, sich dem Studienfach Tourismus zu widmen:

- An der Wirtschaftsuniversität Wien gibt es am Department für Marketing das Institut für Servicemarketing und Tourismus, das von Prof. Dr. Thomas Reutterer geleitet wird (ehemals Institut für Tourismus und Freizeitwirtschaft, das lange Jahre unter der Leitung von Prof. Dr. Josef Mazanec stand).
- An der Universität Innsbruck besteht an der Fakultät für Betriebswirtschaft das Institut für Strategisches Management, Marketing und Tourismus, an dem sich ein Team mit dem Bereich Service Management und Tourismus beschäftigt.

Zusätzlich zu den öffentlichen Universitäten gibt es eine private Universität, die sich dem Tourismus widmet: Die Modul University am Kahlenberg in Wien führt ein Department of Tourism and Hospitality. Dort können ein Bachelor- (Tourism and Hospitality Managment) sowie zwei Master-Programme (International Tourism Management/Tourism Management) absolviert werden.

### Sonderform: Universitätslehrgänge

An den Universitäten gibt es weiters die Möglichkeit, so genannte Universitätslehrgänge zu absolvieren. Universitätslehrgänge werden derzeit an der Johannes Keppler Universität Linz, an der Wirtschaftsuniversität Wien sowie der Alpen-Adria-Universität Klagenfurt angeboten. Universitätslehrgänge dienen der Weiterbildung und müssen mindestens 60 ECTS-Punkte umfassen (1 ECTS-Punkt umfasst nach dem European Credit Transfer System circa 25–30 Stunden Arbeitsaufwand für die Studierenden). Ein reguläres Semester an einer Fachhochschule oder Universität (Annahme: Vollzeit-Studium) umfasst normalerweise 30 ECTS-Punkte. Die Mindestanforderung von 60 ECTS-Punkten für die Universitätslehrgänge heißt nun, dass ein Universitätslehrgang in etwa einem (Vollzeit-) Studienjahr entspricht. Da nach ISCED Standard (International Standard Classification of Education) die Anforderung für tertiäre Bildungsangebote eine mindestens zweijährige Studiendauer ist (UNESCO, 1997), sind die Universitätslehrgänge trotz ihrer Ansiedelung an den Universitäten wohl eher zu den post-sekundären Bildungsangeboten zu zählen.

Die nachfolgende Tabelle bietet einen Überblick über Ausbildungsmöglichkeiten an österreichischen Tourismus-Universitätslehrgängen.

*Tabelle 4: Universitätslehrgänge im Tourismusbereich in Österreich*

| Universität | Institut/Abteilung | Bezeichnung | Dauer | Umfang | Kosten in Euro | Abschluss |
|---|---|---|---|---|---|---|
| Johannes Keppler Universität Linz | Institut für Sozial- und Wirtschaftsgeschichte | Universitätslehrgang Tourismusmanagement | 5 Semester | 74 ECTS | 9.500 | Professional Master of Business Administration (Tourism Management), abgekürzt PMBA |
| Wirtschaftsuniversität Wien | WU Executive Academy | Universitätslehrgang Tourismuswirtschaft | 3 Semester | 60 ECTS | 7.890 | Akademische Tourismusmanagerin/Akademischer Tourismusmanager, verliehen durch die Wirtschaftsuniversität Wien |
| Alpen-Adria-Universität Klagenfurt | School of Management, Organizational Development and Technology | Universitätslehrgang Tourismusmanagement | 3 Semester | 60 ECTS | 6.000 | Akademische(r) Tourismusmanager/Tourismusmanagerin |

*Quellen: Johannes Keppler Universität Linz, 2001; WU Executive Academy, 2011; Alpen-Adria-Universität, 2011.*

## Ausblick

Der Tourismus bietet als wachsender Wirtschaftszweig zahlreiche (Aus-)Bildungs- und Karrierewege an. In letzter Zeit sieht sich die (Aus-)Bildung im touristischen Bereich aber auch Kritik ausgesetzt: Österreich ruhe sich auf den Erfolgen der Vergangenheit aus und schaffe Universitätslehrstühle ab. Materialien seien veraltet (insbesondere im Bereich der Lehrausbildung) und die Ausbildung an den FHs gehe am Bedarf vorbei. Im Gegensatz zu dieser Diskussion konstatiert die Deutsche Gesellschaft für Tourismuswissenschaft (DGT) in einer kürzlich veröffentlichten „Resolution zu Tourismusausbildung an Hochschulen" das genaue Gegenteil und kritisiert das Wegsparen von universitären Studiengängen und -angeboten. Laut DGT ist speziell die Tourismuswissenschaft dramatisch unterrepräsentiert im Vergleich zur gesamtwirtschaftlichen Bedeutung der Branche (DGT, 2011). Ein gewichtiges Argument in diesem Zusammenhang ist, dass die fehlenden Möglichkeiten eines tourismusspezifischen Doktoratsstudiums in der der Folge zu einem Mangel an qualifizierten Vortragenden auch an den touristisch ausgerichteten Fachhochschulen führen. Bereits jetzt wird eine „lächerlich niedrige Akademikerquote" im Tourismus geortet (Sander & Teggatz, 2011). Will die Tourismusbranche hochqualifizierte Mitarbeiter anziehen, muss sie diesen auch entsprechende (Aus-)Bildungs- und Weiterbildungsmaßnahmen sowie Aufstiegsperspektiven bieten. Die Branche sollte sich also attraktiv für die potentiellen Bewerber gestalten, denn sonst werden die hochqualifizierten Bewerber möglicherweise in andere Branchen abwandern.

Wie soll sich also nun die Tourismus-Ausbildung in Zukunft ausrichten?

- Die Tourismusbranche muss sich dafür einsetzen, dass die Lehrausbildung auf höchstem Niveau mit regelmäßig aktualisierten Lehrplänen durchgeführt wird sowie klare Karrierewege über die Lehrausbildung hinaus kommuniziert werden. Nach Abschluss der Lehre sollen mögliche Karriereoptionen zur Verfügung stehen, die den vielfältigen Möglichkeiten der wachsenden Branche und den Anforderungen der Zeit entsprechen.
- Die Position der (Hoch-)schulausbildung und -forschung muss gestärkt werden. Es gilt zu bedenken: Forschung und Lehre befruchten sich immer gegenseitig. Neue Forschungsergebnisse fließen in die Lehre ein, aus der Lehre wiederum kommt Feedback über Sinnhaftigkeit und weiteren Forschungsbedarf. Ohne Forschung gibt es keine (qualitativ hochwertige) Lehre. Um die Ausbildung auf höchstem Niveau sicherzustellen, muss der Tourismus auch auf universitärem Level fest verankert bleiben.

## Literatur

Alpen-Adria-Universität Klagenfurt, „ULG Tourismusmanagement“, Klagenfurt, 2011, http://www.uni-klu.ac.at/ulg/tourismus/inhalt/1.htm, Download am 11.11.2011.

Bundesministerium für Unterricht, Kunst und Kultur; Bundesministerium für Wissenschaft und Forschung, „Tourismusausbildung in Österreich“, Wien, 2007, http://www.tourism-knowhow.at/tkh/fileadmin/resources/TsmAusbildung.pdf, Download am 25.8.2011.

Deutsche Gesellschaft für Tourismuswissenschaft, Resolution zu „Tourismusausbildung an Hochschulen“, 2007, http://www.dgt.de/uploads/media/Resolution_Tourismusausbildung.pdf, Download am 17.10.2011.

Fachhochschulrat, Abfrageergebnis, 2011, http://www.fhr.ac.at/fhr_dyn/studienangebot/abfrageergebnis.aspx, Download am 25.10.2011.

Johannes Keppler Universität Linz, Information, http://tourismus.jku.at/info.html, Download am 11.11.2011.

Österreichische Hoteliervereinigung, „Ausbildung beim Tourismusweltmeister geht am Bedarf vorbei“, 2011, http://www.tourismuspresse.at/presseaussendung/TPT_20111013_TPT0005, Download am 17.10.2011.

Sander, E., und Teggatz, T., „Weggewischt“, fvw, 2011, S. 82–84.

United Nations Educational, Scientific and Cultural Organization, International Standard Classification of Education, 1997, http://www.uis.unesco.org/Library/Documents/isced97-en.pdf, Download am 8.11.2011.

WKO, Bundessparte Tourismus, Das österreichische Ausbildungssystem, 2011a, http://portal.wko.at/wk/format_detail.wk?AngID=1&StID=396227&DstID=252, Download am 11.11.2011.

WKO, Bundessparte Tourismus, „Tourismus in Zahlen“, Österreichische und internationale Tourismus- und Wirtschaftsdaten, 2011b, http://portal.wko.at/wk/dok_detail_file.wk?angid=1&docid=1597028&conid=556826&stid=613283&cbtyp=1&titel=Tourismus%2cin%2cZahlen, Download am 17.10.2011.

Wirtschaftsuniversität Wien (WU), Executive Academy, Programm Übersicht, http://www.executiveacademy.at/ulg_tw, Download am 11.11.2011.

*MMag. Dr. Petra Stolba*

## Autor

MMag. Dr. Petra Stolba

## Kurz-Curriculum

Petra Stolba (Jahrgang 1964) hat ein Magisterium in Publizistik und Kommunikationswissenschaften sowie in Betriebswirtschaftslehre und ein Doktorat aus Politikwissenschaft. Sie war unter anderem Bereichsleiterin Werbung und Marketing in der Niederösterreich Werbung, Abteilungsleiterin für nationale Tourismuspolitik im Bundesministerium für Wirtschaft und Arbeit und Geschäftsführerin für Tourismus und Freizeitwirtschaft der WKÖ. Seit 2006 ist Petra Stolba Geschäftsführerin der Österreich Werbung.

# Österreich Werbung

## Zusammenfassung

Während die Wurzeln des österreichischen Tourismus bis ins 14. Jahrhundert zurückgehen, begann die Organisation einer gesamtösterreichischen Fremdenverkehrswerbung erst an der Wende vom 19. ins 20. Jahrhundert. Mitte der fünfziger Jahre des vorigen Jahrhunderts wurde der Verein „Österreichische Fremdenverkehrswerbung" gegründet. 1989 erfolgte die Umbenennung in „Österreich Werbung" (ÖW).

In ihrer heutigen Form als nationale Tourismusorganisation ist es Ziel der ÖW, gemeinsam mit allen österreichischen Tourismuspartnern für den Erhalt sowie den Ausbau der Wettbewerbsfähigkeit des Tourismuslandes Österreich zu sorgen. Zu den Kernaufgaben der ÖW zählen die Führung der Marke „Urlaub in Österreich", die Bearbeitung der international erfolgversprechendsten Märkte mit innovativem, zeitgemäßem Marketing sowie die Weitergabe des Wissens über Gäste und Märkte an die heimische Tourismusbranche. Damit agiert die ÖW als Partner der österreichischen Tourismusbetriebe und ist Netzwerkknoten im Tourismus.

Neben ihren drei Kernaufgaben kümmert sich die ÖW auch um die Koordinierung der verschiedensten österreichischen Tourismusmarketingeinheiten. Innerhalb der so genannten „Allianz der 10" werden die Marketingaktivitäten der neun Bundesländer und der ÖW selbst abgestimmt. Diese Vernetzung voranzutreiben und für eine positive Entwicklung des österreichischen Tourismus zu nutzen ist eine der zentralen Zukunftsaufgaben der ÖW.

> **„Eine der vor allem zukünftig wichtigsten Aufgaben, die ebenfalls Ressourcen benötigt, aber nicht direkt als Marketingleistung sichtbar wird, ist die Koordinierung der verschiedensten österreichischen Tourismusmarketingeinheiten."**
>
> Petra Stolba

# Österreich Werbung

## Blick zurück: Ein kurzer Abriss zur Geschichte der Österreich Werbung

Der österreichische Tourismus ist kein Phänomen der Gegenwart, seine Wurzeln reichen bis ins 14. Jahrhundert zurück. Die Organisation einer gesamtösterreichischen Fremdenverkehrswerbung begann jedoch erst gegen Ende des 19. Jahrhunderts. So findet im Jahr 1884 aufgrund der zunehmenden Bedeutung des Fremdenverkehrs die erste Delegiertentagung zur Förderung des Fremdenverkehrs in den österreichischen Alpenländern in Graz statt. 1896 wird das K.u.K. Eisenbahnministerium eingerichtet, auch mit der Aufgabe, grundsätzliche Maßnahmen zur Hebung des Fremdenverkehrs zu setzen. 1923, nach dem Ersten Weltkrieg, betraut die Bundesregierung das Bundesministerium für Handel und Verkehr – unter Wahrung der Fremdenverkehrskompetenz der Bundesländer – mit der staatlichen Fremdenverkehrsförderung. Es folgt die Gründung der „Österreichischen Verkehrswerbung GmbH", ihre Aufgabe ist die gesamtösterreichische Verkehrspropaganda. In Folge werden die ersten Außenstellen in Budapest, Rom, Hilversum (Holland), Paris, Stockholm, Köln, London und New York errichtet. 1934 wird die Förderung des Fremdenverkehrs hinsichtlich Gesetzgebung und Vollzug als Sache des Bundes in der Bundesverfassung verankert. Im gleichen Jahr wird mit einem Bundesgesetz die Grundlage für die staatliche Organisation der Fremdenverkehrswerbung geschaffen. Mit diesem Bundesgesetz bekommt die Österreichische Verkehrswerbung den zusätzlichen Namen „Werbedienst des Bundesministeriums für Handel und Verkehr" und ist beauftragt, die gesamte Werbung für den Fremdenverkehr im In- und Ausland durchzuführen.

Vier Jahre später, mit Beginn des Zweiten Weltkrieges, kommt es jedoch zur Auflösung der Österreichischen Verkehrswerbung und ihrer Außenstellen. Nach dem Zweiten Weltkrieg übernimmt das Bundesministerium für Handel und Wiederaufbau ab 1946 die Aufgaben der Fremdenverkehrspolitik auf Bundesebene und veranlasst die Reaktivierung der Fremdenverkehrswerbung durch die Gründung der „Stelle für den Wiederaufbau der Österreichischen Fremdenverkehrswirtschaft". Ab Mai 1947 werden in der Folge die ersten Zweigstellen, zunächst in Zürich, New York, London und Brüssel, errichtet.

Nach der Umbenennung der „Stelle für den Wiederaufbau der Österreichischen Fremdenverkehrswirtschaft" in „Österreichische Verkehrswerbung" 1950 folgt am 1.1.1955 der Beschluss zur Gründung des Vereins „Österreichische Fremdenverkehrswerbung". Mitglieder sind damals der Bund, die neun Bundesländer und die Bundeswirtschaftskammer. In den folgenden Jahren wird ein weltweites Netzwerk von Zweigstellen aufgebaut. 1989 beschließt die Generalversammlung die Namensänderung in „Österreich Werbung" (ÖW). Seit dem Austritt der Bundesländer aus der ÖW im Jahr 2001 sind nunmehr der Bund, vertreten durch das Bundesministerium für Wirtschaft, Familie und Jugend (BMWFJ) und die Wirtschaftskammer Österreich (WKÖ) Vereinsmitglieder der ÖW.

## Die Österreich Werbung heute

Die ÖW als nationale Tourismusorganisation will einen Beitrag zum Ausbau des österreichischen Marktanteils am internationalen Tourismus leisten. Damit trägt sie als Teil der österreichischen Tourismuswirtschaft zum Erhalt der Wettbewerbsfähigkeit des Tourismuslandes Österreich bei.

### Rechtliche und finanzielle Rahmenbedingungen

Die ÖW ist rechtlich ein gemeinnütziger Verein mit aktuell zwei Vereinsmitgliedern: der Republik Österreich, vertreten durch das Bundesministerium für Wirtschaft, Familie und Jugend (75% Anteil an den Mitgliedsbeiträgen), und der Wirtschaftskammer Österreich (25% Anteil an den Mitgliedsbeiträgen). Neben den Mitgliedsbeiträgen in Höhe von derzeit rund 32 Millionen Euro beinhaltet das Gesamtbudget der ÖW in Höhe von derzeit rund 50 Millionen Euro auch Leistungsbeiträge der Tourismuspartner, welche sich an Marketingaktivitäten beteiligen. 230 Mitarbeiterinnen und Mitarbeiter (das entspricht rund 210 Vollzeitäquivalenten) sind derzeit für die ÖW weltweit tätig.

## Die drei Kernaufgaben der Österreich Werbung

Die ÖW hat – festgeschrieben in den Vereinsstatuten – drei Kernaufgaben:

- Führung der Marke „Urlaub in Österreich“: Die Marke macht Österreich als Urlaubsland unterscheidbar und vermittelt den emotionalen Mehrwert eines Österreich-Aufenthaltes
- Bearbeitung der international erfolgversprechendsten Märkte mit innovativem, zeitgemäßem Marketing
- Partner der österreichischen Tourismusbetriebe und wesentlicher Netzwerkknoten im Tourismus: Die Branche profitiert vom aktuellen und fundierten Wissen der ÖW über Gäste und Märkte

### Die Marke „Urlaub in Österreich“

Das „Markieren“ von Waren ist keine neuzeitliche Erfindung – schon im alten Ägypten sollen Tonziegel gelabelt worden sein (Boltz/Leven, 2004), um sie vom Mitbewerber zu unterscheiden, auch im Mittelalter hatten Händler mehr oder weniger sprechende Zeichen (heute würde man Logos dazu sagen), um sich im Wettbewerb zu behaupten. Was aber ist eine Marke genau und warum ist eine Marke für den österreichischen Tourismus wichtig?

Eine Marke dient nach klassischer Sichtweise als „(...) physisches Kennzeichen der Herkunft eines Markenartikels“, sie erleichtert damit den Suchprozess bei der Kaufentscheidung und hilft, das Risiko einer Fehlentscheidung zu minimieren (Boltz/Leven, 2004).

Marken im juristischen Sinne sind rechtlich geschützte Produkte, also eingetragene Warenzeichen. Geschützt wird dabei zumeist ein bestimmter Name in Verbindung mit einem Warenzeichen oder Logo. Der markenrechtliche Schutz garantiert aber noch lange keinen geschäftlichen Erfolg – denn eine Marke im Sinne des Marketings muss eine Relevanz im Unternehmen selbst, im Wettbewerb und bei den Nachfragern haben.

Eine Markierung alleine, sei es eine optische, visuelle, haptische, olfaktorische oder auditive Unterscheidung, ist daher aus Sicht des Marketings nur eine Vorstufe: „Was einen Namen hat, kann benannt werden und lässt sich unterscheiden." (Boltz/Leven, 2004) Entscheidend ist aber, was eine Marke in den Köpfen der Nachfrager auslöst: „Vorstellungen, Images, Vorurteile, Markenbilder sind in der Literatur gebrauchte Begriffe, die für diese wirkungsbezogene Sichtweise des Begriffs Marke stehen." (Boltz/Leven, 2004)

Mit dieser nachfrageorientierten Sichtweise sind Marken in der Psyche des Nachfragers verankerte, unverwechselbare Vorstellungsbilder eines bestimmten Leistungsversprechens. Marken sind also Images in den Köpfen der Nachfrager; die Images selbst entstehen über permanente Marketingkommunikation.

Die Führung einer Marke ist heute in vielen Bereichen wettbewerbsentscheidend. Denn eine starke Marke erfüllt das Bedürfnis der Konsumenten nach glaubhaften Werten, Vertrauenswürdigkeit und Orientierung innerhalb der Angebotsvielfalt. Besonders in wirtschaftlich herausfordernden Zeiten suchen die Menschen nach einem Anker in Form von ebenso stabilen wie verlässlichen Marken. Denn Vertrauen und Qualität sind nach wie vor bestimmend bei der Kaufentscheidung und auch die Treiber der Markenbindung. Marken wirken, weil sie ihren Kunden auf unübersichtlichen Märkten wie Leuchttürme den Weg weisen und gleichzeitig Sehnsüchte erfüllen.

Marken im Tourismus unterscheiden sich in ihrer Wirkung auf die Konsumenten zwar grundsätzlich nicht von Konsumgütermarken, der Markenbau und die Markenführung gestalten sich jedoch deutlich komplexer: Denn das Angebot an Landschaft, Kultur, Sehenswürdigkeiten, Freizeitaktivitäten, Kulinarik und dergleichen weist mehr Dimensionen auf als Produkt- und Verpackungseigenschaften. Gleichzeitig wird der internationale Wettbewerb um den Urlaubsgast immer herausfordernder. Vor diesem Hintergrund steigt die Bedeutung von Marken im Tourismus entsprechend an.

Die Marke „Urlaub in Österreich" macht Österreich als Urlaubsland also unterscheidbar und vermittelt den emotionalen Mehrwert eines Österreich-Aufenthaltes. Inhaltlich fokussiert der Kern der Marke auf die einzigartige Wirkung von „Urlaub in Österreich". Die inspirierende Rekreation drückt verdichtet aus, dass Österreich jener Ort ist, an dem man die Leichtigkeit des Seins entdeckt, wieder zu sich findet und sich mit neuen Kräften aufladen kann. Der Facettenreichtum des Landes führt darüber hinaus zu geistiger und körperlicher Entfaltung sowie zu neuen Orientierungen und nachhaltig bereichernden Erfahrungen. Visualisiert werden diese Markenbotschaften in den Werbesujets.

*Abbildung 1: Aktuelles Sujet der Sommerkampagne 2012 „ankommen und aufleben“*

*Quelle: © Österreich Werbung, Peter Burgstaller.*

Zur Zielgruppenansprache ist klar festzuhalten, dass geographische, demographische oder soziodemographische Merkmale alleine im zeitgemäßen Marketing Zielgruppen unzureichend segmentieren würden. Vielmehr wird der Einfluss von psychographischen Merkmalen immer wichtiger. So genannte Milieus gruppieren Menschen eines Landes, die sich hinsichtlich ihrer Lebensauffassung und Lebensweise ähneln, zu entsprechenden Gruppen (beispielhaft dazu: www.sinus-institut.de).

Zielgruppe der Marke „Urlaub in Österreich“ in Europa und dem angloamerikanischen Sprachraum sind die so genannten „Established Post-Materialists“, bestehend aus den Lifestyle-Metamilieus der Etablierten und Postmateriellen (Weiterführende Informationen zur Marke „Urlaub in Österreich“ finden sich unter: www.austriatourism.com/marke).

### Internationale Marktbearbeitung durch die Österreich Werbung

Die ÖW ist im Ausland auf den wichtigsten Herkunftsmärkten für Österreichs Tourismus präsent und auch erste Ansprechpartnerin für die Branche bei der Umsetzung von internationalen Tourismusmarketingaktivitäten. Basis für die internationale Markt- und Marketingstrategie der ÖW ist ihr umfassendes Marktwissen, das auch den touristischen Organisationen und Unternehmen für die strategische Planung zur Verfügung steht. Die ÖW-Marktbearbeitung wird unterteilt in drei große Regionen mit jeweils unterschiedlicher Stoßrichtung:

Westeuropa: In diesen für Österreich traditionellen Herkunftsmärkten ist es Ziel der ÖW, Österreich als Urlaubsdestination in den Köpfen zu verankern und – wo nötig – einen Imagewandel herbeizuführen. Der strategischen Abstimmung des Marketings mit weiteren Tourismusmarketingeinheiten wie Landestourismusorganisationen oder Destinationen kommt hier besondere Bedeutung zu.

Zentral- und Osteuropa: In diesen Wachstumsmärkten soll die Dynamik genutzt und das Potenzial ausgeschöpft werden. Das vielfach bereits etablierte Kerngeschäft im Winter soll ausgebaut und gleichzeitig Österreich als attraktive Sommerdestination positioniert werden.

Übersee: Um international erfolgreich sein zu können und für alle Angebotsfacetten von Österreich (Stichwort Städte- und Kulturtourismus) Gästeschichten anzusprechen, muss Österreich auch auf Fernmärkte setzen. Gerade dort ist eine starke nationale Tourismusorganisation notwendig, um das entstehende Gästewachstum und die Reisedynamik zu nutzen. In den größten Zukunftsmärkten, wie etwa Indien oder China, bilden sich rasant sehr reisefreudige Mittelschichten. Daher ist die ÖW auch in diesen Märkten aktiv.

*Abbildung 2: Österreich Werbung Marktbearbeitung 2012*

*Quelle: Österreich Werbung, eigene Darstellung.*

Die Marktbearbeitung erfolgt auf Basis von Marktstrategien, welche die sehr unterschiedlichen Anforderungen des jeweiligen Marktes berücksichtigen – denn Gästewünsche und Reisemotive unterscheiden sich in jedem Herkunftsmarkt sehr deutlich.

Dafür werden innerhalb der ÖW umfangreiche Marktanalysen durchgeführt und die strategischen Optionen für österreichische Urlaubsprodukte ausgearbeitet. Ergebnis dieser Vorgehensweise sind exakte Beschreibungen, welche Urlaubsprodukte auf dem jeweiligen Markt besondere Absatzchancen haben – also die jeweiligen „Produkt-Markt-Kombinationen“. Dabei wird auf drei Leistungsebenen erläutert, wie ein Produkt konkret für einen bestimmten Markt zu gestalten ist. Neben der

- Kernleistung (Basisleistung mit dem zentralen Nutzenversprechen für den Gast) wird die
- Komplementärleistung erläutert (welchen Mehrwert, welche Erlebnisse nimmt der Gast mit nach Hause?) und auch die
- Ambienteleistung (Atmosphäre: was macht den Urlaub so unverwechselbar und erinnerungswürdig?) dargestellt.

So gibt es etwa in den arabischen Ländern großes Potenzial für Sommerfrische am Wasser im alpinen Lebensraum, während in Frankreich der aktive Sommerurlaub in Verbindung mit Kultur und Genuss große Chancen für Österreich bietet. Basierend auf der jeweiligen „Produkt-Markt-Kombination“ werden kreative Kampagnen unter Einsatz aller Marketinginstrumente entwickelt.

### Die Österreich Werbung als Partner der österreichischen Tourismusbetriebe und Netzwerkknoten im Tourismus

Die ÖW erbringt im Rahmen ihres so genannten „öffentlichen Leistungsauftrages“ umfangreiche kostenfreie Basisleistungen für die österreichische Tourismuswirtschaft. Viel wird etwa in moderne Marktforschungs-, Marktinformations- und Kommunikationssysteme investiert, um das Wissen über Märkte und die Destination Österreich systematisch zu managen. Aber auch das Urlaubsservice, in dem Gästeanfragen aus 15 Ländern entgegengenommen werden, oder die ÖW-Prospektplattform, mit der jeder Tourismusanbieter in Österreich seine Prospekte kostenfrei weltweit und online zur Verfügung stellen kann, sind weitere Beispiele für wichtige Basisleistungen der ÖW. Weitere beliebte kostenfreie Angebote sind das ÖW-Fachmagazin „Bulletin“ oder das umfangreiche Online-Bildarchiv.

Im Rahmen des öffentlichen Leistungsauftrages werden von der ÖW aber auch zahlreiche Marketingaktivitäten durchgeführt: Darunter fallen etwa Verkaufsförderplattformen für die Tourismuswirtschaft wie beispielsweise die Durchführung der größten Fach-Tourismusmessen in Österreich (dazu lädt die ÖW internationale Einkäufer ein und richtet einen Marktplatz für die österreichischen Anbieter aus) oder auch die Durchführung von

Messeauftritten und Workshops im Ausland. Das Internetportal „www.austria.info“, der offizielle Reiseführer für Österreich, zählt ebenso zu diesen Marketingaktivitäten wie die Durchführung von internationalen Imagekampagnen.

All diese Basisleistungen, Marktforschungsergebnisse oder Marktstrategien und Marketingaktivitäten ergeben aber noch kein echtes Tourismusprodukt, das nur von den Anbietern gemacht werden kann. Durch die ÖW-Marktstrategien sind zwar die Nachfrageveränderungen und Wettbewerbssituationen vor Ort bekannt, aber dieses Wissen ist nun den österreichischen Tourismusanbietern aufzubereiten und zugänglicher zu machen; die benötigten Produkte müssen ja in Österreich auch entwickelt werden.

Vor diesem Hintergrund hat die ÖW in der jüngeren Vergangenheit den konkreten Wissenstransfer an die Branche wesentlich verstärkt und neuartige Vermittlungsmethoden entwickelt. Durch diese Maßnahmen, allen voran die so genannten Innovations-Workshops, wird den touristischen Partnern in Österreich sinnvolle und zweckmäßige Unterstützung in der Produktentwicklung angeboten. Gleichzeitig werden gemeinsam neue Ideen für Produkte erarbeitet. Im Rahmen dieser Workshops werden die Touristiker auf die unterschiedlichen Marktansprüche an österreichische Urlaubsprodukte sensibilisiert. Denn nur durch innovative Angebots- und Produktgestaltung lassen sich künftig Vorteile auf dem umkämpften touristischen Weltmarkt erzielen.

## Ausblick

Eine der vor allem zukünftig wichtigsten Aufgaben, die ebenfalls Ressourcen benötigt, aber nicht direkt als Marketingleistung sichtbar wird, ist die Koordinierung der verschiedensten österreichischen Tourismusmarketingeinheiten. Neben den neun Landestourismusorganisationen und rund 90 Destinationen gibt es noch etwa 1.500 Tourismusverbände. Da Tourismus nach der Bundesverfassung Angelegenheit der Bundesländer ist, sind alle genannten Marketingeinheiten selbstständig. Jede dieser Organisationen hat ihre eigenen Aufgaben, doch gerade in wirtschaftlich herausfordernden Zeiten lassen sich auch hier Synergien verstärken. Aus diesem Grund steht die ÖW innerhalb der so genannten „Allianz der 10“, einer Arbeitsgemeinschaft der ÖW mit den neun Landestourismusorganisationen, dafür ein, die Marketingaktivitäten der neun Bundesländer und der ÖW selbst sinnvoll zu koordinieren. Diese Vernetzung voranzutreiben und für eine positive Entwicklung des österreichischen Tourismus zu nutzen ist eine der zentralen Zukunftsaufgaben der ÖW.

## Literatur

Boltz, D. W., Leven, W. (Hrsg.), „Effizienz in der Markenführung", Hamburg, 2004.

Österreich Werbung, „Der geschichtliche Abriss zur Entstehung und Entwicklung der ÖW", b2b Portal, www.austriatourism.com/xxl/_site/int-de/_area/465223/_subArea/465283/geschichte.html, Download am 14.2.2012.

Österreich Werbung, „Statuten", http://www.austriatourism.com/media/8998/AUSZUG%20aus%20den%20Statuten%20des%20Vereins%20%C3%96sterreich%20Werbung.pdf, Download am 10.10.2011.

Regierungsprogramm für die XXIV. Gesetzgebungsperiode, http://www.bka.gv.at/DocView.axd?CobId=32966, Download am 10.10.2011.

http://www.austriatourism.com/xxl/_site/int-de/_area/465223/_subArea/465287/ci-cd-marke-urlaub-oesterreich-oesterreich-logo%20.html, Download am 10.10.2011.

www.austriatourism.com/marktstrategie

www.austriatourism.com/bulletin

www.austrianviews.at

Mag. Maria Walcher

## Autor

Mag. Maria Walcher

## Kurz-Curriculum

Studium Volkskunde und Musikwissenschaft an der Universität Wien. Volksmusikforscherin, Kulturmanagerin. 1989–2003 Generalsekretärin im Österreichischen Volksliedwerk und als solche Initiatorin zahlreicher Projekte zur Dokumentation und Vermittlung von Volkskultur im privaten und öffentlichen Leben. Moderatorin und Gestalterin von Sendungen im Österreichischen Rundfunk (Hörfunk und Fernsehen). Seit 2006 Leiterin der Nationalagentur für das Immaterielle Kulturerbe in der österreichischen UNESCO-Kommission.

# Tourismus und immaterielle Kulturgüter

## Wert schätzen

### Potentiale des UNESCO-Übereinkommens zur Erhaltung des immateriellen Kulturerbes

„Kulturelles Erbe“ und „Österreich“ erzeugt – egal ob beim Einheimischen oder Gast – sofort eine Reihe von Assoziationen und Klischees: Schönbrunn, Walzer, Sound of Music, Jodeln, Philharmoniker, Salzburg, Lederhose und Dirndl. Eine kunterbunte Ansammlung von Phänomenen aus den unterschiedlichsten Bereichen, die vor allem eines eint: die emotionale Aufladung und die langjährige touristische Bedeutung und Verwertung. Die Wertschätzung der einzelnen Begriffe muss allerdings differenziert gesehen werden, unser erlerntes kulturelles Verständnis stuft das manifeste Materielle meist höher ein als das flüchtige Immaterielle und misst dem historischen Bauwerk größeren Stellenwert zu als dem Klang eines Liedes, dem Wissen eines Handwerkers oder der Geschichte einer Erzählerin.

Diese unterschiedliche Auffassung ist allerdings keine österreichische Besonderheit, sondern liegt vielmehr in einem europäischen Werteverständnis begründet. Schließlich waren es nicht zuletzt die Ohnmacht und Verzweiflung angesichts der Zerstörungen durch zwei Weltkriege, die die junge Sonderorganisation der Vereinten Nationen UNESCO zur Verabschiedung von zwei Völkerrechtsverträgen – der Haager Konvention zum Schutz von Kulturgut bei bewaffneten Konflikten im Jahr 1954 und dem Übereinkommen zum Schutz des Kultur- und Naturerbes der Welt im Jahr 1972 – veranlasste. Beide Verträge dienen dem Schutz von materiellen Gütern und speziell das „Welterbe“ gilt als das bisher erfolgreichste Programm der UNESCO. Nur Stätten mit außergewöhnlichem, universellem Wert für die Menschheit haben die Chance auf Eintragung in die Welterbe-Liste, neun österreichische Bewerbungen haben es bisher geschafft, mit dem Status „Welterbe“ ausgezeichnet zu werden (siehe dazu Tabelle 1 weiter hinten).

Die Hervorhebung des Materiellen bewirkte allerdings im Laufe der Jahre ein eklatantes geographisches Ungleichgewicht in Hinblick auf die Verteilung von Kulturgütern, was schließlich innerhalb der UNESCO zu einer neuen Diskussion und 2003 zur Verabschiedung des Übereinkommens zur Erhaltung des immateriellen Kulturerbes führte. Mit der Wertschätzung und Sichtbarmachung von gelebten Traditionen wollte man auf die Gleichwertigkeit von materiellem und immateriellem Erbe hinweisen.

Im vielen europäischen Staaten, darunter auch in Österreich, wurde dem Übereinkommen zunächst wenig Verständnis entgegengebracht: Wie lassen sich Faschingsbräuche oder Handwerkstechniken mit monumentalen Prachtbauten vergleichen? Wo bleibt der außergewöhnliche Stellenwert von lokalen Praktiken und individuellem Wissen und wer fängt mit dem unmöglichen Begriff „immaterielles Kulturerbe" etwas an? Die etablierten Sparten Hochkultur und Volkskultur definierten bisher wohl ausreichend traditionelle Phänomene, also wozu eine neue Kategorie einführen?

Erst die Konkretisierung der Inhalte des Übereinkommens durch Beispiele ermöglichte und eröffnete einen seriösen Diskurs auf verschiedenen Ebenen. Die Entdeckung des Reichtums von gelebten Traditionen – vielfach jenseits einer öffentlichen Wahrnehmung – überraschte gleichermaßen Wissenschafter wie Routiniers der praktischen Kulturarbeit, vor allem aber die Medien, die mit einem unerwartet starken Echo reagierten. Die Anerkennung von überliefertem Tun und Wissen durch die UNESCO sorgte dabei sowohl für tief empfundene Freude und Genugtuung seitens der Traditionsträger als auch für spöttische Kommentare und Unverständnis der Journalisten.

Am 5.10.2011 wurden auf Basis einer Entscheidung des Fachbeirates weitere sechs „Traditionen" in das nunmehr 51 Eintragungen umfassende Verzeichnis des immateriellen Kulturerbes in Österreich aufgenommen:

Mündlich überlieferte Traditionen und Ausdrucksformen
- Lieder der Lovara

Gesellschaftliche Praktiken, Rituale und Feste
- Blochziehen in Fiss
- Murauer Faschingrennen
- Wiener Kaffeehauskultur

Wissen und Praktiken in Bezug auf die Natur und das Universum
- Wissen um die Haselfichte als Klangholz
- Transhumanz (Schafwanderbetriebe in den Ötztaler Alpen)

Die vollständige Liste findet sich unter http://immaterielleskulturerbe.unesco.at/

Schien zunächst die touristische Bedeutung der oft unscheinbaren, unbekannten und nur lokal verankerten Traditionen vernachlässigbar, so wurde durch die internationale Repräsentative Liste des immateriellen Kulturerbes der Menschheit ihr gesellschaftlicher Wert bestätigt. Der Zugang zu unterschiedlichen Lebenswelten, die Sichtbarmachung der Begeisterung von Gemeinschaften und das Teilhaben an ihrem Gestalten eröffnete dem Kulturtourismus schlagartig ein nahezu unendliches, wenn auch nicht ganz einfach zu bearbeitendes Betätigungsfeld. Lässt sich Besucherinteresse bei materiellen Sehenswürdigkeiten einigermaßen kalkulieren und steuern, so ist die Partizipation von

Gästen an Bräuchen und Ritualen weitaus schwieriger zu lenken. Hier ist die Sensibilisierung der Touristiker wesentlich mehr gefordert. Daher wird es einer dauerhaften und intensiven Zusammenarbeit mit Traditionsträgern und Kulturvermittlern bedürfen, um die Besucher-Verträglichkeiten der jeweiligen Gemeinschaften immer wieder zu überprüfen, folkloristischen Inszenierungen vorzubeugen und damit dem interessierten Gast eine optimale Möglichkeit zur Teilnahme und zu kulturellem Verstehen zu bieten.

Die Liste des UNESCO-Welterbes umfasst derzeit 936 Natur- und Kulturstätten auf der ganzen Welt. Österreich ist in dieser Liste neun Mal vertreten:

*Tabelle 1: Österreichisches UNESCO-Weltkulturerbe*

| | |
|---|---|
| Das historische Zentrum der Stadt Salzburg (1996) | Die Stadt, ihr dramatisches Stadtbild, die historisch bedeutende Stadtstruktur sowie eine große Anzahl von kirchlichen und säkularen Gebäuden aus unterschiedlichen Jahrhunderten ergeben ein signifikantes Beispiel eines europäischen Kirchenstadtstaates. |
| Schloss und Park von Schönbrunn (1996) | Das Schloss ist Symbol für die Macht und den Einfluss des Hauses Habsburg in der europäischen Geschichte. Gemeinsam mit dem Park stellt das Ensemble (als ein ausgezeichnet erhaltenes Beispiel der fürstlichen barocken Residenzen) ein Gesamtkunstwerk dar. |
| Die Kulturlandschaft Hallstatt-Dachstein/ Salzkammergut (1997) | Diese alpine Region ist ein hervorragendes Beispiel einer natürlichen Landschaft von großer Schönheit und wissenschaftlichem Interesse. Die Geschichte Hallstatts und der Region ist auf die Salzwirtschaft und dessen Verknüpfung von Kultur und Natur zurückzuführen. |
| Die Semmeringbahn (1998) | Die Semmeringbahn zeigt eine ausgezeichnete technologische Schienenlösung und ließ eine neue Form der Kulturlandschaft entstehen. Zwischen 1848 und 1854 mit einer Länge von 41 Kilometern in den Hochbergen erbaut, war sie die erste normalspurige Gebirgsbahn Europas. |
| Stadt Graz – Historisches Zentrum und Schloss Eggenberg (1999 und 2010) | Historischer Stadtkern und Schloss Eggenberg sind das Spiegelbild einer Jahrhunderte langen Verbindung von künstlerischen und architektonischen Bewegungen, die ihren Ursprung im deutschen und mediterranen Raum und am Balkan fanden. |
| Die Kulturlandschaft Wachau (2000) | In der Wachau, eine durch Berge eingefasste Flusslandschaft, sind wesentliche Zeugnisse ihrer langen historischen Evolution außerordentlich gut erhalten. Die Architektur, die menschlichen Siedlungen und die landwirtschaftliche Nutzung, im Speziellen die Weinterrassen, veranschaulichen lebhaft eine mittelalterliche Landschaft, die sich im Laufe der Zeit organisch und harmonisch entfaltet hat. |
| Das historische Zentrum von Wien (2001) | Im historischen Zentrum der Stadt Wien werden die drei Schlüsselepochen der europäischen kulturellen und politischen Entwicklung – das Mittelalter, das Barock und die Gründerzeit – durch das städtische und architektonische Erbe außergewöhnlich dargestellt. |
| Die Kulturlandschaft Fertö-Neusiedler See, gemeinsam mit Ungarn (2001) | Fertö-Neusiedler See war achttausend Jahre lang die Begegnungsstätte verschiedener Kulturen. Die bemerkenswerte ländliche Architektur der Dörfer rund um den See und mehrere Paläste aus dem 18. und 19. Jh. tragen zu der erheblichen Bedeutung der Kulturstätte bei. |
| Prähistorische Pfahlbauten um die Alpen, gemeinsam mit Deutschland, Frankreich, Italien, Slowenien und der Schweiz (2011) | 111 Pfahlbaufundstellen in sechs Alpenländern, darunter fünf in Oberösterreich (Attersee, Mondsee) und Kärnten (Keutschacher See), bilden das grenzüberschreitende Welterbe. Die Seeufersiedlungen des Alpenraumes zählen zu den bedeutendsten archäologischen Kulturgütern Europas. |

*Quelle: www.unesco.at, adaptiert.*

## Literatur

Luger, K., Wöhler, K., „Welterbe und Tourismus. Schützen und Nützen aus einer Perspektive der Nachhaltigkeit“, Studienverlag, Innsbruck, 2008.

Luger, K., Wöhler, K., „Kulturelles Erbe und Tourismus. Rituale, Traditionen, Inszenierungen.“, Studienverlag, Innsbruck, 2010.

Nationalagentur für das Immaterielle Kulturerbe, http://immaterielleskulturerbe.unesco.at

Österreichische UNESCO-Kommission, www.unesco.at

UNESCO, www.unesco.org/culture/ich/

*Quelle: Österreich Werbung, ©Diejun, Wanderschuhe, Rucksack, Wanderstöcke.*

Assoz. Prof. DI Dr. Arne Arnberger

Univ. Lektorin DI Renate Eder

## Autoren

Assoz. Prof. DI Dr. Arne Arnberger
Univ. Lektorin DI Renate Eder

## Kurz-Curriculum

### Assoz. Prof. DI Dr. Arne Arnberger

Arne Arnberger absolvierte das Studium der Landschaftsplanung und Landschaftspflege sowie das Aufbaustudium Technischer Umweltschutz. Seit 2000 arbeitet er am Institut für Landschaftsentwicklung, Erholungs- und Naturschutzplanung an der Universität für Bodenkultur Wien. Er ist Assistenzprofessor an der West Virginia University (USA), Mitglied des österreichischen Komitees für das Man & Biosphere-Programm, Experte in der World Commission on Protected Areas und Mitglied der IUCN-Schutzgebietstourismus-Arbeitsgruppe.

### Univ. Lektorin DI Renate Eder

Renate Eder ist Landschaftsplanerin und seit 2005 als Forscherin und Lektorin am Institut für Landschaftsentwicklung, Erholungs- und Naturschutzplanung an der Universität für Bodenkultur Wien tätig. Ihre Forschungsschwerpunkte sind informelle Umweltbildung, landschaftsgebundener Tourismus, Schutzgebietstourismus und nachhaltige Landschaftsentwicklung.

Mag. Alfred Grieshofer

Ao. Prof. DI Dr. Andreas Muhar

## Autoren

Mag. Alfred Grieshofer
Ao. Prof. DI Dr. Andreas Muhar

## Kurz-Curriculum

### Mag. Alfred Grieshofer

Geboren am 7.9.1963 in Bad Ischl. Alfred Grieshofer ist Forstmann und Kunsthistoriker (Spezialgebiet Denkmalpflege – Teilbereich historische Gärten und Kulturlandschaften). In der Forstsektion des Lebensministeriums ist er unter anderem verantwortlich für die Entwicklung folgender Themenfelder: Waldfachplanung, Forst und Kultur, Tourismus/Sport/Freizeit, LEADER, Wald und Gesundheit.

### Ao. Prof. DI Dr. Andreas Muhar

Andreas Muhar ist Landschaftsplaner und seit 2002 Leiter des Instituts für Landschaftsentwicklung, Erholungs- und Naturschutzplanung sowie seit 2007 Leiter des Doktoratskollegs Nachhaltige Entwicklung an der Universität für Bodenkultur Wien. Seine Forschungsschwerpunkte liegen im Bereich der Landschaftsentwicklung und Raumnutzung, der Räumlichkeit der Freizeit- und Erholungsnutzung sowie der Organisation transdisziplinärer Prozesse.

# Tourismus & Forst

## Zusammenfassung

Österreich ist eine der wichtigsten und bekanntesten Tourismusdestinationen der Welt und zu 47% mit Wald bedeckt. Der Umstand, dass Österreichs land- und forstwirtschaftliche Betriebe und deren Waldlandschaften, Almen, Seen und historische Gebäude und Landnutzungen für eine wachsende Zahl von Touristen zunehmend attraktiv sind, birgt große Entwicklungschancen. Obwohl viele Forstbetriebe über ein hohes forsttouristisches Potenzial verfügen, wird dieses nur von wenigen genutzt. Daher sind derzeit Bemühungen im Gange, Forstbetriebe bei der Nutzung ihres forsttouristischen Potenzials zu unterstützen. So wurde mit der Kommunikationsplattform „Destination WALD" ein Prozess initiiert, welcher die langfristige Zusammenarbeit zwischen den Waldbewirtschaftern und Touristikern stärken und die Schaffung von innovativen touristischen Angeboten forcieren soll. Leitprojekte und -betriebe können bei der Entwicklung forsttouristischer Kundenangebote als Vorbild dienen. Im Optimalfall sind diese Angebote eine qualitätsvolle Bereicherung: für den Gast, den Einzelbetrieb, die Region und nicht zuletzt für den touristischen Gesamtmarkt Österreichs.

> **Für beide Branchen gilt, dass Kundenzufriedenheit, Qualität und Nachhaltigkeit gewahrt sein müssen. Wirtschaftliche und ökologische Rahmenbedingungen sind zu beachten, besonders in sensiblen Bereichen wie alpinen Hochlagen, Schutzwäldern und Schutzgebieten.**
>
> Arne Arnberger, Renate Eder,
> Alfred Grieshofer, Andreas Muhar

## Vom Konfliktfeld zur gewinnbringenden Zusammenarbeit

Österreich ist neben seiner Rolle als erfolgreiche und weltweit beachtete Tourismusdestination auch eines der waldreichsten Länder Europas. Dies versetzt das Land in die Lage, mit vorbildhafter Waldbewirtschaftung und einer für seine Größe beachtlichen Vielfalt an ökologischen und kulturlandschaftlichen Besonderheiten punkten zu können.

Die Bedeutung des Waldes für seine Besucher spiegelt sich auch in einschlägigen Umfragen wider: Rund 80% der Urlauber geben an, dass die „Landschaft" – für deren Gesamteindruck die Wälder, Almen und Seen der forstwirtschaftlichen Betriebe eine ganz zentrale Rolle spielen – ein Kriterium für ihre Urlaubsentscheidung war (Österreichischer Waldbericht, 2008).

Hinter diesen „Perlen der Natur", die auf den Märkten (neben kulturellen Highlights) erfolgreich beworben werden und dem Gast den Aufenthalt verschönern, steht auf Basis strenger gesetzlicher Vorgaben und konsequenten Vollzugs eine auf Nachhaltigkeit bedachte Bewirtschaftung durch die land- und forstwirtschaftlichen Betriebe. Diese mittlerweile auch von anderen Branchen geschätzte Nachhaltigkeitsphilosophie wird im Forst bereits seit rund 200 (!) Jahren in die Praxis umgesetzt und ist eine zentrale Voraussetzung für die Nutzung der (Wald-)Landschaften für den Tourismus. In einem ökologisch sensiblen Gebirgsland wie Österreich bedeutet dies: Tourismus und Waldnutzung sind bestmöglich in Einklang zu bringen.

In Österreich führen die beiden Branchen Forst und Tourismus seit Jahrzehnten eine im wahrsten Sinne des Wortes spannende – also nicht ganz konfliktfreie – Beziehung. Beide Seiten sind – wohl zu Recht – von ihrer Bedeutung für die Gesamtwirtschaft und ihrem prägenden Einfluss als Impulsgeber für den ländlichen Raum überzeugt und verteidigen entsprechend vehement ihre jeweiligen Standpunkte. Dabei wurde bereits beachtlich viel Zeit und Energie in die Auseinandersetzung über tatsächliche oder vermeintliche Problemfelder betreffend touristische Aktivitäten im Umfeld des Waldes investiert. Forstbetriebe, die wenig oder gar nicht an der touristischen Wertschöpfung einer Region partizipieren, sind dem Tourismus gegenüber eher skeptisch eingestellt – sehen sie sich doch vor allem mit der Beeinträchtigung der Waldbewirtschaftung durch den Tourismus konfrontiert. Es macht jedenfalls Sinn, künftig noch stärker zu kooperieren und den gemeinsamen Nutzen daraus zu ziehen. Es gilt vorhandene Energien, vorhandenes Personal und nicht zuletzt mühsam in Brüssel verhandelte Fördermittel für neue Impulse und Produkte zu nutzen, ohne dabei die altbekannten Konflikte gleich wieder aufleben zu lassen.

Sowohl die forstlichen Bewirtschafter als auch die touristischen Anbieter sind seit einigen Jahren ohnehin dabei, neue Nischen zu schaffen und damit Einzelbetriebe oder auch ganze Regionen auf eine breitere strategische und wirtschaftliche Basis zu stellen, nur wissen sie noch zu wenig voneinander. Hier gilt es für die Player auf allen Entscheidungsebenen, sich enger abzustimmen, gegenseitig Ideen auszutauschen und potenzielle Kundenangebote vermarktbar zu machen, ohne das mühsam aufgebaute Image im In- und Ausland zu beeinträchtigen. Aus Sicht der Forstwirtschaft bedeutet dies: die Besucher nicht nur (mehr oder weniger erfolgreich) zu „lenken", sondern ihnen im Umfeld des eigenen Waldes bzw. Betriebes das Besondere zu bieten – etwas, das es sonst nirgends in dieser Form und Qualität gibt. Das ist neben den angestrebten Einkommenseffekten auch positive Imagepflege für den Wald und sein Umfeld. Wenn dies gelänge, ließe sich ein mehrfacher Paradigmenwechsel herbeiführen: Forstbetriebe würden ihre Flächen nicht mehr zur „Gratiskulisse" für die Aktivitäten anderer Betriebe degradiert sehen, umgekehrt würde auch das negative Image der Forstbetriebe als Blockierer von Innovationen wegfallen („Management über Verbotsschilder"). Wie sich Forschungs- und Datenlage darstellen und wie eine engere Kooperation zur Entwicklung neuer Kundenangebote „um den Wald" aussehen könnte, soll im Folgenden konkretisiert werden.

### Der „Waldtourismus" in Zahlen

Voraussetzung für die Erfassung der Bedeutung des Waldtourismus ist das Vorhandensein von touristischen Kennzahlen. Diese liegen für die touristische Nutzung von Wäldern jedoch oft nicht vor. Aufgrund der mangelhaften Datenlage kann auch kaum der Nachweis erbracht werden, wie wichtig der Wald für den Tourismus und die Gesellschaft beispielsweise in Hinblick auf seine Erholungsleistungen ist und inwieweit die Wälder Beiträge zur regionalen Wertschöpfung durch den Tages- und Übernachtungstourismus leisten. Darüber hinaus ist die direkte Wertschöpfung aus dem Tourismus im Wald schwer abzuschätzen, weil der Waldbesuch oft im Regionsaufenthalt eingebettet ist (Grieshofer et al., 2011).

Fragt man Touristiker nach der konkreten Bedeutung des Waldes für den Tourismus in Österreich, so können diese keine genauen Aussagen machen, schließlich sei der Wald im Tourismus keine eigenständige Kategorie und damit gebe es auch keine spezifischen Erhebungen zum Waldtourismus (Zimmermann, 2007). Systematische Erfassungen über Tourismus und Erholungsnutzung in der Landschaft liegen nur für einige urbane und suburbane waldreiche (Schutz-)Gebiete in Österreich vor. So zeigen in Wien sowie im Wiener Umland durchgeführte Studien (beispielsweise Arnberger, 2006), dass die Besuchsintensitäten von Wäldern sehr hoch sein können.

In den USA werden einige Anstrengungen unternommen, Daten über die touristische und erholungsbezogene Nutzung von Wäldern und Naturschutzgebieten zu erheben. Diese Zahlen zeigen eindrucksvoll das große Potenzial und Kapital der Wälder für den Tourismus. So hat beispielsweise der US Forest Service ein Besuchererfassungsprogramm für sein gesamtes Forstgebiet, dessen Fläche etwa der zehnfachen Staatsfläche Österreichs entspricht, eingerichtet und rund 175 Millionen Besucher pro Jahr gezählt (Forest Service, 2010). Auch der US National Park Service erfasst die Tourismusströme in seinen knapp 400 überwiegend bewaldeten Erholungsgebieten und historischen Stätten, darunter 52 Nationalparks, und zählt pro Jahr rund 270 Millionen Besucher (Manning, 2007).

Auf europäischer Ebene analysierte die COST-Aktion „Forests for Recreation and Nature Tourism" die Datenlage zum Themenbereich Wald und Tourismus (COST-Aktionen sind europäische Netzwerk-Kooperationen zum Austausch vorhandenen Wissens). Ergebnis war, dass die Datenlage in den verschiedenen Ländern sehr heterogen ist. In einigen Ländern gibt es keine einzige Erhebung zu diesem Thema, andere Länder wie beispielsweise Finnland verfügen über profunde Daten (Sievänen et al., 2008).

## Best-Practice-Beispiele in Österreich

Die österreichischen Forstbetriebe verfügen über ein hohes forsttouristisches Potenzial. Zu diesem Potenzial gehören nicht nur attraktive Landschaften und einzigartige Natur, sondern auch historische Gebäude wie Klöster, Schlösser, Burgen, historische Gärten und Landnutzungen, Jagdhütten oder traditionelle Arbeitsweisen. Dazu kommt, dass jeder Forstbetrieb einzigartig ist hinsichtlich seiner Geschichte, Produktionsweise oder Lage und somit ein Alleinstellungsmerkmal besitzt (Grieshofer et al., 2011). Erste empirische Untersuchungen zum forsttouristischen Potenzial zeigen, dass zumindest beim städtischen Publikum eine Nachfrage nach diesen forsttouristischen Angeboten in Österreich vorhanden wäre (Arnberger et al., 2011).

In Österreich sind daher Bemühungen im Gange, Forstbetriebe bei der Nutzung ihres forsttouristischen Potenzials zu unterstützen. Im Jahr 2007 wurde mit der Kommunikationsplattform „Destination WALD" (http://forsttourismus.boku.ac.at) ein Prozess initiiert, welcher die langfristige Zusammenarbeit zwischen den Waldbewirtschaftern und Touristikern stärken und die Schaffung von innovativen touristischen Angeboten forcieren soll (Grieshofer et al., 2011). Neben dem Lebensministerium und der Universität für Bodenkultur sind das für die Entwicklung des Tourismus in Österreich zuständige Bundesministerium für Wirtschaft, Familie und Jugend, die Österreich Werbung, die Wirtschaftskammer Österreich, die Land- und Forstbetriebe Österreichs, aber auch forstnahe

Tourismusmarken wie „Urlaub am Bauernhof“ und touristisch besonders aktive Vorreiterbetriebe der Forstbranche wie Esterházy Betriebe GmbH, Stiftung Fürst Liechtenstein und der Waldbetrieb Hebalm/Malteser Ritter Orden involviert. Anhand von Tagungen, drei praxisnahen Workshops (Abbildung 1 und 2), Leitprojekten und -produkten und einem geplanten Handbuch zum Thema „Wald und Tourismus“ wurden und werden Wege und Projekte zur Inwertsetzung des forsttouristischen Potenzials diskutiert und implementiert.

*Abbildung 1: Waldeigentümer und Tourismusprofis entwickeln seit einigen Jahren innovative Kundenangebote im Umfeld von Seilbahnen; Besuch der Bergbahnen Fieberbrunn im Rahmen der Reihe „Destination Wald“ im Herbst 2010*

*Quelle: © S. Perez.*

Neben der Workshopreihe „Destination Wald“ bietet der europaweit einzigartige Zertifikatslehrgang „Forst und Kultur“ Waldeigentümern und Touristikern eine praxis- und projektorientierte Weiterbildung. Auch im Rahmen des Österreichischen Walddialogs (der wichtigsten Diskussionsplattform zum österreichischen Wald – www.walddialog.at) wird das Thema Forst und Tourismus diskutiert und es werden die Weichen für die Umsetzung im Rahmen des gesamtösterreichischen Waldprogrammes und der Verordnung ländliche Entwicklung gestellt. In diesem Zusammenhang sei auch das Waldforum „Wald, Sport und Freizeit – Konfliktfelder und Lösungsmodelle“, durchgeführt im Rahmen des Österreichischen Walddialoges am 4.5.2010 in Eisenstadt, erwähnt.

*Abbildung 2: Forsttourismus gibt es vor allem auch wetterfest: Besuch einer professionell vermarkteten „Almliesl Hütte" der ÖBF AG in der Nähe von Kitzbühel im Rahmen der Reihe „Destination Wald" im Herbst 2010*

*Quelle: © S. Perez.*

Mittlerweile gibt es eine Reihe von Vorzeigeprojekten für erfolgreiche Besucherlenkung und vorbildhafte Aufklärungsarbeit zur Vermeidung von Waldschäden in Folge touristischer Nutzung bzw. durch fehlende Abstimmung zwischen Tourismusverbänden und Waldbewirtschaftern. Als Beispiel sei hier das richtungsweisende „Vertragsmodell Klettergarten Dürnstein", abgeschlossen 2009 zwischen der Starhemberg'schen Familienstiftung und dem Österreichischen Alpenverein/Sektion Krems, angeführt. Gelungene Partnerschaften auf vertraglicher Basis stellen beispielsweise im Alpintourismus der „Zauberberg Semmering" oder das „Hexenwasser" in Tirol dar, wo neue Kundenangebote für den Sommerseilbahnbetrieb geschaffen wurden.

## Ausblick

Der Umstand, dass Österreichs land- und forstwirtschaftliche Betriebe und deren Waldlandschaften, Almen, Gebirge und Seen für eine wachsende Zahl von Touristen zunehmend attraktiv sind, birgt ganz neue Entwicklungschancen, die effizienter genutzt werden könnten. Ein konfliktfreies Miteinander setzt dabei neben der Einhaltung gesetzlicher Vorgaben gegenseitiges Interesse und vor allem Verständnis für die jeweils anderen Nutzergruppen voraus.

Wollen sich Forstbetriebe aktiv im Tourismus engagieren, so werden, neben der Weiterführung gelungener Partnerschaften, vor allem qualitätsvolle Nischenprodukte im Vordergrund stehen müssen. Deren Entwicklung ist auf regionale touristische Entwicklungsziele abzustimmen und die benötigten Partner (wie Hotellerie, Gastronomie) sind langfristig einzubinden. Für beide Branchen gilt, dass Kundenzufriedenheit, Qualität und Nachhaltigkeit gewahrt sein müssen. Wirtschaftliche und ökologische Rahmenbedingungen sind zu beachten, besonders in sensiblen Bereichen wie alpinen Hochlagen, Schutzwäldern und Schutzgebieten. Es geht um einen Ausgleich der Nutzungsinteressen, aber auch um neue touristische Produkte, die mit dem, was die Waldbewirtschafter unter vorbildhafter Nachhaltigkeit verstehen, so gut wie möglich übereinstimmen sollten. Im Idealfall nutzt ein Forstbetrieb die vorhandenen Potenziale für touristische Produkte und bereichert damit das regionale touristische Angebot.

Die hier skizzierten Arbeitsansätze sollen in den nächsten Jahren weiterentwickelt und die mittlerweile gute Gesprächsbasis vertieft werden. Leitprojekte und -betriebe können bei der Entwicklung forsttouristischer Kundenangebote als Vorbild dienen. Förderinstrumente, die eine langfristige, branchenübergreifende Kooperation im Fokus haben (beispielsweise LEADER), sind zu erhalten und zu verbessern, um – zumindest in der Initialphase innovativer Projekte – entsprechende Startmittel zu lukrieren. Wenn dies gelänge, könnten marktfähige Waldtourismus-Produkte zu einem spürbaren Einkommenszuwachs für die Land- und Forstwirtschaft führen. Von den altbewährten Zielen und Methoden nachhaltiger Waldbewirtschaftung braucht man dabei nicht abzukommen. Im Optimalfall sind diese Produkte eine qualitätsvolle Bereicherung: für den Gast, den Einzelbetrieb, die Region und nicht zuletzt für den touristischen Gesamtmarkt Österreichs.

## Literatur

Arnberger, A., „Recreation Use of Urban Forests: An inter-area Comparison", Urban Forestry & Urban Greening, 2006, 4(3–4), S. 135–144.

Arnberger, A., Eder, R., Muhar, A., „Forsttouristisches Potenzial und Angebot im Umfeld des Einzugsgebietes der Elbe – Region Mühl- und Waldviertel", Projektbericht im Auftrag des Bundesministeriums für Land- und Forstwirtschaft, Umwelt und Wasserwirtschaft (BMLFUW), Referat IV 4 b – Landschaftsentwicklung und Naturgefahrenprävention, Wien, 2011.

Bundesministerium für Land- und Forstwirtschaft, Umwelt und Wasserwirtschaft, „Österreichischer Waldbericht 2008", Wien, 2008, S. 86ff.

Forest Service, „National Visitor Use Monitoring Results", USDA Forest Service National Summary Report, 2010. http://www.fs.fed.us/recreation/programs/nvum/nvum_national_summary_fy2009.pdf, Download am 7.6.2010.

Grieshofer, A., Arnberger, A., Muhar, A., Eder, R., „Wald und Tourismus – eine bislang wenig genutzte Beziehung", in: Lebensministerium, Wald – Biotop und Mythos, 23, S. 273–282; Böhlau Verlag, Wien, 2011.

Manning, R., „Parks and Carrying Capacity", Washington, Island Press, 2007.

Sievänen, T., Arnberger, A., Dehez, L., Grant, N., Jensen, F. S., Skov-Petersen, H., (Hrsg.), „Forest Recreation Monitoring – A European Perspective", Working Papers of the Finnish Forest Research Institute, Nr. 79, Helsinki, 2008.

Zimmermann, A., „Ziele/Strategien aus Sicht des BM für Wirtschaft und Arbeit", Vortrag im Rahmen der Tagung „Destination Wald – Touristische Aktivitäten im forstlichen Umfeld", am 12.4.2007 an der Universität für Bodenkultur Wien. http://forsttourismus.boku.ac.at/downloads/tagung2007/vortraege/zimmermann.pdf, Download am 3.10.2011.

*Mag. Andreas Hüttner*

## Autor

Mag. Andreas Hüttner

## Kurz-Curriculum

Das Thema von Andreas Hüttner ist die öffentliche Wiedergabe von Musik und ihre stete Wechselwirkung mit dem Tourismus und der Freizeitwirtschaft. Er ist seit 2002 Bundesgeschäftsführer des Veranstalterverbandes Österreich, also jener Organisation mit mehr als 55.000 Mitgliedern, die mit den Verwertungsgesellschaften Lizenzverträge für die Nutzung von Urheberrechten abschließt. Er ist auch Geschäftsführer des Kompetenzzentrums für geistiges Eigentum, das als wissenschaftliche Plattform einen maßgeblichen Beitrag zur Fortentwicklung des Immaterialgüterrechts leistet.

# Veranstaltungen im Tourismus

## Zusammenfassung

Veranstaltungen – also zeitlich begrenzte, an bestimmten Orten, mit einem besonderen Zweck organisierte Ereignisse – haben in Österreich Tradition und leisten in all ihren Erscheinungsformen einen signifikanten Beitrag zum Erfolg des Tourismus. Besonders Musikfestivals erfreuen sich wachsender Beliebtheit und steigender Besucherzahlen. Die mittels Events erzeugte regionale Wertschöpfung kann gerade in ökonomisch turbulenten Zeiten nicht hoch genug eingeschätzt werden. Musik, besonders Live-Musik, sorgt dabei für gute Stimmung, Atmosphäre und Wertschöpfung. Die mit einer öffentlichen Aufführung verbundenen rechtlichen Gegebenheiten und Konsequenzen dürfen daher bei der Betrachtung von Veranstaltungen im Tourismus nicht fehlen. Ein Ausblick auf Trends in der Veranstaltungsbranche, sozusagen den „Event der Zukunft", ist zweckmäßig.

> **„Eine ständige Auseinandersetzung mit allen möglichen zukünftigen Trends ist im Tourismus unerlässlich und sollte aus verschiedenen Blickwinkeln erfolgen. Dies trifft umso mehr auf die Veranstaltungs- und Eventbranche zu, denn kaum eine andere heimische Branche ist annähernd so kurzlebig und von dauernder Programminnovation abhängig."**
>
> Andreas Hüttner

# Veranstaltungen im Tourismus

## Ein Wirtschaftsfaktor mit Gewicht und Zukunft

Veranstaltungen sind ein starker Wirtschaftsfaktor und gewinnen laufend an Gewicht. Events bewegen Menschen, sichern Arbeitsplätze, transportieren Emotionen, schaffen Umweg-Rentabilität und verfügen selbst in wirtschaftlich bewegten Zeiten über eine stabile Situation sowie eine positive Entwicklungsprognose. Nach Jahren mit durchwegs starken Zuwachsraten dürfte es nun zu einer Strukturierung und Konsolidierung des Marktes in Richtung Qualität kommen. Eine solche birgt große Chancen für die Branche, falls die Zeichen der Zeit, also die Trends, rechtzeitig erkannt und umgesetzt werden.

Ob Mega-Ereignisse wie die Fußball EURO 08 oder regionale Veranstaltungen – Events liegen im Trend, denn mittlerweile muss fast jede Veranstaltung durch professionelle Organisation und Umsetzung zu einem unvergesslichen Highlight werden. Dabei kommen ständig neue Veranstaltungsformate ins Spiel. On- und Offline-Bereiche wachsen gerade in diesem Segment von Tag zu Tag mehr zusammen und stellen Unternehmer und Veranstalter vor neue Herausforderungen.

Österreichweit gibt es mittlerweile rund 5.000 Event- und Veranstaltungsagenturen, die in der Bundessparte Tourismus und Freizeitwirtschaft der Wirtschaftskammer Österreich vertreten werden. Unter der Marke „EVENTNET.AT – Das österreichische Event-Portal“ hat die Interessenvertretung der Freizeitbetriebe eigene Zertifizierungsrichtlinien erarbeitet und bietet mit dem Bundesfachlehrgang für Eventmanagement in Kooperation mit dem Eventhotel MODUL eine spezifische Ausbildung für die Veranstalter von morgen an, um der wachsenden Bedeutung des Event-Marketing gerecht zu werden.

Veranstaltungen haben im Tourismus eine lang bewährte Tradition und sind untrennbar mit dem großen und anhaltenden Erfolg des österreichischen Tourismus verbunden. So fanden die ersten großen Events bereits in den Zeiten der Monarchie statt. Man denke nur an die Wiener Kongresse und Bälle oder aber auch an die zahlreichen Konzerte, Festspiele und Kirtage (Gatterer, 2011).

Doch was versteht man eigentlich genau unter einer Veranstaltung oder einem Event?
Eine Veranstaltung oder – modern – ein Event ist ein besonderes Ereignis, das geplant, gestaltet, organisiert, ja sogar inszeniert wird. Es findet an einem bestimmten Ort, zu einer bestimmten Zeit statt und ist in Art, Programm und Ablauf einmalig, wobei es bei den Teilnehmern besonders durch Live-Erlebnisse einen starken emotionalen Erinnerungswert (Bruhn, 1997) und ein Gemeinschaftsgefühl erzeugt (Holzbauer, 2002).

Das Wort Event stammt übrigens vom lateinischen „eventus" ab, was so viel wie Erfolg oder Ergebnis bedeutet. Dies ist interessant, da ja bei näherer Betrachtung Veranstaltungen stets ein Ergebnis von mehr oder minder exakter Durchführung und Organisation sind. Wurde dabei gut geplant, vorbereitet sowie inszeniert und trifft bestenfalls auch noch der Zweck des Events den Geschmack der Zeit, dann wird der Event zum Erfolg, womit sich sozusagen auch semantisch der Kreis schließt (Gatterer, 2011).

Veranstaltungen können durchwegs sehr unterschiedliche Ziele haben. Nach der Absicht lässt sich laut Bruhn vereinfacht eine erste Kategorisierung in arbeitsorientierte (Tagungen und Kongresse), freizeitorientierte (klassische Events wie beispielsweise Konzerte, Partys oder Festivals) bzw. Infotainment-Veranstaltungen (Messen und Ausstellungen) vornehmen, wobei natürlich auch Mischformen dieser Kategorien vorkommen. Der Zweck kann reine Unterhaltung, Show, Emotion, aber auch Kundenbindung sein. Dabei bieten Events – als Kommunikationsmittel eingesetzt – zahlreiche Möglichkeiten, um diverse Kommunikationsziele von Unternehmen, Sponsoren und anderen Partnern zu transportieren.

Allen Kategorien gemeinsam ist, dass die Veranstaltungen für die Beteiligten stets eine Art Katalysator für tief verwurzelte Bedürfnisse – wie beispielsweise Kontakt, Zuwendung, Partizipation, Austausch, Handeln, Vertrauen, Geborgenheit, Wiedersehen, Kreativität aber auch Muße und Genuss – sind.

Für diesen Beitrag stehen speziell freizeitorientierte Veranstaltungen, also klassische Events, im Fokus des Interesses. Diese zielen in erster Linie auf die Unterhaltung der Teilnehmer und die daraus resultierende Schaffung einer starken emotionalen Wirkung (Freude, Zusammengehörigkeitsgefühl, ...) ab. Gute Beispiele sind Open Air-Konzerte, Musikfestivals oder auch Sport-Events wie Fußball-Welt- oder Europameisterschaften (Bruhn, 1997).

Seit vielen Jahren gehören Open-Air-Festivals zu den beliebtesten Events bei 14- bis 29-Jährigen, besonders Musik-Festivals – wie beispielsweise Frequency (www.frequency.at) oder Nova Rock (www.novarock.at) – als Paradebeispiele freizeitorientierter Veranstaltungen etablieren sich immer stärker als Publikumsmagneten und führen teilweise zu starken Wertschöpfungseffekten vor Ort. So interessieren sich alleine in Deutschland über 12 Millionen junge Menschen für Musikfestivals (The Sponsor People, AWA 2011). Das Eventinteresse junger Menschen ist aus Abbildung 1 ersichtlich.

*Abbildung 1: Eventinteresse – Beliebte Veranstaltungen & Events bei jungen Menschen, 14–29 Jahre (Anteile in %)*

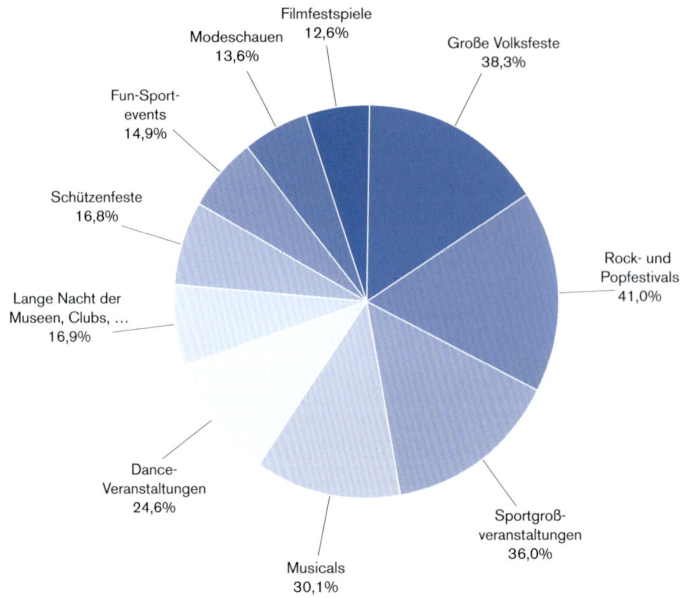


*Quelle: The Sponsor People, AWA 2011.*

Hier erlebt das vorwiegend junge Publikum gemeinsam Einzigartiges. Aktiviert und berührt Musik bei Events bereits allgemein emotional die Teilnehmer, wird dieser Effekt im Laufe eines Festivals durch einmalige Live-Auftritte verschiedenster Bands nochmals erheblich gesteigert. Events dieser Art sind dabei mehr als singuläre Ereignisse und etablieren als Gemeinschaftserlebnis eine starke Bindung zu den Besuchern, die weit über das Festival hinaus nachwirkt.

Verlief die EURO 08 sportlich für Österreich mäßig, war sie wirtschaftlich ein voller Erfolg. So konnte sich Österreich als Co-Austragungsnation der erfolgreichsten UEFA-Fußball-Europameisterschaft aller Zeiten einmal mehr als professioneller Veranstalter beweisen und sich weltweit als Tourismusdestination präsentieren. Neben diesen wichtigen positiven Imageeffekten, die durch laufende Fernsehberichterstattung weltweit gestreut wurden und deren Nutzen monetär kaum zu beziffern ist, wurden darüber hinaus laut einer Studie des Management Center Innsbruck (MCI) Wertschöpfungseffekte für die heimische Wirtschaft in Höhe von 415,2 Millionen Euro erzielt.

Neben freizeitorientierten Events darf jedoch die Kategorie der arbeitsorientierten Veranstaltungen keinesfalls außer Acht gelassen werden, leisten diese doch regelmäßig einen sehr wesentlichen Beitrag zum Erfolg des heimischen Tourismus.

Wien war auch im Jahr 2010 wieder eine der erfolgreichsten Kongress- und Tagungsdestinationen weltweit. 2.934 Kongresse und Firmenveranstaltungen brachten 432.276 Besucher nach Wien und führten zu 1.236.291 Nächtigungen. Im aktuellen Ranking der International Congress and Convention Association (ICCA) steht Wien mit 154 internationalen Kongressen zum sechsten Mal in Folge an erster Stelle. Darüber hinaus hat der Wiener Kongresstourismus 2010 knapp 15.000 Arbeitsplätze gesichert und gleichzeitig rund 770 Millionen Euro zum gesamtösterreichischen Bruttoinlandsprodukt beigetragen (Wiener Tagungsindustrie Statistik, 2010).

Insgesamt lässt sich festhalten, dass das Wirtschaftssegment der Veranstaltungen in den letzten Jahren eine positive Entwicklung vollzogen hat und sowohl die momentane Lage als auch die Aussichten für die Veranstaltungsbranche – entgegen der derzeit allgemein vorherrschenden Tendenz der Unsicherheit – durchwegs positiv sind. Ursachen für den Aufschwung der letzten Jahre können einerseits in den in Österreich gegebenen guten Rahmenbedingungen und immer professionelleren Veranstaltungskonzepten, andererseits aber auch in einem gewissen soziologischen Wertewandel unserer Gesellschaft hin zu einer Erlebnisgesellschaft gesehen werden.

Damit die Rahmenbedingungen es auch in Zukunft erlauben, wirtschaftlich erfolgreich am Veranstaltungsmarkt aufzutreten, setzt sich das Bundesministerium für Wirtschaft, Familie und Jugend (BMWFJ) gemeinsam mit der Wirtschaftskammer Österreich (WKO) und dem Veranstalterverband Österreich (VVAT) als Interessenvertretungen der Wirtschaft dafür ein, gerade in Zeiten eines schwierigen ökonomischen Umfelds, Betrieben gute Rahmenbedingungen, wie zum Beispiel wirtschaftliche Tarife für die Musiknutzung, zu gewährleisten.

Eine Gemeinsamkeit weisen alle modernen Events, gleich ob freizeit- oder arbeitsorientiert, auf: Ohne Musik, egal ob Hintergrundmusik oder Musik als Attraktion, ob vom Band oder live, kommt heutzutage kaum mehr eine erfolgreiche Veranstaltung aus.

## Die Rolle der Live-Musik

Immer schon wurde Musik zur Belebung des Umsatzes eingesetzt und dies ist keineswegs auf die Tourismussparte beschränkt. Auch andere Wirtschaftssparten wie beispielsweise der Handel profitieren nachweislich durch musikalischen Stimulus, in anderen Worten den Wert der Musik (Gensch/Bruhn, 2009). Hauptbereich für Musikunterhaltung bleibt aber der Tourismus und im Speziellen die Gastronomie und Veranstaltungsszene. Diskotheken, Jazz-Clubs, Bars, Cafés mit Klaviermusik, Konzerte, Clubbings und Bälle oder Public Viewings vermitteln Erlebnis und Gastlichkeit. Die Formen der

Unterhaltung reichen von Bühnenauftritten mit Live-Musik bis zum Abspielen von CDs, MP3s oder Music Clips (Riegler, 2009).

Entscheidend ist, dass neben der touristischen und kulturellen Wirkung auch enorme Wertschöpfung in den Regionen vor Ort erzeugt wird. So kommt der in Musikveranstaltungen investierte Euro meist mehrfach zurück.

Kaum eine Branche in Österreich ist so schnelllebig wie die Event- und Veranstaltungsszene. Dies zeigt sich sehr deutlich anhand der Club- und Eventszene. Veranstalter und Clubbetreiber sind ständig mit neuen gesellschaftlichen oder technischen Entwicklungen konfrontiert und die dadurch notwendigen Adaptierungen sind oft umfangreich und kostspielig.

In einer Zeit stetiger Veränderungen und neuer Entwicklungen in der Gastronomie- und Eventbranche ist es unabdingbar, die Trends der Zeit zu erkennen. Aus diesem Grund hat die Berufsgruppe der Diskotheken des Fachverbandes Gastronomie in der Wirtschaftskammer Österreich gemeinsam mit dem Veranstalterverband Österreich 2011 erstmals eine onlinebasierte Umfrage (n = 400) über das Ausgeh- und Konsumverhalten bei einer überwiegend 16- bis 29-jährigen Zielgruppe durchgeführt. Die daraus gewonnenen Informationen zu möglichen Erfolgskriterien sollen der Veranstaltungsbranche als Orientierungshilfe bei der laufenden Optimierung der Betriebe und Angebote dienen.

*Abbildung 2: Ob kleiner Event oder riesige Party – kaum eine Veranstaltung kommt ohne Musik aus, die meist den wirtschaftlichen Erfolg maßgeblich mitprägt*

*Quelle: © René Huemer.*

Mittlerweile ist vor allem das Clubgeschäft nicht mehr so stark auf eine Sieben-Tage-Woche, sondern auf den jeweiligen Event ausgerichtet, wodurch es noch schwieriger geworden ist ein Stammpublikum zu binden. Jugendliche besuchen ein Lokal oft wegen des Abendmottos oder eines bestimmten DJs. Die wachsende Bedeutung der Musik zeigt sich eindeutig anhand der Erhebung. So sind für die Befragten „Musik" gefolgt von „Atmosphäre" die wichtigsten Kriterien für einen Clubbesuch. Passen Location, Musik und Publikum zusammen, wird der Event zu einem Erlebnis. Dies gilt aber nicht nur für die Besucher, sondern auch für die Veranstalter. Denn passt die Stimmung, stimmt meist auch der Umsatz.

*Abbildung 3: DJs und Musikprogramm bestimmen mittlerweile die Abendplanung junger Menschen maßgeblich mit*

*Quelle: www.istockphoto.com, © Mike Panic.*

Auch der Trend zu Live-Konzerten und Musikfestivals ist ungebrochen. So besuchen durchschnittlich 80% aller Befragten Live- Konzerte und knapp 70% ein Musik-Festival. Der größte Reiz beim Besuch eines Musikfestivals besteht in der Atmosphäre und dem Publikum des Festivals, noch vor dem eigentlichen Musikerlebnis. Zu den beliebtesten Musikfestivals mit Eintritt zählen die Festivalgrößen Frequency (www.frequency.at) und Nova Rock (www.novarock.at), mit über 90 Bands, rund 60 Stunden Musik und bis zu 150.000 Besuchern. Im oberen Spitzenfeld der Umfrage liegen auch das Urban Art Forms (www.uaf-festival.at) und das Two Days a Week (www.wiesen.at). Musikfestivals sind dabei mittlerweile zweifellos zu einem der zentralen Bestandteile der heimischen Jugendkultur geworden.

Detailergebnisse des Trendcheck 2011 finden sich auf „www.gastronomieverband.at".

Festival Highlights der Pop-, Rock- und Elektronik-Musik, aber auch kulturelle Veranstaltungen wie Vienna Blues Spring (www.viennabluesspring.org), Jazzfest Wien (www.viennajazz.org), wean hean (http://www.weanhean.at) oder Schrammel.Klang.Festival. (www.schrammelklang.at) tragen wesentlich dazu bei, dass Österreich als Musik- und Kulturland international bekannt ist.

Nachstehende Tabelle 1 zeigt einen teilweisen Überblick über die Musikfestival-Szene in Österreich.

*Tabelle 1: Auszug aus der österreichischen Musikfestival-Szene*

| Festivals | Ort | Veranstalter | Bands | Besucher | seit |
|---|---|---|---|---|---|
| Nova Rock | Nickelsdorf | Skalar Entertainment | 80 | 160.000 | 2005 |
| Frequenzy | Salzburg/St.Pölten | Skalar Entertainment | 59 | 135.000 | 2001 |
| Jazz Fest | Wien | Verein Jazz Fest Wien | 62 | 78.000 | 1991 |
| Urban Art Forms | Wiesen/ Wr. Neustadt | Skalar Entertainment | 32 | 36.000 | 2005 |
| Jazzfest Saalfelden | Saalfelden | Tourismusverband Saalfelden | 31 | 15.000 | 1977 |
| Forestglade | Wiesen | Skalar Entertainment | 8 | 10.000 | 1995 |
| Akkordeon Festival | Wien | Kulturverein d´Akkordeon | 41 | 10.000 | 2000 |
| Voice Mania | Wien | Verein Voice Mania | 40 | 6.000 | 1998 |
| Acoustic Lakeside | Kärnten | Acoustic Lakeside - Verein für Musikfreunde | 30 | 5.000 | 2006 |
| Metalfest Open Air Austria | Braunau | Summer Nights GmbH. | 80 | 5.000 | 2007 |
| Vienna Blues Spring | Wien | Kulturverein Reigen Live | 46 | 5.000 | 2006 |
| Schrammel.Klang.Festival. | Litschau | Verein Schrammel Klang Festival | 22 | 5.000 | 2007 |
| wean hean | Wien | Wiener Volksliedwerk | 30 | 3.000 | 2000 |
| Hörbar Marktplatz | Dornbirn | Stadt Dornbirn Stadtmarketing | 20 | 3.000 | 2007 |
| Woodrock | Bludenz | Offene Jugendarbeit Bludenz | 12 | 2.000 | 1990 |

*Quelle: Veranstalterverband Österreich.*

Damit Musik auch weiter Quell feinster Unterhaltung in der Eventbranche sein kann, setzt sich der Veranstalterverband Österreich als Interessenvertretung dafür ein, seinen Mitgliedern gerade in ökonomisch herausfordernden Zeiten wirtschaftliche Tarife für die Musiknutzung zu sichern. Hier ist eine konstruktive Zusammenarbeit mit den Verwertungsgesellschaften, allen voran jener der Autoren, Komponisten und Musikverleger reg. Gen.m.b.H. (AKM) wichtig.

Dieser Beitrag beschäftigt sich mit praktischen, wirtschaftlichen und lizenzrechtlichen Komponenten einer Musikveranstaltung. Was das allgemeine Veranstaltungsrecht betrifft, ist das Referenzwerk „Praxishandbuch Veranstaltungsrecht" (Vögl, 2012) eine umfangreiche Quelle.

## Die rechtlichen und praktischen Aspekte der Musikaufführung

Im umfangreichen Gebiet des österreichischen Urheber- und Leistungsschutzrechtes ist für Veranstaltungen in erster Linie die öffentliche Wiedergabe, die dabei das Vortrags-, Aufführungs- und Vorführungsrecht beinhaltet, von besonderer Relevanz und wird daher in der Folge ausführlich behandelt (Vögl, 2012).

Das Aufführen von geschützter Musik außerhalb des privaten Rahmens ist gemäß § 18 Urheberrechtsgesetz (UrhG) eine „öffentliche Aufführung". Für eine öffentliche Aufführung ist eine entgeltliche Nutzungsbewilligung von der Verwertungsgesellschaft „Autoren, Komponisten und Musikverleger reg. Gen.m.b.H." (AKM) notwendig. Diese wird von der AKM in Form einer Einzel- oder Dauerbewilligung – je nach Einzelfall – erteilt.

Als „geschützte Musik" gelten alle komponierten und getexteten Musikstücke, solange der jeweilige Urheber lebt und darüber hinaus noch 70 Jahre nach dem Tod dieses Urhebers bzw. des letztlebenden Urhebers, wenn an dem Werk mehrere Urheber beteiligt sind. Selbst nach Ablauf dieser international gültigen Schutzfrist kann ein Werk noch durch verschiedene Bearbeitungen geschützt sein.

Die oben angesprochene Nutzungsbewilligung der AKM – die so genannte „Aufführungsbewilligung" – erhält der Veranstalter, indem er sich mit der zuständigen AKM-Geschäftsstelle in Verbindung setzt (http://www.akm.at/Musiknutzer/Geschaeftsstellen).

Die AKM als größte unter den österreichischen Verwertungsgesellschaften übt ihre Tätigkeit aufgrund des Urheberrechts- und des Verwertungsgesellschaftengesetzes sowie der erforderlichen staatlichen Betriebsgenehmigung aus (Dittrich/Hüttner, 2006). Sie verwaltet das für den legalen Musikeinsatz erforderliche Rechtepaket, tritt gegenüber dem Kunden treuhändig für die betroffenen Rechteinhaber im Sinne eines so genannten „One-Stop-Shop" auf und hebt dabei auch für alle anderen betroffenen Verwertungsgesellschaften – zum Beispiel LSG (www.lsg.at), Austro Mechana (www.aume.at) und Literar Mechana (www.literar.at) – die Urheberrechts- bzw. Leistungsschutzentgelte, zusätzlich zum AKM-Entgelt, mit ein.

Rechteinhaber im Sinne des heimischen Urheberrechtsgesetzes (UrhG) sind österreichische und ausländische Urheber und Leistungsschutzberechtigte (Interpreten, Produzenten), vertreten durch österreichische Verwertungsgesellschaften und durch Gegenseitigkeitsverträge mit diesen verbundene, ausländische Verwertungsgesellschaften.

Die AKM vertritt somit in Österreich praktisch das gesamte Weltrepertoire der geschützten Musik, unabhängig von der jeweiligen Herkunft des Musiktitels. Mit Erteilung der Aufführungsbewilligung durch eine einzige Stelle – die AKM – erhält der Musiknutzer im Sinne des „One-Stop-Shop“ die für seinen konkreten Musikeinsatz erforderliche Rechtssicherheit (Hüttner/Mras/Waldingbrett, 2011).

Entscheidend für die im Urheberrechtsgesetz (UrhG) normierte Entgeltpflicht ist immer wieder vor allem die Frage: Wann ist eine Aufführung öffentlich?
Öffentlich ist eine Aufführung immer dann, wenn der Zutritt im Wesentlichen jedermann freisteht, die Aufführung also nicht von vornherein auf einen in sich geschlossenen, nach außen begrenzten Kreis von Teilnehmern abgestimmt ist. Öffentlich ist eine Veranstaltung auch dann, wenn die Veranstaltung zwar nicht allgemein zugänglich, der Teilnehmerkreis aber nicht durch solche Beziehungen verbunden ist, die seine Zusammenkunft als eine solche der Privatsphäre erscheinen lassen. Öffentlichkeit ist demnach auch überall dort gegeben, wo eine Aufführung im Rahmen eines gewerblichen Betriebes mit fluktuierendem Publikum (Gaststätten, Kaffeehäuser) bzw. Laufkundschaft stattfindet. Da der Begriff der „Öffentlichkeit“ im heimischen Urheberrechtsgesetz nicht abschließend definiert ist, kommt der Einzelfallbetrachtung erhöhte Bedeutung zu (Kucsko, 2008).

### Exkurs: Event der Zukunft

Ein Event ist ein zeitbegrenztes Ereignis, an dem eine Gruppe von Menschen teilnimmt. Die Fähigkeit, dieses zeitbegrenzte Ereignis auch nachhaltig als eine unvergessliche, erfolgreiche Veranstaltung in den Köpfen und Herzen der Gäste zu positionieren, stellt immer höhere Ansprüche an Organisation und Durchführung. Die Eventagentur der Zukunft muss also mehr können, als Eventgäste zu unterhalten oder Produkte zu verkaufen. Aus diesem Grund hat sich der Fachverband Freizeit- und Sportbetriebe in der Wirtschaftskammer Österreich gemeinsam mit dem Zukunftsinstitut Österreich mit der Frage der wichtigsten Zukunftstrends auf dem Eventmarkt beschäftigt und ein Handbuch (Gatterer, 2011) geschaffen, um Veranstalter von heute fit für morgen zu machen.

Im Laufe der Zeit verändern sich naturgemäß Form, Bewusstsein, Geschmack und Vorlieben einer Gesellschaft und wirken sich folglich auch auf die Gestalt von Events deutlich aus.

Um herauszufinden, aus welchen einzelnen Bestandteilen Events zusammengesetzt sind und wie diese sich stetig verformen, wurde vom Zukunftsinstitut das Modell „Event-DNS“ (Abbildung 4) ins Leben gerufen.

*Abbildung 4: Die Bestandteile der Event-DNS und ihre Veränderungen*

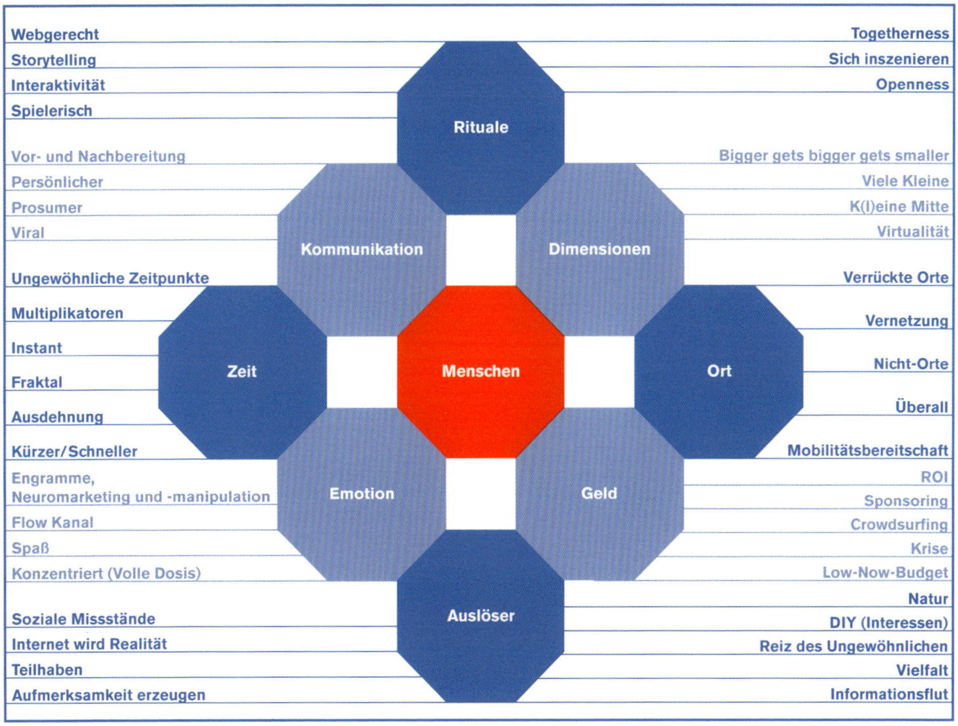


*Quelle: Zukunftsinstitut Österreich, 2011.*

**Events der Zukunft sind** → hybride Formen in einer real-digitalen Welt, → verändern selbst → machen aufmerksam auf Veränderung → entwickeln Spaß durch gekonntes „Storytelling“ → machen aus Besuchern Akteure → sind als pulsierende Kommunikation unerlässlich → finden und gehen neue Wege durch Synergien → liefern große Versprechen und bieten mehr → sind grün und korrekt auf herausragend spezielle Art und Weise. © Zukunftsinstitut Österreich 2011

Unterschiedliche Anordnung und Ausprägung der einzelnen DNS-Bestandteile ergeben die einmalige Struktur eines jeden Events. Betrachtet man die wesentlichen Merkmale eines Events in der Zukunft, kristallisieren sich sechs Thesen als Indikator für zukünftige Veränderungen heraus:

- Events der Zukunft sind die Livehöhepunkte im digitalen Strom

  Veranstalter liefern durch ihre Events jene Inhalte, die Twitter und Co. erst lebendig machen. Die digitale Revolution wird nicht zu einem Rivalen, sondern vielmehr zu einem Unterstützer und Verstärker von Events aller Art. So recherchieren über 20% der Menschen, die soziale Netzwerke aller Art regelmäßig nutzen (User), im Internet zu anstehenden Veranstaltungen.
- Events der Zukunft lassen die Gäste kreativ sein

  Über 70% der Österreicher geben an, dass ihnen Kreativität in ihrem privaten Leben wichtig ist. Veranstalter werden in Zukunft zu einem Teil einer großen Creative Community und bieten durch ihre Events den Gästen Rahmenbedingungen und Chancen sich zu entfalten.
- Events der Zukunft erzählen Geschichten

  Gekonntes „Storytelling" – also die Kunst komplexe Sachverhalte dem Publikum zu vermitteln – wird bei zukünftigen Events immer wichtiger, weil gemeinsame Geschichten und Erlebnisse Menschen miteinander verbinden und in einer digitalen Welt immer bedeutsamer werden.
- Events der Zukunft brauchen Visionen

  Konsumenten suchen zukünftig vermehrt nach einem Sinn, nach mehr als einem schnellen Erlebnis. Events der Zukunft müssen relevante Dimensionen bieten, um selbst als relevant wahrgenommen zu werden. Die Euphorie in und um Events kann so manche Vision Wirklichkeit werden lassen (beispielsweise eine Sportgroßveranstaltung) und im Idealfall zum nachhaltigen Ereignis werden.
- Ohne Grün keine Zukunft für Events

  Immer stärker zeichnet sich ein Trend zur Neo-Ökologie ab und ändert die Wirtschaftsmoral. Events können dies nutzen und ihren Gästen ein einfaches und genussvolles Leben fernab von Konventionen ermöglichen, gleichzeitig aber auch der Natur etwas zurückgeben. Der Event der Zukunft muss die Stadt nicht verlassen, um zurück zu den Wurzeln zu gelangen.
- Events der Zukunft leben von Glück und Genuss

  Der Event der Zukunft mehrt das Glück der Menschen, indem er Genuss auf eine höhere Ebene hebt. Als Auszeit vom Alltag ermöglichen Events den Besuchern Stress für einen kurzen Moment auszublenden und erzeugen dadurch rasch Glücksgefühle. Einen Event als Glücksmoment zu positionieren erscheint sinnvoll, dies auch entsprechend umzusetzen ist eine große Kunst.

Diese Zukunftsthesen sind teilweise bereits heute im Alltag der Eventszene allgegenwärtig. Nur wer die Veränderungen und Bedürfnisse unserer Gesellschaft frühzeitig erkennt und versteht, kann sich auch in Zukunft in diesem sich ständig verändernden Segment beweisen und erfolgreich sein (Gatterer, 2011).

Zur weiteren Information und Vertiefung steht das Handbuch „Event der Zukunft“ auf „www.eventnet.at“ zum kostenlosen Download bereit.

## Ausblick

Veränderung erweist sich speziell im Tourismus immer mehr als Konstante und stellt eine stete Herausforderung quer durch alle beteiligten Branchen dar. Trends müssen erkannt, berücksichtigt und bewältigt werden, will man nachhaltig erfolgreich wirtschaften. Vermehrtes internationales touristisches Aufkommen, klimatische Veränderungen, gesellschaftliche Umwälzungen, Arbeitsmarktöffnung, veränderte touristische Ströme, neue rechtliche Rahmenbedingungen sind nur einige der komplexen Aufgabenstellungen, die der Tourismusbranche ein Innehalten oder Ausruhen auf bereits Erreichtem auch in den nächsten Jahren unmöglich machen werden.

Eine ständige profunde Auseinandersetzung mit zukünftigen Trends ist somit unerlässlich und sollte aus verschiedenen Blickwinkeln erfolgen. Ziel ist proaktives, innovatives und konzeptives Handeln verbunden mit laufender Verbesserung des touristischen Angebotes anstelle von passivem, operativem Reagieren. Dies trifft umso mehr auf die Veranstaltungs- und Eventbranche zu, denn kaum eine andere heimische Branche ist annähernd so kurzlebig und von dauernder Programminnovation abhängig. Ein 2011 erstmals durchgeführter Trendcheck ergab unter anderem ein mitunter stark verändertes Ausgeh- und Konsumverhalten der Eventszene und unterstrich einmal mehr die zentrale Bedeutung der Musik als Erfolgskriterium der Veranstaltungsbranche.

Im Bereich der Verwertung von Urheber- und Leistungsschutzrechten wird in Zukunft entscheidend sein, die rechtliche und administrative Umsetzung der Musiknutzung möglichst einfach zu halten („One-Stop-Shop“) und der Wirtschaft weiterhin günstige Tarife für die öffentliche Aufführung von Musik zu sichern. Dazu ist es notwendig, dass die Tarife für die Rechtenutzung auch weiterhin auf nationaler Ebene vereinbart werden.

## Literatur

Bruhn, M., „Kommunikationspolitik – Grundlagen der Unternehmenskommunikation", München, 1997.

Dittrich, R., Hüttner, A., „Das Recht der Verwertungsgesellschaften", Wien, 2006.

Gatterer, H., „Event der Zukunft – Ein Handbuch für das neue Zeitalter der Eventbranche", Wien, 2011.

Gensch, G., Bruhn, H., „Studie Musik und Kaufverhalten – Einfluss und Akzeptanz von Hintergrundmusik im Verkaufsbereich", 2009, www.vvat.at/component/content/article/11/125-brancheninformation.html, Download am 20.2.2012.

Holzbauer, U., „Eventmanagement – Veranstaltungen professionell zum Erfolg führen", Berlin/Heidelberg, 2002.

Hüttner, A., Mras W., Waldingbrett I., „Tarif Info Service", Wien, 2011.

Kucsko, G., „urheber.recht – Systematischer Kommentar zum Urheberrechtsgesetz", Wien, 2008.

Riegler, I., „Jahrbuch des Österreichischen Volksliedwerkes", Wien, 2009.

The Sponsor People, „Open Air Festivals 2012", AWA 2011, http://www.sponsorpeople.de

Vögl, K. C., „Praxishandbuch Veranstaltungsrecht", Wien, 2012.

Wiener Tagungsindustrie, „Statistik 2010, 2011", http://www.vienna.convention.at

# Kontrollfragen

## Leitende Kontrollfragen für Ausbildung und Lehre

### Die Geschichte des Tourismus:

- Was waren die Voraussetzungen für die Entwicklung des modernen Tourismus?
- Was sind die großen geschichtlichen Meilensteine des österreichischen Tourismus?
- Welche Bedeutung hat der Winter für den heimischen Tourismus?
- Wie beeinflusst der demographische Wandel den Tourismus?

### Tourismuspolitik:

- Wo ist die Kompetenzverteilung des österreichischen Tourismus geregelt?
- Warum bedarf es einer eigenständigen Tourismuspolitik?
- Wann spricht man von direkter, wann von indirekter Tourismuspolitik?
- Über welche Instrumente verfügt der Bund in der Tourismuspolitik?
- Was sind die Eckpunkte der österreichischen Tourismusstrategie?

### Tourismusorganisation in den Bundesländern:

- Nennen Sie die wesentlichen Charakteristika der Tourismusorganisation nach dem „Tiroler Modell".
- Beschreiben Sie die beiden Haupttrends in der Tourismusorganisation der Bundesländer und nennen Sie jeweils ein bis zwei praktische Beispiele, wie der Gesetzgeber jüngst darauf reagiert hat.

### Tourismus in der Europäischen Union:

- Welche Initiativen und Maßnahmen der Europäischen Union wirken sich auf den Tourismus aus?
- Inwieweit ist Österreich davon betroffen?

### Tourismus auf internationaler Ebene:

- Welche Aufgaben haben internationale Organisationen im Bereich Tourismus?

# Kontrollfragen

### Tourismus und Freizeitwirtschaft in Österreich:

- Charakterisieren Sie kurz die spezielle Betriebs- bzw. Bettenstruktur im österreichischen Tourismus.
- In Österreich wird alle zwei Jahre eine repräsentative Gästebefragung durchgeführt. Wie heißt dieses Projekt und welche wichtigen Parameter werden dabei erhoben?
- Skizzieren Sie die wichtigen Urlaubsmotive der Österreich-Urlauber.
- Was wissen Sie über die Entwicklung der durchschnittlichen Aufenthaltsdauer der Österreich-Gäste?
- Was würden Sie als die Stärken des österreichischen Tourismusangebots bezeichnen?

### Österreich im internationalen Vergleich:

- Wie reiht sich der österreichische Tourismus im internationalen Vergleich ein und welche Kennzahlen stehen hierfür zur Verfügung?
- Welchen Beitrag leistet der österreichische Tourismus zum Bruttoinlandsprodukt (BIP)?
- „Tourismus ist Export" – erklären Sie diesen Satz anhand eines konkreten Beispiels.

### Tourismus- und Reisestatistik in Österreich:

- Wie wird „Tourismus" laut UNWTO statistisch definiert?
- Welche Erhebungen umfasst die österreichische Beherbergungsstatistik?
- Wie viele Nächtigungen finden in Österreich laut jüngsten Daten in der Sommer- bzw. Wintersaison statt?
- Die Reisegewohnheiten der Österreicher werden im Rahmen von vierteljährlichen Telefonbefragungen erhoben. Welche Daten bzw. Merkmale stehen Ihnen aus dieser Erhebung zur Verfügung?
- Wie würden Sie „Reiseintensität" definieren?
- Ist die österreichische Reiseverkehrsbilanz positiv oder negativ? Begründen Sie Ihre Antwort!

### Die volkswirtschaftliche Bedeutung des Tourismus:

- Erklären Sie die Begriffe „Umsatz", „direkte Wertschöpfung" und „indirekte Wertschöpfung" sowie deren Zusammenhang untereinander.
- Welche volkswirtschaftliche Größe wird im Rahmen der Tourismus-Satellitenkonten erfasst?
- Mit welchem Modell lässt sich die indirekte und induzierte Wertschöpfung im Tourismus beschreiben?
- Warum sind aktuelle Zahlen zur volkswirtschaftlichen Bedeutung des Tourismus wichtig?